경기도 산이제
진오기 새남굿 연구

김헌선

보고사
BOGOSA

"죽엄의 말 일펴이라(죽음의 말 일편이라)" 겉표지

문서를 귀하게 여겼던 이용우 산이가 소장한 것이었는데, 이용우가 돌아가자 거북당 마나님이 이를 버리려고 했다고 한다. 혹은 이를 태우려고 하였다고 한다. 이를 이용우의 맏딸의 딸인 외손녀 김순중이 소장하고 있었는데 우연히 이것을 얻어 찍을 수 있었다. 그래서 이 책자에 넣을 수 있어서 천행이다.

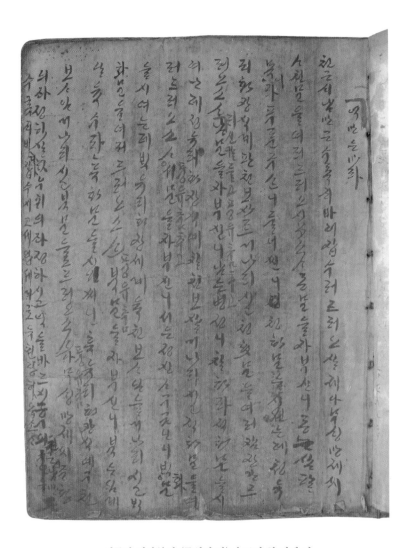

이종하 필사본의 〈죽엄의 말〉 속표지 첫 번째 면

"억만은 바라/ 천근새남만근수륙재 받어잡수러 들어오실제"라고 되어 있다.

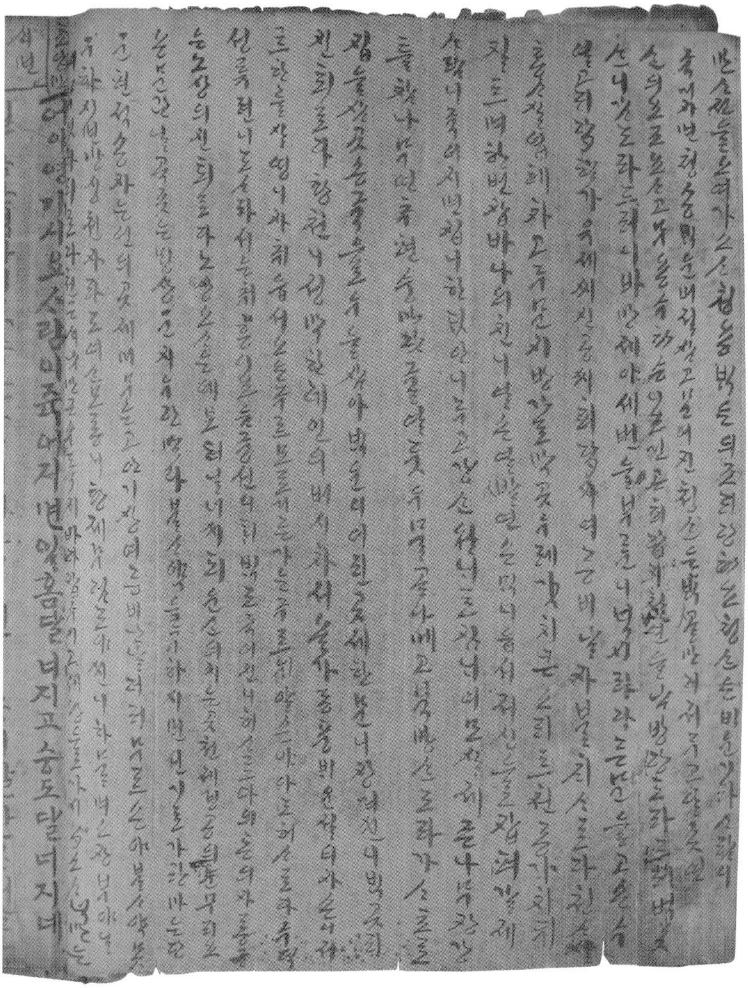

이종하 필사본의 〈죽엄의 말〉 속표지 첫 번째 면

"만사전을 외어가소사"라고 되어 있다.

동경대학 고 이즈미 세이치(泉靖一, 1915~1970)가 홋카이도 대학의 교수가 된 제자와 함께 1970년에 경기도의 양주 지역의 진오기굿을 보고 방울만신 조영자, 구삐미 만신 등과 함께 찍은 사진이다. 이즈미 세이치가 한국의 현장을 방문하면서 이룩한 기록이 상당한데 이를 안내한 고 장주근 교수님(1925~2016)의 촬영으로 기록되었다. 이즈미 세이치를 안내하면서 경성제대를 다닌 이즈미가 우이동의 우이암을 보면서 이곳을 등반한 행적을 말한 것을 회상한 기억이 생생하다고 장주근 교수가 전하였다.

오수복미지가 진오기시루를 놓고 빌고 있다.
1981년 11월 6일에서 7일까지 인천 율목동에서 있었던 안안팎굿의 한 장면이다.

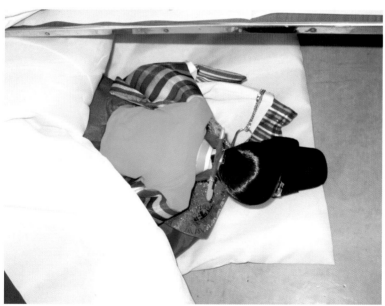

2005년 3월 18일 시흥군자봉의 천왕당 굿당에서 이 굿을 보게 되었다. 망자의 혼인을 주제로 하는 이른바 망자혼사굿의 한 장면이다. 도령돌기를 하는 굿상 앞에 인형으로 만든 영혼의 혼사를 준비하고, 도령돌기를 마치고 나면 신방을 차려 합궁하는 장면을 연출한다. 청실홍실을 늘여서 혼인을 알리는 장면은 처연한 느낌을 주게 된다.

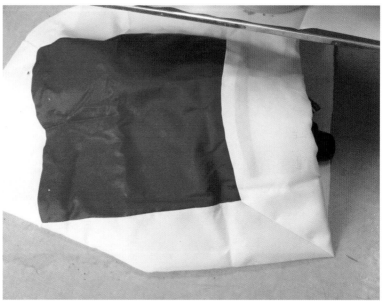

2005년 3월 18일 시흥군자봉의 천왕당 굿당에서 이 굿을 보게 되었다. 망자의 혼인을 주제로 하는 이른바 망자혼사굿의 한 장면이다. 도령돌기를 마치고 나면 신방을 차려 합궁하는 장면을 연출한다. 죽어서도 생산을 하고자 하는 바람, 인간의 근간 이치를 달성하려는 노력이 마음을 서글프게 한다. 이것이 인간의 본질이기도 하다.

머리말

이 책은 경기도 남부의 산이제 새남굿을 중심으로 한 연구 결과이다. 그간에 경기도 남부의 산이제 새남굿에 대한 연구는 전무한 형편이었다. 주로 산이에 대한 연구의 주안점은 산이들이 활발하게 굿을 하는 도당굿을 중심으로 장단과 특징을 연구하는 것으로 일관했다. 이 책에서는 그러한 편향성을 바로잡기 위해서 새로운 연구 대상을 설정하고 이에 중간적인 보고서를 학계에 제시한다.

그런데 산이에 대한 그간의 연구가 잘못된 것이 한탄스러울 따름이다. 왜냐하면 적절한 연구 자료도 없을 뿐만 아니라, 적절한 보고서 하나 변변히 마련하지 못했기 때문이다. 도당굿의 연구에 주목을 받았던 인물들도 매우 한정적으로 제한되었을 따름이다. 이 제한점을 벗어나기 위해서 우리 학자들은 무엇을 했던가 반문하지 않을 수 없었다.

그렇다. 세월의 굴레와 울타리 속에서 굿만을 지켜보는 수동적인 구실을 한 것은 아닌지 깊은 번뇌가 앞선다. 산이들, 특히 경기도 남부 산이제 굿의 주요한 종사자들이 급격하게 몰락의 길에 들어섰을 때 화랭이 무속의 단골판이 깨져 나가고 있는 점이 역사의 종말을 고하는 것과도 같았다.

이 화랭이의 단골판 쇠퇴에 대한 중요성을 인지하고 연구하는 학자들의 깊은 탄식을 통해서도 이에 대한 연구가 잘못되었음을 알 수가 있겠다. 2009년 8월 14일에 자택에서 만나 인터뷰를 할 때 장주근 선생님이 경기도 도당굿의 뒤늦은 문화재 지정을 탄식하였으며, 이미 소멸로 돌이킬 수 없는 길에 들어섰다고 증언한 바 있다.

산이들이 중요한 구실을 했던 굿판은 두 가지가 더 있다. 하나는 집굿의 재수굿이었으며, 다른 하나는 집굿의 새남굿이었다고 하겠다. 우리는 부족하지만 두 가지 굿의 실상을 인지하고 이에 대한 연구를 더 할 필요가 있겠다. 특히 굿의 오묘한 실상을 전하는 산이들의 새남굿을 연구해야만 한다.

이 연구는 산이제 새남굿, 특히 더욱 중요한 진오기 새남굿의 실상을 중심으로 하고, 그 가운데서 일제강점기에 이미 그 모습을 드러낸 〈죽엄의 말〉을 중심으로 두고 이 굿의 실상을 밝히기 위해서 노력한 결과물들이다. 이 굿의 전체적인 면모를 온전하게 밝히기는 어렵고 전체 가운에 지극히 일부만을 연구의 대상으로 삼을 수밖에 없는 한계가 있지만, 이에 대한 연구를 편린만이라도 붙잡아 연구하였다.

연구를 활성화하고 온전하게 이어가기 위해서는 연구의 잘못된 입론을 반성하고, 이에 대한 연구를 확장하는 일이 긴요하다. 자료를 집적하고, 연구 방법을 쇄신하면서 이론을 수립하는 일이 더욱 필요한데, 이 책에서 자료를 집적하고 연구 방법을 혁신하면서 이론적 기여를 하고자 힘을 들였다.

이 연구서는 산이제 새남굿을 중심으로 하는 한계를 가지고 있지만 새로운 자료를 발견하고 이에 대한 의의를 부과하는 모험을 일정하게 담고 있다. 그 연구의 작은 결실이 학계의 인식을 제고하고 새로운 굿의 가치를 발현하고 의의를 평가하는데 기여를 하였으면 한다.

한 여름의 무더위가 가고 이제 가을 국화가 새삼스러운 계절이 되었다. 찬바람이 몸속을 파고드는데, 이 세상을 외롭게 살다간 진정한 문화의 보물을 간직한 사람들인 산이들에게 이 책을 바친다. 20여 년 전에 잃어버렸던 녹음테이프를 찾아내고, 이용우 산이와 조한춘 산이의 길이 신산한 삶이었으나 빛나는 길이었음을 절감한다.

그 경기도 남부 산이들의 길로 숨 가쁘게 인도한 스승님들의 깊은 통찰과 배려 역시 잊을 수 없다. 팔순에서 구순을 바라보고 계시는 장주근 선생님, 칠순에 발랄한 화가의 제2의 인생을 결단하신 조동일 선생님 등을 뵈면서 새삼 외경스러운 학문의 인생을 제대로 살고 있는지 자성하게 된다.

이 책이 온전하게 될 수 있도록 도와준 신연우 교수님, 시지은과 변진섭에게 깊이 감사한다. 이들은 이 책의 교정을 하면서 비판적 견해를 주었다. 이 책의 편집은 김은희가 도맡아 해주었다. 학문의 동반자에게 너무 많은 빚을 지고 있음을 새삼 절감한다. 진정한 대화의 상대자가 있어서 학문은 외롭지 않은 것임을 절감한다.

이 책의 글 한 편에는 배철현 교수님의 글에 크게 빚지고 있다. 특히 이집트 신화와 신, 그리고 종교적 세계관에 대한 이해는 절대적인 도움을 얻었다. 한 시대의 학문에 많은 기여를 한 점을 높이 생각하고 학문적으로 성장할 수 있도록 공부했던 바를 새삼 환기한다. 학문의 스승과 도반은 시대를 넘어서도 존재하고 책 속에도 존재하지만 배철현 교수의 학문은 섬부하였고, 그 학문의 진지함은 필자에게 세계 신화를 공부하는데 위대한 길잡이가 되었음을 적는다.

2009년 10월 21일에

四雨齋에서

2019년 6월 19일에, 글 한편을 추가하여

김헌선 다시 적다

차례

I

우리나라 새남굿의
전국적 사례와 의의 연구

새남굿은 우리나라에 전승되는 망자 천도굿을 말하는 것으로 전국적으로 용례가 확인된다. 이 굿은 서울지역 이외에도 다른 고장에서 풍부하게 확인되고 있다. 가령 경기도 남부 산이제의 굿에서도 새남굿이라고 하는 구체적인 용례가 확인되고, 경상남도 남해안 일대에 오귀새남굿이 있으며, 함경도 북청 일대에도 새남굿의 사례와 명칭이 확인된다. 그러나 새남굿의 확실한 전승과 굿의 온전한 면모가 남아 있는 고장은 서울지역임을 부인할 수 없을 것이다.

새남굿의 역사적 근거에 대한 확실한 고증은 존재하지 않지만, 두 가지 전례로부터 이 용어가 존재함을 알 수가 있다. 하나는 시조 간접적인 자료가 되는 것인데, 내용이 흥미롭다. "靑개고리 腹疾ᄒ여 주근 날 밤의/ 金두텁 花郞이 즌호고 새남 갈ᄉᆡ 靑묍독 겨대는 杖鼓 던더러 쿵 ᄒᆞᆫ드듸 黑묍독 典樂이 져 힐니리 혼다/ 어듸셔 돌진 가재는 舞鼓를 둥둥 치ᄂᆞ니"라고 하는 시조가 이 굿의 존재를 알려주는 증거가 된다.

이 작품은 『진본청구영언(珍本靑丘永言)』에 실려 있으므로 이 편찬

시기에 이미 진오기 새남굿이 존재했을 개연성을 시사한다. 이 시조는 조선 후기 서울의 실상을 패러디한 작품인데 청개구리가 배탈을 해서 죽자, 다른 금두꺼비 화랑이가 진오기 새남굿을 하러 갈 때, 청메뚜기 겨대가 장고를 치고, 흑메뚜기 전악이 피리를 불고, 가재는 북을 친다고 하는 것이 요점이다. 동물 가운데 생활 주변에서 보이는 것들을 화랑이와 삼현육각을 연주하는 동물 무리로 빗대어서 풍자하고 있다. 조선 후기 일상에서 발견되는 진오기 새남굿의 사례를 간접적으로 알 수 있는 사례로 평가된다.

새남굿의 증거를 확인할 수 있는 다른 사례로 우리는 이능화의 『조선무속고』에서 간접적인 자료를 찾아낼 수 있으며, 이 자료를 매개로 새남굿의 실제를 어느 정도 알 수 있다. 이 기록은 어원적인 것이지만 어느 정도 불교와 무속의 복합으로부터 이 용어가 유래되었음을 알려주는 긴요한 자료이다. 원문을 들고 이를 해석하기로 한다.

"巫祝初壇曰 '신길(SinKil)'[譯義爲神路也] 或 '지노귀(ChinNukWi)'[譯義爲指路鬼者] 卽如僧齋有引路王菩薩 指示往生極樂世界之路逕 而巫則曰 指示十王路者是也 '진녁위(ChinNukWi)'……巫祝二壇 '새넘(Sai Num)' 云者 卽散陰之訛轉也 卽如佛家謂人死之初 其靈魂爲中陰神飄蕩空界 莫適所之 故設七七齋[每一七日設僧齋] 及百齋 使之疎散中陰幽冥之身 卽得往生善道者是也 然則巫效僧齋而行 '진녁위새넘(Chin Nuk Wi Sai Num)' 其義則爲亡靈薦度之神祀也(무당이 망자의 넋을 초단으로 축원을 할 때를 일러서 신길(뜻을 번역하면 신의 길이 된다) 또는 지노귀(뜻을 번역하면 귀신에게 길을 가리키는 것)이라고 하는데, 그것은 불가의 재에서 인로왕보살이 있어서 왕생극락 하는 세계의 길을 가리키는 것과 같다. 무당은 곧 말하기를 시왕의 길을 지시한다고 하는 것이 이것이

니 진녁위이다. 무당이 망자의 넋을 이단으로 축원할 때 새남이라고
말한다. 그것은 곧 산음의 와전된 말이다. 즉 절집의 재에서 사람이
죽어서 처음에 그 영혼이 중음신이 되어 공계에 표탕하게 될 때에 갈
곳이 적당하지 않아서 그렇기 때문에 칠칠재[매일 칠일재를 배설한다]와
백일재를 하여 중음신에게 영계를 가도록 길을 찾아주는 것과 같으니
곧 왕생 선도가 이것이다. 그런 즉 무당이 절집의 재를 본받아 행하는
것이다. 진오기새남은 그 뜻이 망자의 넋을 천도하는 굿이다.)"이라고
되어 있다.

이능화는 어원론적으로 이를 지노귀와 새남을 갈라서 지노귀와 새
남이 곧 망자의 천도 의례임을 말하고 있다. 진오기와 새남의 유래에
대한 고증을 하는 대목이지만 새남굿은 명확하게 불교와 견주어볼 수
있는 의례적인 단서라고 말하고 있다. 중음신을 재를 지내 흩어지게
한다는 뜻에서부터 이 용어가 비롯되었음을 말하고 있다. 시조에 나타
난 사실과 이능화의 말을 합쳐서 보면 이 굿의 역사적 근거가 있으면서
동시에 새남굿의 면모가 굿의 배설과 깊은 관련이 있음을 확인하게
된다.

일제강점기에 채록된 무가 사설에서도 이 존재의 의의를 말하는
대목이 있으므로 이를 주목해야 마땅하다. "초단에서 선행자 밧고 이
단에서 진부정 밧고 삼단에서 사재삼성 바다 쇠설문 대설문 연쥬당
쌍갯새람 밧고 은젼 금젼 밧고 서방정토 극락세계로 염불하고 가는
배로성이다"라고 하는 것이 그 증거이다. 이 무가에서 사람이 죽어서
하는 의례를 일관되게 구성하여 보여주는 특징이 있다.

사람이 죽으면 몇 단계의 의례를 갖추어서 대접받게 된다. 그 일련
의 과정이 선명하게 위의 무가에 요약되어 있으면서 이 과정대로 서울

지역에서는 죽음의례를 진행한다. 첫째, 사람이 바로 죽으면 선황자, 서낭자, 현왕자로 취급하면서 의례를 거행한다. 이 의례의 용어나 성격이 불분명하지만 불교적 관념에 근거한 일단의 처리가 아닌가 한다. 다음으로 진부정이라고 하는 자리걷이와 같은 의례를 거행한다. 삼단에서는 진진오기굿의 절차를 받는 것으로 관념한다.

소설문은 망자와 시왕을 위한 상에 있는 문을 말한다. 대설문은 대상 밖에 연지당을 마주보고 있는 문이다. 달리 큰문이라고 한다. 연지당은 지장보살이 있는 것인데 이는 새남굿을 위주로 했던 특정 인물의 창안이라고 하지만 지장보살만 모신 것이 그렇게 한 것이라고 하고 연지당의 상차림이나 전통은 있었다고 한다.

은전(銀錢)과 금전(金錢)은 종이로 접어 돈을 산처럼 만들어 거는 등燈 모양의 장엄을 말한다. 그러나 이 말은 은전 금전과 관련이 있고 이른바 불가의 금은괘전(金銀掛錢)에서 비롯된 말일 가능성이 있다. 은전과 금전의 내력은 〈이운게(移運偈)〉와 〈예수천왕통의(預修薦王通儀)〉라는 글에서 찾을 수 있다. 〈이운게〉에는 "造成錢山山競秀 奉獻冥府十王前 案列從官庫司衆 受此虔誠大因緣(은전과 금전으로 산을 조성하니 산들이 빼어남을 다투니, 명부의 시왕전에 받들어서 바치고, 안전에 늘어선 벼슬아치와 고지기를 맡은 이들을 좇아 이 경건한 정성으로 큰 인연을 수득하고자 한다.)"이라고 했으며, 〈예수천왕통의〉에서 "南閻浮提人 受生時 冥司下 各借壽生錢 生前預修還納本庫 免于身 十八般橫災 得三世富貴吉祥如意也(남염부주인이 윤회로 생을 받을 때에 명부를 맡은 이 아래 각자가 목숨과 생명을 빌리고, 생전에 미리 닦아서 본래의 창고에 돌려주어 납입하니 몸에 열여덟 가지의 횡재를 면하고 삼세의 부귀와 길상을 뜻과 같이 얻고자 한다.)"라고 되어 있다. 이를 갚기 위해서 은전과 금전을 산 모양으로 만들어서 등으로 장식하는 데서 유래한 말이다.

따라서 쌍괘(雙掛)새남이라는 말이 변형되어서 쌍계새남이라는 말이 되었을 가능성이 있다. 금은전으로 산과 같은 모양을 장식하여 이것으로 등을 꾸미는 것을 말한다. 문제의 핵심은 새남굿에서 하는 문을 배설하는 것과 그리고 굿당을 꾸미고 장식하는 것을 차례대로 묘사했는데 이것이 오늘날 전하는 현재 곧 새남굿 굿 장식과 동일함을 알 수 있다.

1. 서울지역의 새남굿

새남굿은 서울굿의 하나로 망자를 천도하는 굿 가운데 가장 규모가 큰 굿을 말한다. 새남굿은 흔히 단독으로 쓰지 않고 진오기새남, 즌오구새남 등으로 말이 합쳐져 쓰이고 있으며, 또한 새남굿을 하는 신분적 지체나 굿의 규모에 따라서 얼새남, 원새남, 천금새남, 만근대도령, 쌍괘새남 등으로 다양하게 굿의 명칭이 존재한다.

얼새남은 온전한 새남이 아니라 얼치기 새남이라는 말이다. 원새남은 본디의 새남을 말하는 것으로 원래의 새남굿을 의미한다. 천근새남과 만근대도령은 규모를 아주 확대해서 하는 새남굿을 말하는 것이고, 쌍괘새남은 새남굿 가운데 규모가 가장 큰 새남굿으로 절차와 굿의 구성이 복합적으로 구성된 굿을 말한다. 불가의 재받이 승려 참여 여부가 굿의 규모를 결정하는 구성 요인이 된다.

새남굿의 활발한 전승은 서울굿에서 확인된다. 전반적 절차가 분명하고, 굿의 기능과 용도가 확실한 쪽이 바로 서울새남굿이기 때문이다.

이 굿의 일반적 전승의 의미가 확실하게 드러나므로 이 굿을 중심으로 새남굿을 기술하는 것이 바람직하리라고 본다.

새남굿은 서울굿에서 현재 전승되고 있으므로 이 굿의 실상은 확인이 가능하다. 서울새남굿의 실상은 굿거리 구성에서 확인된다. 굿은 크게 두 가지로 구분된다. 하나는 집안의 재수굿을 겸하는 '안당사경치기'라고 하는 굿이 전반부로 존재한다. 이 굿은 전통적으로 보면 밤에 하는 굿이므로 이를 밤굿이라고 한다. 이승에서 상산 최영장군과 같은 높은 신에게 죽은 사실을 고하고 망자의 넋두리를 하는 것을 중심으로 하기 때문에 이를 이승굿이라고도 한다.

다른 하나는 망자 개인의 천도를 위한 굿이 후반부에 해당한다. 망자 천도굿은 낮에 하므로 낮굿이라고 하며, 낮에 하는 굿은 저승굿이다. 밤과 다른 낮 시간에 밝은 곳으로 옮겨 가도록 하는 뜻을 지니고 있다. 망자를 좋은 곳으로 인도하는 굿의 주체는 바리공주이다. 망자를 인도하면서 저승의 지옥에서 벗어나서 극락으로 간다고 하는 것이 이 굿의 요체이다. 새남굿의 정확한 사실의 정보가 필요하므로 굿거리를 중심으로 기술하기로 한다. 굿거리를 분할하고, 굿의 신격, 신복, 기명, 장단과 소리 등을 중심으로 핵심적인 기술을 하고자 한다.

1) 새남굿-안당사경치기굿

주당물림은 집안에 있는 주당살을 물리는 것이다. 보통 홍천익을 처마 밑에 걸어놓고 주당살을 물리는 장단을 연주하면서 굿을 시작하게 된다. 홍천익은 흔히 군웅할아버지를 상징한다고 관념한다. 홍천익을 걸어서 신격 상징으로 이를 두고 장구와 제금만을 가지고 굿거리와

순서	굿거리		주요 신령	신복(의대)	기명(무구)	장단 타령 소리
1	주당물림	주당물림	군웅할아버지, 주당살	홍철익 (문에 걸음)		굿거리장단(장고, 제금), 당악(막장고)
2	안당사경 부정	부정거리	부정신격 12거리신격	계대만신의 평복	부정종이, 소지종이, 잿물 고추물	부정청배장단 당악장단
3		가망청배 (본향가망 노랫가락)	12거리신격과 이에 따른 가망	계대만신의 평복		가망청배장단- 본향노랫가락
4		진적 (상산노랫 가락)	부정과 가망을 통해서 자리에 앉힌 신격에게 제가집에서 인사 하는 절차이다.			잦은환입, 염불, 반염불, 삼현 도드리, 굿거리, 허튼타령, 당악, 상산노랫가락
5	불사거리	불사거리	불사 칠성 제석 정전부인 호구 대신 (천궁신장은 하지 않음)	다홍치마, 가사, 장삼, 고깔, 띠, 천궁호구에는 다홍치마, 당의, 면사포, 다홍치마쓰개	불사전, 부채, 방울, 오방신장기, 불사산 주는 대추와 밤	만수받이, 굿거리, 당악, 천왕중타령, 당악, 수비장단 불사노랫가락
6	산신도당 열두거리	도당거리	산신, 도당신, 용신, 철륭신 호구부인 산신신장 산신대감	홍천익, 다홍치마, 갓	산지, 언월도와 삼지창(도당사 실세우기에서 사용)	굿거리, 당악, 늦은타령, 당악, 수비장단(휘모리) 산신노랫가락
7	물고가망 초가망	본향바라기	제가집의 본향산신, 대감, 호구, 말명, 조상, 대신할머니	남치마, 협수, 두루마기, 노랑몽두리	본향지, 부채, 방울	굿거리, 당악,
8		가 망	본향에 의한 가망신	남치마, 연두색 동달이(협수), 두루마기	부채, 방울, 가망상	굿거리, 당악, 본향노랫가락, 수비장단
9	말명/ 대신말명	말명/ 대신말명	대신말명, 제장, 말명과 관련 있는 신격	은하몽두리, 남치마	부채, 방울	굿거리, 당악
10	초영실	초영실	새남굿의 주된 망재	망재의 옷, 남치마	부채, 방울, 영실수건	굿거리, 당악
11	조상거리	조상거리	제가집의 4대 조상	조상옷(망자의 저고리), 남치마	이승다리, 저승다리	굿거리, 당악

12	대안주	관성제군	관성제군, 와룡선생	황천익, 남치마, 큰머리	언월도, 삼색기	반념불, 굿거리, 허튼타령, 당악
13		금성대군	금성대군, 용신부인	자천익, 남치마	언월도, 삼색기	반념불, 굿거리, 허튼타령, 당악
14		상산거리	최영장군	남치마, 협수, 전복, 대피, 남천익, 큰머리, 갓	부채, 월도, 삼지창	삼현도드리, 굿거리, 별곡타령, 잦은허튼타령, 당악
15		별상거리	별상, 다양하고 복합적인 신격	두루마기, 쾌자, 전복, 안올림 벙거지, 큰머리	부채, 삼지창	허튼타령, 취타(사실세울때), 잦은취타
16		신장거리	오방신장	남치마, 협수(동달이), 전복, 안울립벙거지	신장기	당악, 늦은허튼타령, 신장타령, 당악
17		대감거리	전안대감, 군웅대감, 벼슬대감, 몸주대감, 텃대감	홍천익(군웅 및 벼슬대감만), 전복, 전띠, 안올림벙거지		당악, 늦은허튼타령, 대감타령, 당악
18	안당제석	제석거리	안당제석	다홍치마, 고깔, 장삼	산을 주는 기명과 대추와 밤	굿거리, 당악, 제석타령, 제석노랫가락, 수비장단(휘모리)
19	성주 창부	성주거리	성주, 군웅, 왕신	홍천익, 남치마, 갓	부채, 성주소지채	휘모리, 굿거리, 당악, 굿거리당악, 성주노랫가락
20		창부거리	창부	진분홍색동소매 동달이	부채	만수받이, 굿거리, 당악, 창부타령
21	계면	계면거리	계면각시	은하몽두리	방울, 모판의 떡	계면노랫가락, 떡타령
22	안당사경 뒷전	뒷전	텃대감, 지신, 맹인, 서낭, 영산, 상문, 수비	한복	부채	만수받이, 굿거리, 허튼타령, 당악, 휘모리, 수비장단

당악 장단을 연주한다.

주당은 열흘을 기준으로 하면서 주당이 집안 곳곳과 구석을 돌아다닌다고 관념한다. 초하루는 우물에, 이틀은 문에, 사흘에는 행랑에, 나흘에는 칙간에, 닷새에는 마구간에, 엿새에는 마당에, 이레에는 마루에, 여드레에는 방에, 아흐레에는 굴뚝에, 마지막 날인 열흘에는 아무데도 있지 않는 것으로 관념한다.

갑자기 굿을 하게 되면 이 주당이 사람의 몸속에 파고든다고 생각하므로 이들을 물리치는 일을 하는 것이 주당물림이다. 홍천익은 군웅할아버지의 상징체로 주당을 물리는 활을 쏘는 존재로 인지한다. 주당물림을 하는 것이 굿의 서두에서 이루어지는 것은 집안의 굿이기 때문이다. 마찬가지로 어떠한 굿이든 이 주당물림이 긴요한 구실을 하게 된다.

부정청배는 새남굿에서 이 부정청배는 안당사경부정 또는 새남부정이라고 이른다. 앉은굿으로 하는 서두에 해당한다. 만신이 앉은청배의 형태로 부정청배와 가망청배, 그리고 본향가망노랫가락과 진적 그리고 상산노랫가락 등을 연주하는 것이 기본적인 형태이다. 부정청배와 가망청배는 각기 기능이 다르지만 동일한 장단에 의거해서 부정을 물리고 가망을 청배하는 절차를 갖게 된다.

부정청배는 부정장단에 굿에서 따라든 부정을 물리는 절차를 갖게 되는데, 물리쳐야 할 부정의 종류를 장차 진행될 거리별로 나열하고 굿을 하는 이유와 목적, 그리고 원만하게 굿이 마무리되기를 희망하는 바람을 담는 것이 기본적인 것이라고 할 수가 있다. 부정청배장단에 부정의 의례적인 말을 모두 열거하고, 다음으로 부정잿물과 부정맑은 물, 그리고 소지 종이를 태워서 부정청배를 마무리하게 된다.

가망청배는 이와 달리 신이 강림할 자리가 맑혀졌으므로 이제 신을 본격적으로 청하여 응감하도록 하는 내용이 주를 이룬다. 이 신의 응감을 중심으로 하는 가망청배는 부정청배와 전혀 다른 특징이 있는 앉은굿이다. 부정과 가망을 서로 대립시켜 부정과 청정에 입각한 신의 응감과 초청을 중심으로 하는 것이다. 부정한 것도 이름을 말하고 물리친다면, 신의 응감 역시 이름을 말하고 청해 들인다고 할 수가 있다.

다음으로 안당사경치기에 긴요한 절차가 바로 재가집에서 술잔에 술을 붓고 전물이 차려져 있는 굿당에 절을 하는 절차가 매우 긴요하다. 부정을 치고 나면 초에 불을 붙이고 난다. 진적을 할 때에 잔을 올리고 절을 하면서 본격적인 신의 응감과 함께 다음의 절차를 해나가는 것이 일반적인 순서이다. 잔을 올리는 과정에서 진적을 드린다고 말한다. 진적은 진작(進爵)이라고 하는 말이 와전되면서 사용되는 것이라고 할 수가 있다.

진적을 드리는 동안에 장단을 연주하게 되는데 이 장단의 경우에 매우 전통이 있는 곡을 사용한다. 자진한닢－염불－반념불－허튼타령－당악 등이 그것이다. 그러나 굿의 규모가 작은 경우에 보통 반념불－허튼타령－당악 등을 연주하는 것이 일반적으로 하겠다. 진적은 재가집과 신의 상견례가 이루어지는 중요한 절차라고 할 수가 있다.

본향노랫가락과 상산노랫가락 등은 새남굿뿐만 아니라 다른 굿에서도 아주 중요한 기능을 수행하는 틈새라고 할 수가 있다. 굿의 모든 결정적인 요소를 결정하는 틈새이다. 가령 내림굿, 진적굿, 진오기굿. 새남굿 등의 요인이 이 대목에서 결정되기 때문이다. 본향가망이라고 하는 으뜸 조상신과 상산이라고 하는 무속의 으뜸 신을 청하는 노랫가락을 앉아서 올리면서 이 과정의 결정된 면모를 보여주기 때문이다.

새남굿에서 불사거리를 놀게 되는 것은 탈상이 끝난 과정에서는 가능하다. 전통적인 방식으로 탈상은 흔히 100일을 기준으로 삼기 때문에 이 과정을 거쳤다면 불사거리를 놀 수 있다. 불사거리는 흔히 '안당을 거들어 논다'라고 하는 말이 예증하고 있듯이 이 천궁불사맞이와 같은 장엄하고 규모 있는 굿으로 하지 않는다. 천궁신장이나 천궁대감은 놀지 않고 제석과 호구정도까지만 노는 것이 예사이다.

가령 탈상의 의미도 현재는 변화하고 있으므로 보통 변화된 관념으로 49재를 기준으로 할 수도 있다. 이 기준에 의거해서 탈상을 말한다면 이 안에 하는 새남굿이라고 하여도 진진오기굿의 굿법에 근거한 기준을 적용받지 않을 수 없다. 그러므로 불사거리를 하지 않는 것이 일반적인 예이다.

대신에 불사거리를 하지 않고 바로 물고가망이라고 하는 절차를 진행한다. 물고가망의 핵심적인 면모는 물고가망은 물고 받아온 물고지를 가망지로 접어서 이를 사용하고, 홍천익을 입고, 큰머리를 얹고서 물고가망의 절차를 진행하는 것으로 대체로 이 과정에서 청배하고 주워섬기는 말이 '사위삼당가망, 궁미제당가망, 물고가망, 사경가망, 새남가망'이라고 한다.

물고가망의 중요한 절차는 물고를 받기 위해서 본향의대를 속에 입고서 본향가망, 말명, 대신말명 등을 차례대로 논 다음에 상산물고로 이어지는 과정을 연행한다. 상산, 별상, 사슬세우기를 한 다음에 상산노랫가락을 하고 신장에서 청계를 벗기는 과정이 이어진다. 상산물고찌개, 별상찌개, 안당사경찌개, 사경찌개 등을 벗고 가기 위해서 하는 것이 물고가망이라고 할 수 있다. 물고가망과 상산물고를 교묘하게 결합하는 굿법이다.

초영실을 바로 하는데, 초영실은 망자의 넋두리를 듣는 과정이다. 무당집안과 예사집안에서 하는 대감과 조상에는 차이가 있다. 무당

집안에서는 초영실을 하고, 대감과 조상을 하지만, 예사집안에서는 조상을 먼저 하고 대감을 나중에 한다고 할 수가 있다. 이 둘의 진행 순서 차이는 매우 중요한 것으로 서울굿에서 발견되는 독특한 현상이라고 할 수가 있겠다.

진진오기굿법에 의하면 산바라기라고 하는 산신도당거리 역시 연행하지 않는다. 그러나 묵은진오기굿의 경우에는 산바라기 역시 거리별로 자세하게 한다. 이들 신은 삶과 관련되는 신격이므로 죽은 이의 넋을 달래는 굿인 안당사경치기를 할 때 자세하게 하지 않는다. 산바라기는 삶의 고양과 관련되므로 재수굿에서는 중요하지만 여기에서는 중요하지 않다.

안당제석거리, 성주거리, 창부거리 등은 진진오기굿의 근거에 의하면 여기에서 하지 않는 것으로 되어 있다. 묵은진오기굿법에 의하면 이 굿은 행하게 된다. 안당제석신, 성주신, 그리고 창부신 역시 굿법으로 본다면 재수굿에서 중요하게 여기는 신격이기 때문이다. 지역적인 차이에 의해서 특정한 지역의 새남굿에서 이 가운데 창부신격과 같은 것은 놀리기도 한다. 서울의 동쪽 지역에서는 창부거리를 행한다.

안당사경뒷전은 안당에서 하는 사경의 뒷전을 이른다. 가진뒷전처럼 여러 굿놀이를 행하지 않고 간단하게 뒷전을 하는 것으로 이 굿거리를 마치게 된다. 새남굿의 안당뒷전은 각별하기는 하다. 예사뒷전으로 앞굿을 마치는 의례적인 순서로서의 의의만 갖는 것이 이 굿의 특징이라고 하겠다.

묵은진오기굿의 근거로 새남굿을 하게 되면, 진진오기굿의 굿법에 의한 불사거리, 산바라기, 성주거리, 창부거리 등을 하면서 비교적 재수굿에 가깝게 연행하는 것이 있다. 탈상 여부가 중요한 전거가 되므

로 이 굿을 하는데 있어서도 진오기굿의 일반적인 속성을 활달하게
넘어서는 것은 아니다.

2) 새남굿 – 진진오기굿

새남굿은 진오기부정을 치는 것으로부터 굿을 시작한다. 낮굿의 본
격적인 서두가 진오기굿의 부정이라고 할 수가 있다. 밤굿인 안당사경
치기를 마치고 난 다음에 낮굿의 진오기굿이 핵심적인 절차가 된다.
이 굿은 새남굿의 정교한 발달과 정치한 굿의 체계를 감지할 수 있는
중요한 굿거리로 짜여 있으므로 저승굿의 실상을 명확하게 알 수 있는
준거로 된다.

새남굿의 핵심은 이 굿에 있다고 해도 과언이 아니다. 앉은굿에서
시작해서 선굿으로 마치는 것이 이 굿의 요체라고 하겠다. 앉은굿과
선굿은 명확하게 유기적 흐름 속에 있는데, 앉은굿, 재부치기, 뜬대왕
과 사재삼성, 말미와 도령, 상식과 뒷영실 등으로 네 부분으로 되어
있다. 앉은굿은 앉은 부정을 치는데 안당사경치기의 새남부정과 대조
되는 전혀 다른 굿의 부정을 치게 된다. 아울러서 '아린영산 놀아나오'
등으로 요약되는 진오기영산굿을 마치고서 진적을 드린 다음에 이어
서 하는 시왕가망청배를 중심으로 한다. 시왕, 말명 등의 여러 신격을
앉은청배로 응감하게 한다.

서울새남굿의 앉은굿 가운데 비교적 전통이 있는 소리로 〈중디박
산〉이라고 하는 굿거리를 연행한다. 이 굿거리는 새남굿의 전통 속에
서만 전개하는 독자적인 굿소리이다. 이 소리는 느릿골정박수로 – 콩
나물박수 최명남 – 이상순 등으로 구비전승되어 이어지는 전통이 있는

순서	굿거리		주요 신령	신복(의대)	기명(무구)	장단 타령 소리
1	진오기 부정	진오기 부정	새남의 전체신령	평복		부정청배
2		시왕가망 청배	새남굿의 신령과 시왕 조상	평복		가망청배, 굿거리, 타령, 가망노랫가락
3-1	중디박산	중디밧산	시왕, 중디, 말명 등	평복		부정청배, 가래조 안장단과 밧장단, 중디밧산, 노랫가락
3-2	재부치기	재부치기	시왕, 지장보살, 인로왕보살	재받이 승려의 복색	요잡바라	중디박산, 화청, 염불, 반념불, 굿거리, 허튼타령 등
4	뜬대왕 사재삼성	사재삼성	시왕 중디 말명 사자(밧문사재 와 안문사재) 삼성	사재삼성섭수, 두루마기, 큰머리, 남치마, 허릿베, 중딧베, 머리띠, 꽃	잔꽃, 빈잔, 인정, 방울, 건대구, 허릿베, 밧문	만수받이, 굿거리, 당악, 시왕노랫가락, 중디노랫가락, 굿거리, 노랫가락, 만수받이, 당악, 타령, 수비
5	말미	말미	바리공주, 십대왕	다홍치마, 남치마, 무지개치마, 당의, 몽두리, 큰머리	방울, 장고, 대신칼	독송(장고)
6	밖도령 돌기	밖도령	바리공주, 지장보살, 문사재	무지개치마, 남치마, 다홍치마, 당의, 대띠, 홍띠, 은하몽두리, 큰머리(용잠, 댕기, 가르마, 족두리)	부채, 방울, 신칼, 제금	굿거리, 별곡타령, 풍류타령, 길군악, 길타령, 잦은굿거리
7	문들음	문들음	바리공주, 문사재	다홍치마, 당의, 몽두리, 큰머리	대설문, 한삼, 신칼, 제금	취타, 잦은굿거리, 당악
8	연지당 영실	연지당 영실	바리공주, 지장보살	다홍치마, 당의, 몽두리, 큰머리		
9	안도령 돌기	안도령	바리공주	다홍치마, 당의, 몽두리, 큰머리	소설문, 신칼, 대설문	굿거리, 별곡타령, 길군악, 길타령, 잦은굿거리
10	돗삼	돗삼	바리공주, 망자	다홍치마, 당의, 몽두리, 큰머리	돗자리, 망자의 옷, 청포와 홍포(대설문밖 에서 한다.)	굿거리, 별곡타령, 길군악, 길타령, 잦은굿거리
11		맞조와	바리공주	다홍치마, 당의, 몽두리, 큰머리	대설문, 한삼, 신칼, 제금	맞조와 노랫가락

12	상식 명두청배	상식	조상제사	다홍치마, 당의, 은하몽두리	상식상, 바라	잦은환입, 염불, 삼현도드리, 굿거리, 늦은허튼타령, 잦은허튼타령
13	뒤영실	뒷영실	망자	조상옷	넋전(머리에 아미핀)	늦은허튼타령, 잦은굿거리, 잦은허튼타령, 영실타령, 잦은허튼타령
14	베가르기	베째		홍천익, 허릿베, 큰머리	신칼	잦은허튼타령(맞조 아하지 않음)
15	다리섬김 시왕공수		망자, 시왕	홍천익	부채와 방울	만수받이, 당악
16	새남기명 섬김	섬김	바리공주	대설문, 한삼, 신칼, 제금		문섬김, 인정섬김, 칼섬김, 전선김, 다리섬김, 말명섬김 만수받이
17	시왕군웅	시왕군웅	저승문의 수호신으로, 바리공주 남편	홍천익, 갓	부채, 건대구	만수받이, 굿거리, 당악, 시왕노랫가락
18	뒷전	뒷전	텃대감, 지신, 맹인, 서낭, 영산, 상문, 수비	평복	굿에 쓰였던 기명	장고

소리인데, 앉은청배의 특별한 굿거리라고 할 수가 있다.

　이 굿거리는 흔히 세 가지 소리가 쓰이게 되는데, 그것이 부정청배 장단과 같은 청배장단으로 하는 '말명간주는 서낭간주'로 시작되는 청 배 대목, '우수수 박수수'로 시작되는 중디박산장단으로 연주되는 중디 청배, '서낭당 뻐꾸기 새야'로 시작되는 노랫가락으로 말을 부쳐서 하 는 중디노랫가락 등의 삼단구조로 되어 있다.

　해방이전에는 중디박산을 했는데, 해방 이후에는 여기에 재를 부치 는 것을 하면서 중디박산과 재부침은 대조적인 현상을 이룩한 것으로 판단된다. 재부치는 것은 일종의 범패와 화청을 치는 것을 모두 이르는 것인데, 재받이 승려와 새남굿의 만신이 공동으로 만든 합작품이 곧 대조적인 굿거리를 만들었다고 할 수가 있다.

선굿으로 된 굿거리 가운데 처음의 것이 바로 뜬대왕과 사재삼성이다. 이 굿거리는 단계적으로 구분되는 저승신을 청해서 노는 굿거리이다. 시왕, 중디, 말명, 사재, 삼성 등이 그 신격에 해당한다. 이 신들은 저승의 신격 위계를 명확하게 보여주는 절차이다. 이미 앉은굿의 절차에서 청배한 바 있다. 저승의 신격들이 앉은청배에서 청해진 바 있지만 개별적인 굿거리에서 초청되고 놀아진다는 점에서 매우 주목할 만한 특징이 있다고 하겠다.

이 가운데 신격의 성격이 불분명한 부분이 있는데, 가령 중디와 같은 존재가 바로 그러한 신격에 해당한다. 위계상 중디는 시왕과 말명 사이에 있으므로 높낮이가 가늠된다. 모두 저승에 해당하는 신격이므로 그러한 관념의 표출로 보아야 타당할 성싶다. 그러나 이 굿거리에서 가장 현실적이고 인간의 죽음과 관련되는 신격은 바로 사재와 삼성, 그 가운데서도 사재가 중요한 존재이다.

사재가 등장하면서 인간의 죽음에 대한 실상을 다시 체험하고 상주와 사재 간에 재미나는 재담이 이어지고 한바탕 소란이 일어난다. 인간의 죽음을 객관화하고 이를 다시 되돌아보는 성찰의 시간이다. 성찰은 죽음에 대한 엄숙한 사실과 함께 산 사람들의 한 바탕 잔치가 다시 재현된다. 사재가 단순한 저승 차사라고 하기보다는 오히려 흥미로운 익살꾼으로 변화되었음이 확인된다.

말미가 이어진다. 말미는 바리공주의 복색을 한 만신이 바리공주의 본풀이를 길게 풀어가는 내용이다. 말미는 말미 상을 두고 망자의 옷을 청포와 홍포로 덮은 돗쌈 위에 넋전을 놓고 그 앞에서 장구를 세워 놓고 방맹이를 두드리면서 한바탕 본풀이를 부르는 것이 이 거리의 내용이다.

바리공주를 앉아서 본풀이로 청배하는 것이 이 굿거리의 요점이다. 신을 청배하는 과정에서 필요한 내력을 길게 부르는 것은 서울굿의 전통 속에서도 확실하게 살아 있으며, 그것이 유일하게 바리공주의 본풀이로 되어 있는 점은 이 전통이 서울굿에서 차지하는 비중을 말하는 것이고, 아울러서 이 굿거리의 특징을 한국굿의 보편성을 말하는 것이라고 하겠다. 앉은청배로 바리공주를 청하고서 이 전통 속에서 선굿을 대비하는 특징이 있다.

저승의 신과 바리공주가 서로 대조적인 면모를 가지면서 서로 굿거리로 분할된 것은 인상적인 현상이다. 저승의 신격과 바리공주의 신격이 서로 어떠한 상관성을 가지고 있지만 서로 대립하는 위치에 있음이 확실하게 보이기 때문이다. 저승의 신은 우리 고유의 신격은 아니고, 바리공주는 우리의 고유한 신격일 가능성이 있다. 굿거리에서 죽음에 매이게 하는 신의 위계와 이에서 벗어나는 바리공주의 신은 작용이 전혀 다르다.

바리공주는 죽음을 부정하고 죽은 망자를 죽음의 지옥에서 벗어나게 하여서 극락이나 좋은 곳으로 천도한다는 관념 속에서 비롯된 결과이다. 굿거리에서 이루어지는 다음의 굿거리와 행위가 이를 증명한다. 바리공주의 성적을 한 만신이 망자의 넋을 모시고 돗쌈을 들고서 길을 나서게 된다. 그것이 바로 도령돌기이다. 새남굿에서는 도령돌기가 복잡하게 나누어지고, 밖도령돌기-문들음-안도령돌기-돗쌈-상식-뒷영실-베째(베가르기) 등의 일련의 순서로 굿거리를 행하게 된다.

밖도령돌기는 연지당에서 출발한 바리공주가 대상을 뒤로 하여 돌아서 가시문 또는 대설문에서 도령돌기를 하는 대목을 말하고, 도령돌기는 흔히 나비도령－손도령－부채도령－칼도령을 차례대로 도는 것을 말한다. 굿거리장단－허튼타령장단－당악장단 등이 차례로 연주하게 되면, 이 장단에 입각해서 춤을 추고 네 방향으로 돌게 된다. 망자의 넋을 달래면서 이 망자의 넋을 좋은 곳으로 인도하는 굿거리이다.

문들음은 가시문인 대설문을 통과해서 연지당으로 가는 장면을 연출하는 굿거리이다. 문들음에서는 문들음영실을 한 차례 구슬피하면서 인간의 삶이 지니는 허망함을 달래면서 새로운 존재로 전환하는 면모를 보여주게 된다. 사재와의 재담을 하면서 문안으로 들어서는 어려움을 눈물과 웃음으로 한껏 고조시키게 된다.

연지당은 지장보살이 계시는 곳인데, 이곳에는 생과로 장식되고 연꽃으로 아로새겨져 있는 곳임을 알 수가 있다. 이곳에서 이제 망자는 진정하게 좋은 곳으로 전환할 수 있는 계기를 부여받게 되므로 이를 알리기 위해서 한 차례 고맙다는 내용의 연지당 영실을 길게 하는 것이 예사이다.

큰상 또는 대상을 싸고돌면서 다시 안도령을 돌게 되는데, 안도령을 도는 과정은 밖도령과 동일하게 구현한다. 다만 안도령에서 이루어지는 과정은 이제 망자를 중요한 존재로 전환하는 장치이므로 이 과정에서 필요한 부가적인 거리가 중요한 구실을 하게 된다. 돗쌈이 이에 해당한다. 돗쌈에서 필요한 망자를 온전하게 꺼내서 극락으로 가는 일을 하게 되는 것이 중요한 과정이다.

돗쌈 뒤에 하는 것이 새로운 존재의 전환을 분명히 하는 맞조와이다. 생과 또는 유과를 들고서 사재와 바리공주가 이 존재가 새로운 인격적 존재로 전환한 사실을 한 차례 말하게 된다. 맞조와노랫가락을 하면서 대설문에서 이 인물이 변화하고 저승의 존재로 인지되는 과정을 연출하게 된다.

맞조와 뒤에 하는 것이 바로 상식과 명두청배이다. 상식은 망자에서 조상으로 전환하는 인격적 전환을 말하는 것이고, 명두청배는 망자의 죽음을 다시 한번 전환하게 새로운 존재로 태어날 것을 축원하는 과정이라고 할 수가 있겠다. 상식과 명두청배는 망자가 새로운 존재로 전환하는 것을 말하는 대목이라고 하겠다.

뒷영실은 마지막으로 상주와 복쟁이와 관련된 영실을 하고서 이승과 저승의 경계인 다리를 갈라서 별도의 존재로 여기는 분리과정이다. 세 가지 다리를 가르게 되는데, 새남다리, 이승다리, 저승다리 등을 이 과정에서 갈라 망자와의 한계를 분명하게 한다. 이승과 저승의 경계면에 머물던 존재가 새로운 존재로 부각되게 되는 것이다. 다음으로 다리를 섬기거나, 바리공주의 몸에 장식되었던 모든 것을 섬기는 갖가지 바리공주의 위대함을 말하는 대목이 부각된다.

시왕군웅과 뒷전은 굿거리를 마치는 의례적 절차이다. 시왕군웅은 바리공주의 남편인 무장승의 존재가 시왕군웅으로 된 것을 말한다. 시왕군웅채를 받아먹기 위해서 이 굿거리를 하는 것으로 인지한다. 진오기뒷전은 안당사경치기의 뒷전과 대응하면서 굿을 마치는 구실을 하게 된다.

새남굿의 실체는 명확하게 드러나지 않았다. 그러나 지속적으로 현지에서 관찰한 결과 이 굿의 실상은 어느 정도 구조적으로 파악할 수 있는 대상으로 된다는 점을 확인하게 된다. 새남굿은 서울굿의 꽃에 해당하고, 굿 가운데 굿이라고 이를 만큼 다양하고 다중적인 의미를 형성하게 된다.

새남굿의 구조적 가치와 의의를 완벽하게 보여주고 있는 사례는 서울새남굿으로 판단된다. 다른 고장에도 새남굿을 표방하고 있는 사례가 더러 있지만 굿의 구성과 가치를 완전하게 가지고 있는 사례는 흔하지 않은 것으로 확인된다. 그러므로 일단 서울새남굿의 사례를 기준으로 삼아서 이를 비교하고 연구하는 것이 이 굿의 의의를 논할 수 있을 것이다. 굿의 가치와 의의는 내적인 것과 외적인 것으로 규명하여 해석할 수 있다.

첫째, 새남굿은 명확하게 말하자면 망자의 개인 영혼을 위무하기 위한 망자굿 또는 사령굿이라고 할 수가 있다. 인간의 죽음 속에서 생성된 죽음문화의 구체적인 표현형태가 무속적인 의례로 구현되었으며, 이 구현 절차에 따라서 새남굿이 자연스럽게 파생된 결과물임이 확인된다. 따라서 삶을 고양하고 축복을 하는 재수굿과 전혀 다른 성격을 가진 것임을 분명하게 하고 있다.

둘째, 새남굿은 망자굿의 일반적인 원칙에 근거하는 굿이지만 구조적으로 안굿과 밖굿의 이원적 구성에 의해서 이룩되는 각별한 굿이다. 안굿은 이승에서 망자의 위치를 가늠하는 굿으로 크게 신과 인간, 망자와 가족 등의 관계를 설정하는 굿이다. 존재의 소멸을 강조하는 굿이고, 특히 이 굿은 밤에 진행되므로 시간적으로 밤굿이며, 집안의 안당을 중심으로 진행되므로 안굿이라고 한다.

밖굿은 저승에서의 망자가 차지하는 여러 전환 과정을 근거로 하는 굿으로 저승의 신과 인간의 인격적 전환을 목표로 하는 굿이다. 존재의 전환을 중심으로 하는 굿이며, 이 굿은 낮에 진행되므로 시간적으로 낮굿이며, 집안의 마당에서 진행되므로 밖굿이라고 할 수 있다. 안굿과 밖굿이 구조적으로 결합하면서 진행되는 특징을 가지고 있는 굿이다.

셋째, 새남굿은 서울지역의 진진오기굿과 묵은진오기굿에서 하는 기준에 따라서 결정하는 특징을 가지고 있다. 새남굿이 규모가 큰 굿이라고 하더라도 굿 일반의 속성을 벗어날 수 있는 것은 아니다. 가령 망자가 죽은 뒤 탈상하지 않는 상태에서도 새남굿은 가능하지만, 망자천도굿의 일반적 기준을 어긋나게 해서 다른 특별한 굿을 하지 않는다. 새남굿은 진진오기굿과 묵은진오기굿의 일반적 거리 구성을 벗어나지 않으므로 이에 따라서 구성된다.

2. 함경도의 새남굿

함경도 지역에서 남녘인가 북녘인가에 따라서 죽은 넋을 보내는 굿을 다르게 이른다. 함경도 홍원지역에서는 망묵굿, 망묵이굿 등으로 지칭하는데, 다른 고장에서는 새남굿이라고 한다.

함경도의 새남굿은 죽은 사람의 극락천도를 위한 사령굿을 말한다. 이 굿을 진행하기 위해서는 다양한 준비 과정이 필요하다. 특히 굿당의 장식에 쓰이는 종이꽃, 꽃틀, 장벗대 등이 필요한 준비물의 대표적인 사례로 된다.

새남굿을 통해서 저승에 천도하는 굿이기 때문에 한지를 접거나 오려 종이꽃을 만들어서 새남굿청을 장식한다. 종이꽃을 만들어서 제당에 걸기 위해 한 달 전부터 준비하기도 한다. 제당은 집의 안방이거나 마당에 가건물을 세워서 굿청을 세우기도 한다. 이 굿청에 오색을 한지에 물들여서 장식한다.

꽃틀은 마당 가운데에 세운다. 굿하는 집 처마 밑에 3m 정도의 소나무 두 개를 지붕에 걸치도록 세우고, 그 중간을 소나무 4m 정도의 가로대를 연결하고 새끼를 감는다. 수직으로 세운 대에는 오색 한지로 감아 장식하고, 새끼에 볏짚을 감은 가로대에는 오색 종이꽃 500여 개 정도를 꽂는다. 볏짚에 꽂는 종이꽃은 직경 15cm의 싸리나무에 오색 꽃을 꽂고, 오색의 꽃을 묶어서 꽂기 때문에 화려하기 이를 데 없다.

대문 밖에는 장벗대를 세운다. 장벗대는 3m 이상의 큰 소나무에 맨 위에 소나무 가지를 남기고 대에는 잔가지를 모두 치고 오색 한지로 감는다. 장벗대의 중간에 짚을 묶어서 싸리대로 만든 종이꽃을 꽂고 장식하고, 장벗대에는 오색으로 한지를 물들여서 '登極樂世界'라고 하는 글자를 쓴다.

장벗대를 통해서 새남굿을 받는 망자의 영혼이 극락으로 간다고 믿기 때문에 소중하게 생각하는 장식물 가운데 하나이다. 장벗대는 달리 '장북대' 또는 '장봉나무'라고 일컫기도 한다. 장벗대와 꽃틀을 줄로 연결하고 50cm 간격으로 불서를 써서 매다는데, 그 크기는 넓이 6cm, 길이 25cm 정도로 된다.

대문 밖에도 가건물을 세운다. 그 가건물은 원두막처럼 생겼다. 이를 '덕대'라고 일컫는다. 덕대에 들기름으로 등잔불을 켜놓고, 덕대의 2층 입구의 직사각형 나무틀에도 종이꽃을 장식한다. 이 덕대를 세우는 이유는 가난한 마을 사람은 새남굿을 하지 못했으므로, 그들의 조상과 무속신에게 새남굿을 대신하도록 세운 것이다.

새남굿의 덕대가 마을 공동의 임시 굿청 노릇을 하는 것이다. 이곳에 쌀, 꽃, 신주 등이 세워진다. 곧 남의 새남굿에 얹혀서 덕대 위에 조상 신위를 모시고 극락천도를 비는 것인데, 이러한 것을 그들의 말로 '곁대 들어온다'고 표현한다. 새남굿이 단순하게 하나의 영혼만을 천도하는 것이 아니라 여러 인물을 천도하는 것임이 분명하게 확인되는 대목이다.

함경도에서 행하는 새남굿의 구체적인 진행 절차는 다음과 같다.

(1) 부정풀이	(12) 동갑접기
(2) 토세굿	(13) 도랑축원
(3) 성주굿	(14) 짐가재굿
(4) 문열이천수	(15) 오기풀이
(5) 청배굿	(16) 산천굿
(6) 앉인굿	(17) 문굿
(7) 타성풀이	(18) 돈전풀이
(8) 왕당천수	(19) 상시관놀이
(9) 신선굿	(20) 동이부침
(10) 대감굿	(21) 천디굿
(11) 화청	(22) 하직천수

(1) 부정풀이는 다른 지역의 굿에서 보이는 〈부정굿〉과 성격이 상통하는 제차이다. 주무가 굿상 앞에 앉아서 장구를 치며, 부정풀이를 부른다. 조무는 주무 곁에 앉아서 징과 제금을 함께 연주한다. 부정신은 굿판을 정화하기 위해서 반드시 징치되어야 할 대상이다. 부정신을 물리치는 방법은 말로 물리치고, 불로 물리치고, 물로 물리쳐서 정화한다.

(2) 토세굿은 집터를 수호하는 터주신을 위하는 제차이다. 함경도

에서는 터주 또는 토주의 신을 '토세'라고 일컫는다. 주무는 뒤뜰에 간단히 제상을 차리고 토세굿 무가를 부른다. 그렇게 해서 터주신에게 굿하는 사연을 고하고 굿의 덕을 얻을 수 있도록 기원한다. 토세굿이 끝나면 제수를 모두 거두어서 마당 한 구석이나 대문 밖에다 버린다.

(3) 성주굿은 집안을 수호하는 신인 성주신을 위한 제차이다. 주무가 성주상 앞에 앉아 장구를 치면서 무가를 부른다. 조무는 다른 굿거리처럼 징과 제금을 치며 반주를 한다. 성주굿은 집안의 수호신에게 굿하는 사연을 고하고 굿덕을 입을 수 있도록 도와달라고 고한다. 성주굿은 본격적인 굿에 앞서서 집안의 신에게 고하는 제차 가운데 하나이다. 새남굿의 신들은 이승에 있는 신이라기보다는 저승이나 그늘에 있는 신이므로 일단 본격적인 굿에 앞서서 집안신들에게 고하는 제차 가운데 하나이다.

(4) 문열이천수는 새남굿의 서장에 해당하는 제차이다. 불경 가운데 천수경을 외우면서 망자의 사망 과정을 서술한다. 망자가 사망했으므로 그 망자의 혼이 좋은 곳으로 갈 수 있도록 명부의 문을 열어달라고 기원한다. 이 과정에서 48대원을 염송한다. 문열이천수는 불교의 영향이 강력하게 느껴지는 굿거리이다.

(5) 청배굿은 본격적인 새남굿을 위해서 새남굿에 소용되는 신격을 청해 들이는 제차이다. 신은 거듭 청해 들여도 좋은 것이므로 청배굿을 통해서도 신을 초치한다.

(6) 앉인굿은 무당이 지성으로 신을 위한다는 뜻에서 앉인굿을 한다. 이때 '지성이면 감천'이라는 뜻의 지성이와 감천이의 이야기가 전해진다.

(7) 타성풀이는 망자가 아무런 고통 없이 명부에 갈 수 있도록 기

원하는 제차이다. 망자가 사자에게 끌려서 저승가는 동안에 온갖 고
초를 겪게 된다. 그러한 과정에서 먼저 저승에 간 온갖 성씨의 타성
받이들이 나타나서 위로하고 도와주는 제차이다. 그래서 제차의 이
름이 타성풀이라고 한다. 함경도에서만 보이는 독자적인 무속제의라
할 수 있다.

(8) 왕당천수는 천수경을 치면서 여러 신들이 좌정하기를 기원한다.
'천수를 친다'고 하는 것은 '화청친다'는 명명 방식과 동일하다.

(9) 신선굿은 여러 신격을 초청하여 대접하면서 망자의 명복과 유가
족들의 길복을 기원하는 굿이다. 여러 신격은 나선구성인, 지맹구성인,
각 방위의 신인 지정, 각종 조왕, 오방신장, 각종 간주, 동서남북 사방
의 용왕 따위를 초치해서 망자의 안녕을 기원한다.

(10) 대감굿은 여러 가지 대감의 종류를 위하는 제차이다. 지성대
감, 신장대감, 산령대감, 호기대감, 조상대감, 삼재대감, 호기별상대감,
재수대감, 전장대감 등 갖가지 대감을 청해서 위한다. 특히 그 가운데
짐달언 장수의 신화가 들어 있는데, 이 신화는 아기장수전설과 대단히
유사하다.

(11) 화청은 주무가 흰 장삼에 흰 고깔을 쓰고 목에 염주를 걸고
제금을 치며 무가를 부르면서 굿판을 도는 제차이다. 조무와 망자의
유족이 그 뒤를 따르면서 망자의 명복을 빈다. 화청은 불교에서 유래
된 제차이다.

(12) 동갑접기는 망자가 저승을 가다가 어려움을 겪는데, 그때마다
동갑의 영혼들이 나타나서 망자를 도와주게 되므로 그 영혼을 위해
향응하는 제차이다.

(13) 도랑축원은 새남굿에서 가장 핵심적인 제차이다. 도랑은 살아

생전에 온갖 고초를 겪은 망자의 혼령을 위무하면서 극락에서 평안을 얻으라고 기원하는 의미를 가졌다. 망자들이 지극한 정성으로 새로운 세계에 나아갈 수 있음을 무속신화를 통해서 보여주는데, 그 신화가 〈도랑선비 청정각시〉이다. 〈도랑선비 청정각시〉는 새남굿에서 아주 긴요한 무가이며, 청중들 역시 이 무가의 흥미로운 내용을 깊이 공감하는 시간이 되어서 무척 기다리는 제차가 되었다.

(14) 짐가재굿은 살이 들어오는 것을 막는 제차이다. 여기에서 불리는 무가는 저승의 사령이 염라대왕까지 이승에 소환하는 위력이 있고, 모든 사악한 것을 제압할 수 있는 힘이 있다고 믿을 정도이다. 망자와 그 유족에게 사악한 기운이 침범하지 못하도록 하자는 뜻에서 위해지는 제차이다.

(15) 오기풀이는 함경도 지역의 〈바리공주〉가 무속신화로 불리는 제차이다. 다른 지역의 〈바리공주〉와 대동소이하다. 여기에 함경도 특유의 변형이 첨가되어 있다. 망자의 넋을 영원히 쉴 수 있는 안식처로 인도하는 신이 곧 바리데기이다. 바리데기의 안내로 이승과 저승의 탈을 벗기기 위한 굿거리이다.

(16) 산천굿은 우리나라의 중요한 명산대천에 기도하여 망자의 사후 안주와 유족의 복락을 기원하는 제차이다. 이 굿거리에서는 붉은선비와 영산각시에 관한 설화가 신화로 구송된다. 이 굿거리에서 밥상 여덟 개에 베, 망인의 옷 등을 올려놓고, 무당은 검은 무복을 입고 망인의 갓을 쓰고, 장구를 치면서 계림 팔도 명산 노래를 부른다. 이렇게 하는 이유는 영혼이 극락에 가더라도 뼈는 명산 중의 명산에 묻히도록 기원하기 위한 것이고, 여덟 개의 밥상은 팔도 명산에 바치는 것이기 때문이다.

(17) 문굿은 망자가 저승에 평안히 갈 수 있도록 저승길을 닦는 굿 거리이다. 이 과정에서 〈양산백축양대〉 설화가 구송된다. 밥상 세 개를 쌓아 올리고, 그 위에 놋그릇을 놓은 다음에, 물을 담은 놋그릇 속에 돈을 넣고 문 두 개를 만든다. 이것은 극락으로 가는 열 두 문을 상징한다. 망자가 그곳을 무사히 빠져나가라는 의미가 있다.

(18) 돈전풀이에서는 망자가 저승으로 끌려가는 도중에 사자에게 고초를 당하고 험난한 과정을 겪을 때마다 인정을 써서 넘기는 의미를 갖는 제차이다. 이 과정에서 돈전의 신에 관한 내력이 구송된다.

(19) 상시관놀이는 주무가 무가는 부르지 않고 고깔과 장삼만 착용하고 춤을 추는 굿거리이다. 북청군의 현지 보고에 따르면, 무당이 상을 입에 물고 돌았다고 되어 있다.

(21) 천디굿은 흰 천을 길게 펴서 두 사람이 양끝을 잡고 흰 천 위에 망자의 유품인 옷과 소지품을 무당이 이것을 앞뒤로 움직이면서 망령이 저승에 평안히 갈 수 있도록 기원하는 제차이다. 가족들은 이 과정에서 많은 인정을 쓰는 것으로 되어 있다. 그런데 함경도 북청의 현지 보고에 의하면 굿하는 집에서 망령을 위한 '길막이'를 준비하는데, 그 구실은 맏며느리가 했다.

맏며느리는 '금다리'와 '맏다리'를 준비하는데, 그 준비 과정이 정성스러워 입에 쌀을 물고 하루에 하나씩 짠다. '금다리'는 삼베에 귀밀짚이나 보리짚을 넣고 짠 것이고, '맏다리'는 그냥 삼베이다. 이 금다리와 맏다리를 조상 신주 앞에 두었다가 '호세미'가 이것을 가른다. 그러므로 앞의 사례는 변형된 듯하고, 뒤의 북청 사례가 본디의 것이 아닌가 추정된다.

이 굿이 끝나면 새남굿의 대미가 끝나는 것이므로 호세미가 꽃틀을 치우게 된다. 꽃틀을 치울 때에 장벗대와 덕대도 함께 치우는데, 꽃들을 청중들이 가져가면 영험하다고 믿어서 가져가며, 특히 장벗대 위의 처음 만든 꽃은 아기 못 낳는 여성에게 효험이 있다고 믿어져 거듭 여성들이 이것을 가지려고 했다.

(22) 하직천수는 천수경을 암송하며 망자가 안전하게 저승에 가도록 기원하는 제차이다. 북청군의 경우에는 호세미가 마당에 간단히 젯상을 차리고 춤을 추면서 신을 초청한다. 흰쌀을 담은 그릇에 대를 세우고, 가족 가운데 한 사람이 잡고서 호세미의 넋두리가 이어진다. 새남굿이 잘되었는가 묻게 되고, 이러한 제차를 통해서 마침내 감응하게 되면 대가 떨리고 긍정적인 표시를 해서 굿을 마무리하게 된다.

함경도의 무속은 우리나라 무속신앙의 주변부에 해당하지만, 제의적 고형이 남아 있어서 상세하게 다룰 필요가 있어 길게 언급할 수밖에 없었다. 함경도의 새남굿 사례를 미루어 보건대, 함경도에는 몇 가지 새남굿에 근거한 주요한 특징이 있다.

첫째, 제차가 세분화되어 있고 제차의 기능이 약간씩 다양하게 중복되어 있다는 사실이다. 치밀한 현지조사의 결과물이 아니므로 강력히 추단할 수 없으나, 신격을 위하는 제차 치고는 상당히 복잡하다는 인상을 지울 수 없다. 제주도 역시 이러한 성격을 지니고 있기 때문에 무속신앙의 주변부에서 공통적으로 발견되는 현상이라 짐작된다.

둘째, 함경도 굿의 다양한 신화가 매 굿거리마다 개입되어 있어서 풍부한 무속서사시 전승이 확인된다는 사실이다. 무속서사시가 많다는 점 역시 제주도와 견주어지는 특성인데, 대체적으로 기능적인 굿거리를 제외하고, 모든 제차에 무속서사시가 존재한다는 사실을 발견하게 된다.

셋째, 새남굿에 한정된 견해이기는 하지만, 새남굿은 불교와 매우 인접해 있다는 사실을 알 수 있다. 무속과 불교가 복합되어서 새삼스러이 무속신앙을 풍부하게 한 사실은 인정되는 바이나, 함경도 무속신앙의 경우에 그러한 사실을 구체적으로 확인할 수 있는 증거가 된다.

3. 경기도 남부의 새남굿

경기도 남부 새남굿은 서울 지역의 강신무들이 구성하는 굿거리와 매우 다른 점을 확인할 수 있다. 새남굿이라고 하는 명칭이 사용되고 이에 따른 망자의 천도의례의 성격을 가진 것이므로 이에 따른 세부적 절차를 구성하되 이 지역의 무풍에 의한 독자적인 굿거리를 구성하지 않을 수 없다. 실제로 새남굿을 은어로 산이들이 '남새쳤다'고 말하므로 일반적인 성격을 가지고 있다.

현장에서 연행된 사례는 보고되지 않았으며 다만 이 굿을 재현한 사례가 있어서 이 굿에 입각한 서술을 할 수밖에 없는 형편이다. 새남굿이 1982년에 재현된 바 있다. 이 굿 역시 그러한 각도에서 재현되었던 것인데 인천시 율묵동에서 여러 학자들이 모여 이 굿을 보았으며 학자의 해설과 함께 갖가지 질문을 하는 대목이 눈에 띄는 것을 알 수 있다. 이 점에서 이 굿은 인공적인 조건 아래 연행되었던 것으로 짐작된다. 이 굿은 1981년 11월 6일에서부터 7일까지 있었다. 이 굿에 참여한 학자로 정병호를 위시해서 몇 사람의 학자가 있었다.

(1) 부정(서간난·조한춘)

(2) 말명(서간난)

(3) 산바라기(황치선)

(4) 성주새면(악사 : 김한국,
이영만, 정일동, 전태용,
이용우 등)

(5) 시루굿(이용우·오수복)

(6) 성주굿(이용우·조한춘 등)

(7) 제석굿(조한춘·오수복)

(8) 대감놀이(황치선)

(9) 무감

(10) 손굿(서간난)

(11) 조상굿(이용우·오수복)

(12) 군웅굿(서간난)

(13) 제면굿(오수복)

(14) 새남굿(이용우·오수복)

(1) 부정은 경기도 남부의 전통적인 방식으로 거리부정과 앉은부정 등을 전통적인 장단인 부정청배장단으로 하는 굿거리로 부정을 가시는 굿거리라고 하겠다. 겹으로 부정을 물리는 방식이 인상적인 굿거리이다.

(2) 말명은 일종의 망자 넋을 부르는 것으로 망자의 넋을 청하여 굿하는 절차를 새남굿의 대내림을 하는 것과 같은 기능을 한다. 망자의 옷을 들고서 넋을 청하는 과정이 구체적으로 제시된다.

(3) 산바라기는 경기도 주변부의 굿에서 발견되는 것으로 산이 우세한 고장이므로 산을 먼저 청해서 공간적인 신격을 분명하게 하는 것이 이 절차이다. 산바라기를 하면서 망자의 조상과 산신을 먼저 위하는 것이 이 굿거리의 주요 내용이라고 하겠다.

(4) 성주새면은 집안의 수호신을 위한 산이들의 연주를 위주로 하는 굿거리라고 하겠다. 이 굿거리를 통해서 성주새면의 특징적 절차를 통해서 신을 모시는 음악을 장중하게 연주하는 특징을 구현하는 굿거리이다.

(5) 시루굿은 창세신의 내력을 구연하는 굿거리로 창세신화인 〈시

루말)을 구연하는 굿거리라고 하겠다. 이 거리에서 보여주는 굿의 실상은 산이와 미지가 겹굿을 하는 특징이 있으며, 이 굿거리 구성을 통해서 시루말과 비손을 겸해서 하는 구성을 보이게 된다.

(6) 성주굿은 집안을 수호하는 신격을 위하는 재차이다. 새성주굿을 하면서 지경을 닫는 과정이나, 이 절차를 통해서 산이들만의 독자적인 절차를 행하게 되는데, 이 과정에서 푸살이라는 장단이 사용되면서 굿이 장엄한 음악 속에서 진행되는 특징을 가지게 된다.

(7) 제석굿은 생산신격이 제석을 모시는 절차인데, 여기에 사용되는 음악과 구성이 독자적인 것으로 볼 수가 있다. 산이와 미지가 겹굿을 하고 〈제석본풀이〉를 구연하는 특징이 있다.

(8) 대감놀이는 대감을 모셔서 갖가지 축원을 하는 절차이다. 이 굿을 통해서 여러 가지 명과 복을 기원하는 절차를 볼 수가 있겠다. 이 방식은 경기 남부의 고유한 면모인지 궁금한 점이 있는데, 실상은 의문스러운 면모가 있는 대목이다.

(9) 무감은 정식적인 절차라고 보기 어렵고, 다른 각도에서 보면 산이들의 정중한 음악에 맞추어서 한바탕 신명풀이를 한 것이다. 신명풀이의 방식으로 고안된 이 절차는 매우 중요한 의미를 가진 절차이다.

(10) 손굿은 천연두를 옮기는 신격을 위하는 절차이다. 이 굿의 절차에 의해서 결과적으로 질병의 위협을 없애고 진정한 인간의 삶을 고양하기를 희망하는 굿의 거리라고 하겠다.

(11) 조상굿은 조상신의 신격을 위한 절차이다. 이 굿의 절차를 통해서 다양한 구성을 하는 것이 긴요한 몫이고 조상과 망자의 관계를 회복하고 서로의 위계와 질서를 찾는 것이 중요한 절차라고 하겠다.

(12) 군웅굿은 집안의 조상 가운데 벼슬을 한 인물이나, 군웅의 장

수신등을 모시는 특별한 굿거리이다. 마을굿에서는 이 신격들을 모시는
방식과 절차가 강조되기 마련인데, 이 굿거리에서 군웅신격을 위시한
여러 신격을 위한 절차가 이루어지는 점을 볼 수가 있다.

(13) 제면굿은 일종의 계면돌기와 단골판을 장악한 신격을 위한 절
차인데, 이 굿거리에서 그러한 성격을 구현하는 점을 볼 수가 있다.
계면은 미지 자신을 위한 독특한 절차이다. 그런 점에서 제면굿은 긴
요한 의미가 있는 것이라고 하겠다.

(14) 새남굿은 망자 개인을 위한 굿거리의 절차이다. 이 과정에서
새남굿의 본령이라고 할 수 있는 〈죽엄의 말〉과 같은 무가를 불러서
망자의 극락왕생을 기원하는 절차가 이루어진다. 다양한 장단과 여러
가지 무가를 보여준다고 하는 점에서 새남굿의 무가는 긴요한 의미가
있는 굿거리이다.

다른 여러 가지 증언에 의하면 경기도 남부의 산이제 굿은 대체로
이와 같은 절차로 진행되는 것을 알 수가 있는데, 이 절차에 의해서
진행되는 것을 볼 때에 구체적으로 몇 가지 특징이 있다.

첫째, 경기도 남부의 산이제 새남굿은 전통적으로 본다면 서울식으
로 재수굿과 진오기 새남굿을 겸하는 특징이 있다. 일종의 안안팎굿과
같은 성격이 두드러지는 점이다. 집안의 화평과 망자의 천도를 겸하는
특징이 있다. 망자의 천도가 주목적이기는 하지만 이러한 성격은 굿거
리의 결말부처럼 부가되고 실상이 두드러지지 않는다. 이 점에서 본다
면 경기도 새남굿은 매우 이례적인 구성을 한다.

둘째, 산이제 굿의 전통을 구현하기 때문에 산이제 굿의 전통 속에
서 음악적 다양성과 함께 특별하게 망자의 넋을 천도하는 절차가 구현
되는데 이 굿거리가 불교적 관념에서 비롯된 여러 가지 염불과 장엄이

말로 구연되는 〈죽엄의 말〉이라고 하는 절차가 있다. 이 굿거리의 특징은 산이들은 흔히 〈새남노정기〉라고 하는 말로 이 사실을 구체화하여 관습화한다.

셋째, 산이제 굿에서 발견되는 〈죽엄의 말〉은 특별한 의미를 부여해도 좋을 것으로 판단된다. 아마도 새남굿의 의미를 이 굿거리처럼 명확하게 반영하고 있는 사례도 드물기 때문이다. 이 굿거리에서 긴요한 절차가 바로 존재의 전환을 알리는 특별한 세계관이 있어서 단순한 전환이 아니라 새로운 넋으로 거듭 날 수 있음을 보여주는 과정이 집약되어 있기 때문이다.

4. 남해안의 오귀새남굿

남해안의 오귀새남은 망자를 좋은 곳으로 천도하는 무속의례인 망자천도굿을 경상남도 통영에서는 오귀새남굿이라 부른다. 전국적으로 두루 존재하는 오구굿이라는 명칭과 서울 지역의 격식 있는 진오귀굿인 새남굿, 이 두 용어가 복합된 것으로 다른 지역의 명칭과 복합하는 명칭이 일치하는 점을 보여준다.

망자를 좋은 곳으로 천도하는 무속의례인 망자천도굿을 경상남도 통영에서는 오귀새남굿이라 부른다. 이 굿은 오늘날 중요무형문화제 제82-라호 남해안 별신굿 보존회에서 전승되고 있다. 전국적으로 두루 존재하는 오구굿이라는 명칭과 서울 지역의 격식있는 진오귀굿인 새남굿, 이 두 용어가 합성된 명칭이다. 비단 경상남도 통영에만 이 굿이 있었던 것은 아니고, 거제, 남해 등 이른바 경상남도 남해안에 분포된 굿이다.

통영 지역을 중심으로 오귀새남굿을 전승했던 무집단은 세습무계이다. 이 무계는 거제, 통영 등 경상남도 남해안 지역을 중심으로 무업을 세습하였다. 그런데 이들에 대한 조사가 본격적으로 진행되기도 전에 전승의 소멸이 왔고, 그 와중에 유일하게 기록된 자료가 1982년의 통영(그 당시 충무) 오귀새남굿이다.

이 자료는 한국문화예술위원회에서 영상으로 전판을 촬영하여 소장하고 있다. 이때 굿을 하였던 이는 승방(무녀) 정모연과 산이(악사) 박복율, 박복개 등이었는데, 이들은 집안 대대로 거제와 통영에 당골판을 두고 활동했던 세습무계였다. 따라서 통영 오귀새남굿이기보다는 경상남도 남해안인 거제, 통영, 남해 일대의 오귀새남굿이라는 개념으로 남해안 오귀새남굿이라고 표현할 수 있다. 오늘날은 정모연의 손주가 되는 정영만에 의해서 그 전승이 힘겹게 이어지고 있다.

오귀새남굿은 1박 2일 정도로 진행되는 것이 일반적인데, 다음과 같은 굿거리 구성으로 정리될 수 있다. (1) 부정굿, (2) 넋건지기굿, (3) 당산굿, (4) 문넘기, (5) 방안오귀, (6) 손굿(말미), (7) 영둑굿, (8) 길닦기, (9) 대내림, (10) 염불축원굿(고금역대, 황천문답, 축문, 환생탄일, 시왕탄일), (11) 대신풀이, (12) 시석의 순서로 진행된다.

(1) 부정굿은 굿을 하기 전에 굿판을 정화하는 목적이다. 굿을 하는 공간, 그리고 굿에 참여한 이들에게 따라온 부정들을 가셔낸다.

(2) 넋건지기는 망자가 바다에서 죽었기에, 그곳에 가서 넋을 건져오는 제차이다. 만약 수사(水死)하지 않으면 무덤에 찾아가 혼백을 모셔오는 '메맞이'를 한다. 즉, 묘에 가서 망자의 혼을 모셔오는 것이다.

(3) 당산굿은 지역을 관장하는 신격인 당산신령에게 이 행사를 알리

고 굿의 허락을 맡는 의미에서 진행된다. 남해안에서 어떤 굿을 하던지 마을에서 가장 웃어른이라고 관념하는 당산신령에게 아뢴 후에 본격적인 굿을 하게 된다.

(4) 문넘기는 '무넘기'라고도 부른다. 그 명칭대로 문(門)을 넘는다는 의미인데, 망자의 영혼을 집으로 모셔와 굿당에 앉히는 굿이다.

(5) 방안오귀는 서사무가인 바리공주 무가를 푸는 제차이다. 본격적인 굿은 마당에서 행해진다면, 방안오귀는 방안의 망자상을 바라보고 하기 때문에 이러한 연유로 방안오귀라 명명된다.

(6) 손굿(말미)부터는 마당에서 이루어진다. '손굿'은 천연두 마마신을 손님이라 부르고 이 신격을 대접하는 굿을 가리킨다. 그런데 이 손굿은 여러 소제차가 세트(set)로 조합되어 있다. 손굿, 손님풀이, 동살풀이가 그것이다. 이 손굿을 남해안에서는 큰(大)굿이라 명명하여 유난히 중요한 굿거리로 관념한다. 그리고 오귀새남굿뿐 아니라 별신굿에서도 공통적으로 존재한다. 그런데 오귀새남굿에서 손굿은 마마신이라는 직능에 의해 이 신을 대접한다기보다는 도술의 능력을 강조하여 망자의 천도를 기원하는 것이라 이해될 수 있다.

(7) 영둑굿은 망자의 신체를 상징하는 영둑을 씻기는 제차이다. 영둑이란 댓자리에 망자의 옷을 넣어 둘둘 말아놓은 것을 말한다. 전라도에서는 영돈이라 부르고, 동해안에서는 '배석자리', '오귀자리', '영둑' 등으로 불린다. 이 영둑굿은 다른 말로 씨끔굿 또는 '영둑 씻는다'라고 부른다.

(8) 길닦기는 망자가 이승을 떠나 저승, 그 중에서도 극락 같은 좋은 곳으로 가길 염원하는 제차이다. 길을 상징하는 길베를 드리우고 그 위에 신광주리를 올려 길을 닦는 시늉을 하며 무가를 구송한다.

(9) 대내림은 신이 내려 무당이 된 강신무, 이 지역의 말로 '신자'(神者)가 망자의 넋을 대에 내림받아 가족들과 대화를 하는 제차이다.

(10) 염불축원굿은 망자의 극락 천도를 축원하는 독립된 무가들이 불려진다. 그 무가들은 고금역대, 황천문답, 축문, 환생탄일, 시왕탄일이다. 이 무가들을 구송할 때는 불가의 염불을 삽입하여 함께 부르므로 염불축원의 성격을 갖는다. 굿을 하는 이들은 각각의 무가들을 하나의 독립된 굿거리로 인식한다. 고금역대는 역대의 이름난 역사적인 인물들을 나열하며 그들도 결국 죽음을 면하지 못했다는 내용으로 망자의 죽음을 위로하는 것이다. 황천문답(黃泉問答)은 망자가 저승(황천) 심판 과정에서 문답을 잘하여 극락으로 간다는 내용의 무가이다.

즉, 이 굿을 받고 있는 망자도 장차 시왕에 가서 심판을 받을 때 문답을 잘하여 극락을 가라는 축원이 담긴 제차이다. 축문은 유교식 상·장례에 등장하는 여러 축문(祝文)들을 절차대로 읊어가는 것이다. 축문의 숫자를 들어 십이축문 또는 열두축문으로 부르기도 한다. 환생탄일은 망자가 십대왕(시왕)에게 환생을 부탁하자, 옥황상제에게 허락을 받아오라는 명을 받는다. 이에 망자가 옥황상제에게 허락을 받은 문서를 시왕에 바쳐 환생을 한다는 내용이다. 시왕탄일은 저승 십대왕의 본을 풀고, 시왕 극락가기를 축원하는 무가이다. 저승 십대왕의 내력들을 푸는 것으로 원불, 명호, 탄일(탄생일), 지옥, 소속 육갑 등이 구송된다.

(11) 대신풀이는 굿을 하다 돌아가신 무당의 조상들, 선생들을 굿의 끝에 대접하는 제차이다. 관찰자의 시점에서 보면 이 대신풀이는 앞의 시왕탄일 마지막에 붙어 시왕탄일의 한 종속 제차로 보기 쉬우나, 굿을 하는 이들은 명확히 '대신풀이' 내지는 '신살풀이'라는 명칭으로 구

분해낸다. (12) 시석은 굿의 중간에 청배되지 못했던 잡귀잡신들을 풀어먹이는 제차로, 이른바 뒷전에 해당되는 명칭이다.

통영 오귀새남굿의 특징은 (1) 방안오귀, (2) 영둑굿, (3) 염불축원굿에서 찾아볼 수 있다. 바리공주 무가를 구송은 인접 지역인 전라남도 지역에서 부터, 이 지역과 동해안 남부인 부산에까지 두루 존재한다. 오늘날 동해안 오귀새남굿 중 발원굿에서 구송되는 바리공주 무가는 옛날 부산에 있던 방심굿을 1950~60년대에 이금옥 무녀에 의해서 전파된 것으로 밝혀졌다. 이때 방심굿이 바로 방안에서 무녀가 장구를 놓고 바리공주를 구연한다고 붙여지며, 방안오귀라고도 불린다. 바로 이런 연행 형태가 남해안인 거제, 통영과 동일한 면모이다.

영둑굿의 영둑은 전라남도와 동해안에서도 공통되게 등장하는 무구이다. 망자의 신체를 의미하는 댓자리인데 통영의 영둑굿은 전라남도와 같이 씻김을 한다. 따라서 씻김굿이 전라남도만의 유일한 사례가 아니라는 점을 통영의 사례를 통해 알 수 있다.

통영 오귀새남굿에서는 유난히 망자의 극락천도를 축원하는 무가가 다양하게 세분화되어 있다. 단순히 불교의 염불을 차용하지 않고 독자적으로 생성된 무가들로 고금역대, 황천문답, 축문, 환생탄일, 시왕탄일이 있다.

남해안의 오귀새남굿은 몇 가지 의의가 있다. 이를 정리해서 말한다면 다음과 같다. 첫째, 남해안의 오귀새남굿은 새남굿의 전통적 구성과 구조적 공통점을 가지고 있지만, 일정하게 지역적 특색을 반영하면서 이 굿에서 일정하게 불교적 세계관과의 복합을 일정하게 반영하고 있는 점이 확인된다. 씻김굿과 동해안의 외귀굿의 문화적 접경지대 성격을 가지고 있으므로 이러한 점이 굿의 실상에 반영되어 있다.

둘째, 오귀새남굿은 경상도 동해안 일대의 오귀굿과 공통점과 함께 차이점을 있음이 확인된다. 거의 유사하게 구조적 공통점을 가지고 있지만 이러한 구성에 입각해서 특징적인 절차를 가지고 있는 것이 거듭 확인된다. 망자 개인의 천도를 목적으로 하는 구성과 일체감을 가지고 있음이 분명하게 드러난다.

셋째, 오귀새남굿은 씻김굿과 깊은 관련을 가지고 있으며, 이 절차에 입각한 여러 가지 다양한 면모를 구현하는 것을 볼 수가 있겠다. 이 점에서 특히 전라도의 굿문화와 경상도의 굿문화가 복합되는 현상을 우리는 만날 수 있다. 굿거리 구성의 많은 대목에서 씻김굿과 불가피하게 만나게 된다.

이상으로 네 가지 사례를 중심으로 해서 새남굿의 실례를 기술할 수밖에 없었다. 새남굿은 우리 무속의례 구성 요소로서도 긴요한 의의가 있지만 다른 각도에서 보면 불교와 무속의 의례적 복합현상을 이해할 수 있는 단서를 총체적으로 제공한다. 특히 무속의 죽음을 바라보는 세계관적 구성이 단연 돋보이는 굿이다. 불교의 저승관념과 세계관이 무속과 결합하면서 무속의 저승관이 한층 복합적으로 발전했음을 입증할 수 있다. 새남굿은 불교의례가 무속과 결합하는 의의를 해명할 수 있는 자료이다.

무속의 재래적 세계관이 분명하게 드러난다. 이승과 저승의 단초적인 분간에 의해서 구성된 절차를 통해서 불교가 상보적인 관점에서 이를 충족하면서 오랜 시간에 걸쳐서 두 세계관의 융합을 이룩하였을 것으로 추정된다.

상보적인 관계이므로 서로 배타적인 관계를 유지하지 않으면서 적절한 절차에 의거해서 둘은 여러 가지 중요한 접변을 이룩했을 것으로

보인다. 구조적 합일과 세계관적 융합에 의해서 이 두 가지 죽음의례
는 적절한 타협을 이루었을 것으로 보인다.

　　새남굿의 지역적 사례는 많이 발견되지 않으나, 유사한 사례가 다양
하게 존재하는 점에 입각해서 이러한 굿의 실상을 거시적 관점에서
반추할 수 있다. 앞서 살핀 바처럼 경기도 남부의 경기도 새남굿, 통영
의 오귀새남굿, 함경도 북청의 새남굿 등이 있어서 새남굿 이해를 위
해서 다른 지역의 사례와 비교해야 할 필요가 절실하게 요청된다. 새
남굿의 일반적인 용례와 특수한 용례를 모두 비교해서 새남굿의 일반
적 의의를 규명해야 할 것으로 보인다.

경기도 남부 산이제 굿의 특징과 의미 연구
-경기도 새남굿을 사례로 해서-

1. 경기도 남부 산이제 연구 시각의 전환

경기도 남부 산이제 연구가 지나치게 한쪽으로 쏠려 있는 것은 잘못이다. 선행 연구자들이 개별적인 집굿의 사례를 많이 보지 못한 것이 문제이고, 산이제 굿이 한 방향으로 경향성을 갖게 된 것은 경기도 도당굿에 천착한 결과이다. 이제 집굿의 사례를 중심으로 이를 연구하는 관점의 전환이 요구된다. 그렇게 하기 위해서 초창기 연구자들이 수집한 경기도의 새남굿은 아주 중요한 전거가 된다. 이 전거를 활용하면서 이 굿의 특징이 과연 무엇인지 이를 어떻게 일반화하면서 경기 남부굿의 산이제 특징이 있는지 연구하기로 한다.

누구나 아는 것처럼 굿에는 집굿과 마을굿이 있다. 집굿은 제가집이 있고 이 제가집의 집에서 연행하는 것이 집굿이라고 할 수 있다. 마을굿은 흔히 동네굿이라고도 하는데 이 동네굿은 흔히 도당굿이라고 하며, 이 도당굿은 마을굿으로 중요한 연구 대상이 되어 왔다. 이

점은 퍽이나 다행한 일이지만 연구가 이 마을굿만을 대상으로 하는 것이므로 제한적인 결과를 가질 수밖에 없었다. 이 점은 잘못이라고 생각한다.

굿의 실상은 역시 집굿을 통해서 명확하게 알 수 있다고 생각한다. 집굿을 분명하게 알아야만 굿거리의 특징은 물론하고 연구의 올바른 방향을 잡을 수 있다고 판단된다. 연구의 진전을 위해서 일단 1981년에 시행된 연구 자료를 근거 삼아 이를 한 차례 분석하기로 한다. 이 자료는 한국문화예술진흥원의 자료로 되어 있으며 이를 근거로 집굿의 특징을 살펴보고자 한다.[1]

이 굿은 인공적 조건 아래 연행되었다. 인공적 조건 아래 연구된 것이므로 이 자료는 온전한 성격을 모두 보여준 것은 아니다. 집굿을 빙자해서 학자들에게 연구 거리를 제공하기 위한 것인데, 필요한 절차를 온전하게 한 대목이 있어서 연구의 자료로 쓸 만하다. 그러나 굿의 당주가 불분명하고 지나치게 연구자들이 개입함으로써 시간을 많이 소비한 측면이 있고, 연구를 위한 자연적 조건이 제약을 받아서 문제점이 심각하게 일부 훼손이 이루어진 자료라고 할 수 있다. 그런데 이 굿의 자료적 성격을 천착한 연구가 없어서 봐도 보지 못하는 한계를 반복하고 있다. 이제 이 자료의 특징을 논의하면서 무지에서 벗어나기로 한다.

집굿에서 산이와 미지가 굿을 하게 되면 어떠한 방식으로 이루어지

---

1) 이 굿은 1981년 11월 6일에서부터 7일까지 있었던 것으로 현재 예술진흥위원회 비디오 자료로 되어 있다. 모두 7시간 20분가량 녹화된 자료이다. 화질이 매우 떨어지고, 음원이 불량하지만 전체의 대강을 알 수 있으므로 이 자료집은 매우 소중한 것이라고 생각한다.

며, 집굿의 순서와 굿의 절차가 어떠한 특징을 가지는지 연구할 필요
가 있다. 이는 여러 화랭이들이 참여해서 굿을 확대하는 것과 다르게
미지와 산이가 집중적으로 굿을 하는 점에서 남다른 면모를 찾을 수
있을 것으로 기대된다.

집굿 가운데서도 재수굿과 진오기굿이 어떻게 이루어지는지 궁금
한 면모가 있는데 이 자료는 재수굿과 진오기굿이 적절하게 배합된
굿이고 새남굿이라고 표방했지만 진오기 새남굿의 성격을 많이 가지
고 있는 자료라고 생각한다. 서울지역에서는 이를 흔히 안안팎굿이라
고도 하는데 이 성격을 온전하게 가지고 있는 것을 확인할 수 있다.
연구의 진전을 이루기 위해서 이 굿을 이러한 각도에서 찾고 논의하는
것이 바람직한 결과로 이어져야 한다.

2. 인천시 율목동 경기산이제 새남굿의 전반적 특징

경기도 산이제 새남굿의 사례를 일단 현상적으로 기술하는 것이
필요하다. 이 굿의 실상에 대해서 개괄적인 서술이 있었으나 이것이
온전하지 못하다.[2] 그러므로 이를 온전하게 연구하기 위해서 상세하

---

2) 경기새남굿의 자료를 김은희가 분절하고, 다시 변남섭이 상세하게 해명하고자 했다.
자료를 보면서 다시 살펴본 결과, 새롭게 고쳐야 하고 다시 보아야 하는 부분이 있어서
이 글을 통해서 분석하고 이를 책임지고자 한다.
　김은희, 「경기도 새남굿 1-4」 자료 자켓 굿거리 명칭 부여; 변진섭, 「경기도 새남굿
연행 연구」, 2007년 5월 27일. 경기대학교 무속모임 굿 연구회 발표 자료 요지문.
　두 연구자의 자료로 말미암아 새삼스러이 많은 사실을 깨우칠 수 있었으며 이 연구
는 그 성과를 받아들인 결과물이다.

게 살피면서 문제의식을 갖추고서 굿을 기술하는 것이 필요하다고 생
각한다. 일단 전체적인 굿거리를 요약하고 이를 세부적으로 살펴보아
야 하겠다.

1. 부정(서간난·조한춘)
2. 말명(서간난)
3. 산바라기(황치선)
4. 성주새면(악사 : 김한국, 이영만, 정일동, 전태용, 이용우 등)
5. 시루굿(이용우·오수복)
6. 성주굿(이용우·조한춘 등)
7. 제석굿(조한춘·오수복)
8. 대감놀이(황치선)
9. 무감
10. 손굿(서간난)
11. 조상굿(이용우·오수복)
12. 군웅굿(서간난)
13. 제면굿(오수복)
14. 새남굿(이용우·오수복)
15. 뒷영실(복원)
16. 베가르기(복원)

이 굿은 산이제 굿을 재현한 것으로 이해된다. 장주근이 일찍이 화
랭이 굿판을 주목한 이래로 몇 차례 이 굿에 대한 관찰이 있었으며
시험적인 재현이 시도되었던 것으로 기록이 나타난다.[3] 이 굿 역시
그러한 각도에서 재현되었던 것인데 인천시 율목동에서 여러 학자들

이 모여 이 굿을 보았으며 학자의 해설과 함께 갖가지 질문을 하는 대목이 눈에 띄는 것을 알 수 있다. 이 점에서 이 굿은 인공적인 조건 아래 연행되었던 것으로 짐작된다. 이 굿은 1981년 11월 6일에서부터 7일까지 있었다. 이 굿에 참여한 학자로 정병호를 위시해서 몇 사람의 학자가 있었다.

인천지역은 아마도 조한춘과 서간난이 중심이 되는 단골판이 있었던 것이므로 이 지역에서 굿을 하게 된 것은 아닌지 추정된다. 이 산이제 굿이 재현되는 장소가 경기도 수원과 인천이 중심지가 되었다. 이용우와 조한춘이 중심이 되므로 이 산이를 중심으로 하는 굿판이 이루어지고 이 굿이 실제 자연적 조건과 인공적 조건 아래서 연행되는 점을 본다면 거의 동일 지역에서 연행된 것들이 많다. 그만큼 산이제 굿의 본거지가 이 지역에 해당하는 것을 알 수 있다.

일단 외관상 이 굿은 온전하게 연행된 것이 아니다. 게다가 새남굿 뒤는 연행하지 않아서 전모를 확실하게 파악하기 어렵게 되어 있다. 아마도 인공적인 조건 아래서 연행하였으므로 이러한 결과가 나온 것이라고 생각한다. 굿에서 불완전한 연행은 평생을 두고 마음이 아픈 것이라고 생각하는데 이 굿이 이러한 사례에 해당한다고 할 수 있다. 연구를 위해서 자료 보존을 위해서 완성된 연행을 요구하고 다잡아야 한다는 교훈을 이 자료는 너무나 아프게 준다.

이 굿의 진행은 산이와 미지가 짝이 되어서 진행한다. 산이와 미지

---

3) 경기도 화랭이 굿판의 존재에 대한 구체적인 고찰을 장주근의 고찰에 의해서 비로소 수면에 부각되었던 것을 알 수 있다.
　　장주근, 무속, 『한국민속종합조사보고서』(경기도편), 문화공보부 문화재관리국, 1978, 106~130면.

는 조한춘과 서간난, 이용우와 오수복 등이 짝이 되어 있음을 굿거리 구성에서 쉽사리 확인할 수 있다. 조한춘과 서간난은 인천 쪽의 기반을 두고 있는 인물로 조한춘과 서간난은 장모와 사위의 관계이다. 조한춘이 학자들에게 호의적인 것이었으므로 이 연행이 이루어지지 않았나 싶다. 서간난은 미지이기는 해도 강신무의 성격을 많이 가지고 있는 인물이다. 조한춘은 대물림하는 화랭이로 널리 알려진 인물이었다. 그러나 기량은 많은 부분에서 의문을 갖게 한다.

이용우와 오수복은 수원에 기반을 두고 있는 산이와 미지이다. 매우 내력이 깊은 인물들로 특히 이용우의 굿하는 재주와 기량이 굿거리 전체에서 탁월하게 빛을 발휘한다고 생각한다. 이용우가 맡아서 하는 것은 처음 보는 것이 많고 연조와 경륜이 있으므로 중요한 거리에서 별로 차착이 없는 구연을 하는 것을 많이 만나게 된다. 이 점이 분명하게 밝혀져야 하겠다. 오수복은 주로 이용우와 맞서는 상대역을 하는 것으로 나타나는데 굿을 함께한 이유 때문에 굿을 하는 것이라고 판단된다.

이 굿판에 산이와 미지만 있는 것은 아니다. 이들 가운데 서울식의 굿을 하는 인물도 있어서 이들이 참여하는 굿거리도 있음이 확인된다. 다소 이채로운 일이지만 이 당시에도 산이제 굿이 밀리고 있으며, 서울굿을 하는 박수나 만신들과 결탁하지 않을 수 없었던 사정을 이 자료를 통해서도 확인할 수 있다. 황치선은 필자가 1984년의 인천동막도당 굿에서도 만날 수 있었던 인물이며, 그 굿판에서는 여성 만신도 참여했었다.

이 굿에서 인적 구성으로 중요한 구실을 하는 인물이 역시 산이들이다. 이 산이들은 주로 음악을 전담하는 악사 노릇을 하는데 김한국,

정일동, 이영만, 조한춘, 이용우 등이 주된 인물로 참여하였다. 이용우 산이의 경우에는 직접 악기를 연주하지 않고 쉬면서 굿을 도맡아서 해야 했으므로 이용우산이를 빼고 나머지 인물들이 음악을 담당하고 있음을 확인할 수 있다.

외관상 발견되는 굿거리의 순서는 매우 한정적이지만 서울굿으로 일부 거리를 진행하고 있음이 확인된다. 가령 황치선이 하는 굿거리는 모두 한양식의 굿이므로 이를 주목할 필요가 있다. 그러나 주도적인 현상은 모두 산이제의 굿이 우세하다고 할 수 있다. 현재 세습무들이 하는 굿을 구체적으로 볼 수 있는 자료가 몇 가지 있는데 이를 비교해서 집굿의 제차를 비교하는 자료로 삼을 필요가 있다.

> 1937년본 : 赤松智城·秋葉隆, 鳥山十二祭次, 『朝鮮巫俗の硏究』
> 上卷, 屋號書店, 1937.
> 1973년본 1 : 김태곤, 화성재수굿, 『한국무가집』 3권, 집문당, 1978.
> 1973년본 2 : 김태곤, 화성재수굿, 『한국무가집』 3권, 집문당, 1978.
> 1981년본 : 인천시 율목동 현지조사 자료.
> 1983년본 : 경기도 수원시 매교동 김천길댁 재수굿 자료.[4]

이 자료들은 율목동의 굿을 비교하는 좋은 자료들로 판단된다. 이 종만의 오산 자료를 대상으로 오산의 집굿에서 하는 열두 거리를 알 수 있으며, 산이제 굿이며, 이 율목동 굿의 주제보자인 이용우와 이종 만은 숙질간이므로 공통점이 있다. 김태곤의 자료는 화성 지역에 실재

---

4) 정병호·이보형-외, 『한국민속종합조사보고서』(무의식편), 문화공보부 문화재관리 국, 1983. 김천길의 굿에서 한 굿의 내력을 정리한 것이다.

했던 세습무와 강신무의 사례를 두 가지 보고한 것이므로 비교의 증거
로 쓸 수 있다. 1983년본은 경기도 수원시의 실제 굿을 관찰한 자료이
다. 굿의 순서가 불분명한 대목이 있으나 이 굿 역시 안안팎굿의 자료
적 성격을 지니고 있으므로 이를 비교할 수 있다고 생각한다.

　산이제 굿으로 하는 굿거리를 위의 현지 조사된 자료를 중심으로
해서 굿거리를 외견상 비교하는 작업이 필요하다. 일단 이 자료를 도
표로 예시하면 다음과 같다.

1937년본	1973년본 1	1973년본 2	1981년본	1983년본
1. 부정	1. 부정굿	1. 안반굿	1. 부정	1. 부정굿
2. 시루말	2. 산바램	2.부정풀이	2. 말명	2. 산바라기
3. 제석	3. 안시루	3. 산바램	3. 산바라기	3. 시루말
4. 손굿	4. 제석굿	4. 안시루	4. 성주새면	4. 제석청배
5. 군웅청배	5. 조상굿	5. 제석굿	5. 시루굿	5. 성주굿
6. 조상	6. 대감굿	6. 호구	6. 성주굿	6. 제석굿
7. 안당굿	7. 성주굿	7. 대감굿	7. 제석굿	7. 대감굿
8. 성주풀이	8. 안당굿	8. 조상굿	8. 대감놀이	8. 호구대신
9. 선왕굿	9. 터굿	9. 성주굿	9. 무감	9. 조상굿
10. 계면굿	10. 우마굿	10. 창부서낭	10. 손굿	10. 군웅굿
11. 터주굿	11. 마당굿	11. 제면	11. 조상굿	11. 계면굿
12. 마당굿		12. 터굿	12. 군웅굿	
		13. 우물굿	13. 제면굿	
		14. 우마굿	14. 새남굿	
		15. 마당굿		

　굿의 서두와 결말을 부정과 마당굿으로 하는 사실은 굿의 당연한
형식적인 공통점이다. 그 점은 예외 없이 일치되는 바인데 뒷전이라고
하지 않고 마당굿이라고 지칭하는 점이 각별하다고 할 수 있다. 부정
뒤에 산바라기가 오는 것은 경기도 굿의 특징이라고 만신이나 산이들

이 말한 바 있는데 이 점이 일치된다. 시루굿과 제석굿이 그 다음에 오는 것이 일치되는 면모이다. 또한 제석굿과 성주굿이 직접 나올 수도 있으며 제석굿의 앞에 성주가 올 수도 있어서 순서의 가변성이 있으나, 성주굿을 비롯해서 시루굿과 제석굿이 연계된다는 점이 긴요하다.

다음으로 조상굿과 군웅굿, 그리고 대감굿 등이 하나의 굿으로 분류될 수 있는 긴요한 굿거리이다. 군웅과 조상, 그리고 대감은 서로 긴밀한 관련이 있는 신격인데 조상의 벼슬아치나 집안의 군웅이 있으면 조상과 함께 동일하게 연결하여 다루는 특징이 있는 굿거리라고 할 수 있다. 조상과 군웅이 연결되는 것은 매우 중요한데 이는 경기도 남부 산이제 굿에서 우세하게 나타난다. 특히 질병을 거두어주는 손굿과 같은 것이 있어서 이 점이 특징적인데 현재는 거의 굿거리로 연행하지 않는 것이 기본적인 면모이다.

그렇게 보면 경기도 남부의 산이제 굿은 다음과 같은 핵심적인 요소가 긴밀하게 작동하고 있음을 알 수 있다. 가장 중점이 되는 사실을 들어서 이를 간추리고 연행본과 견주어서 일정하게 간추려서 제시하면 다음과 같다.

안반굿 – 부정 – [산신 – 천지창조신 – 생명창조신 –
가신 – 조상신 – 질병신 – 무령] – 마당굿

안반굿은 흔히 안반고시레라는 말을 뜻한다.[5] 안반고시레가 적절

---

5) 이에 대해서 2007년 11월 11일에 장말도당굿에서 조광현제보자가 일러 준 사실에 근거해 말한다.

한 말인데, 이 굿거리는 굿이 아니면서 가장 요긴한 구실을 하는 것이다. 이 굿거리는 흔히 안반에 팥떡, 인절미, 깽팻떡 등을 열두 무더기를 늘어놓고, 그 곁에 굿 흥정한 것을 비롯해서 준비된 모든 것을 늘어놓고 하는 고시레이다. 전을 부친 것, 두부부친 것 등을 통째로 이르는 것이다. 굿의 준비를 마치는 것을 말하고, 신에게 이를 고하는 절차를 이른다.[6]

부정과 마당굿이 서두와 결말인 점을 알 수 있다. 산신은 굿을 하는데 있어서 내세우는 첫 번째 신격이다. 이 신격은 산바라기를 통해서 구체화되는데 이 산바라기가 구체적으로 존재한다. 다음으로 다른 고장에서 발견되지 않는 천지창조신의 조판 과정을 서술하는 굿거리가 있는데 이것이 곧 시루말 또는 시루청배이다. 생명창조신은 제석굿이다. 제석굿은 생명창조신으로 수명을 기원하는 신격을 모시는 거리이다.

가신은 성주, 안당, 터굿, 우마굿 등을 포함한다. 과연 터굿이나 우마굿을 여기에 소속시킬 수 있는지 재론의 여지가 있으나 일단 여기에 분류한다. 조상신은 인격신으로 여러 신격을 말한다. 조상, 군웅, 대감 등을 여기에 소속시킬 필요가 있다. 질병신은 손굿을 말한다. 무령은 말명이나 제면 등을 말한다. 마당굿은 서낭, 마당을 말한다. 이들은 공간적인 한정된 곳을 관장하지만 결국 제한된 곳에서 이루어지는 밖굿의 잡귀잡신을 말한다.

---

6) 집안의 형편에 따라서 굿이 달라지는 것을 알 수 있는데, 가령 전개 유형이 두 가지가 있다. 하나는 안반고시레-부정치기-산바라기 등으로 하는 유형이 있고, 이와는 다르게 부정치기-안반고시레-산바라기 등으로 하는 것이 다른 유형이다. 2007년 11월 11일에 장말도당굿에서 조광현제보자가 일러 준 사실에 근거해 말한다.

　　이러한 분류가 현재 만족할 만한 객관적 논의를 축적하지 못하고
있으나 경기도 남부에서 연행되었던 자료를 모두 들어서 이를 객관적
으로 비교하는 것이 필요한데 이를 위의 연행본 또는 현지자료조사본
을 토대로 굿거리를 배치하면 이와 같은 정합성을 가지고 있다고 생각
한다. 이를 분류해서 보이면 다음과 같다.

조사본	부정	산신	천지신	생명신	가신	조상신	질병신	무령	마당굿
1937	1		2	3	7/8	5/6	4	10	9/11/12
1978/1	1	2	3	4	7/8	5/6			9/10/11
1978/2	1/2	3	4	5	7/8/9/ 12/13/14		6	10/11	10/15
1981	1	3	5	7	6	8/11/12		2/13	
1983	1	2	3	4/6	5	7/9/10	8	11	

　　굿은 다양한 신격을 총체적으로 묶어서 다루는 의례인데 이 실상을
위의 도표는 어느 정도 다룰 수 있는 상황을 제공한다. 경기도 굿에서
는 산신을 앞서서 다루고 천지신을 나중에 다룬다는 점이 명확하게
발견된다. 천지신과 생명신이 이어져서 다루어지는데 이는 다른 고장
에서 잘 볼 수 없는 특별한 면모이다. 구조적으로 서로 얽혀 있다는
말이고, 가신의 특정신앙과 연결되어 있는 점이기도 하다. 가신은 안
당과 성주인데, 이밖에도 시야를 확대하면 몇 가지가 더 있다. 조상신
은 대감, 군웅, 조상 등인데 이 신격은 집안의 조령이거나 이와 관련된
신격이다. 무령은 말명과 제면을 말하는데 세습무권의 지역이므로 계
면을 더 내세우는 것일 수도 있다. 질병신은 손님인데 현재는 연행하
지 않는 것으로 인상적인 것이다.

1981년본과 1983년본은 재수굿을 겸한 새남굿을 하는 연행본이기 때문에 이 점에 대한 의문을 더 해명하고 굿거리의 세부적인 절차를 다루어야 할 것으로 보인다. 부가적으로 되어있는 굿거리 가운데 인상적인 것은 두 가지의 사례가 전혀 다르다고 하는 사실이다. 1981년본은 전형적인 산이제의 굿을 오귀새남굿으로 하는 것이고, 1983년본은 서울식으로 하는 굿이며, 진오기굿의 실상을 그대로 전하고 있다. 따라서 산이제 굿의 실상을 알기 위해서는 결국 1981년본을 중심으로 이해하지 않으면 안된다.

3. 인천시 율목동 경기산이제 새남굿의 세부적 고찰

이제 인천시 율목동의 굿을 구체적으로 굿거리별로 신격, 절차, 음악, 연행행위 등을 중심으로 해서 살펴볼 필요가 있다. 이 굿을 연구하는 데 있어서 거의 유일하게 남아 있는 자료이므로 이를 체계적으로 연구하지 않을 수 없다. 그렇게 하기 위해서 세부적인 굿의 실상은 물론하고 현재 이 굿을 기억하고 있는 제보자를 통해서 보완할 필요가 있다고 생각한다.

경기도 산이제 굿의 특징은 모든 굿거리를 산이와 미지가 번갈아가면서 하는 특징이 있다. 이는 다른 지역의 굿에서 찾을 수 없는 특징이라고 할 수 있는데 이는 단순하게 앉아서 하고 서서 하는 기능적인 차이만을 의미하지 않는다. 이를 구현하는 핵심은 산이와 미지가 전혀 다른 각도에서 이를 굿거리로 실현한다고 하는 점이다.

부정거리를 구현한 사례를 다음과 같은 연행의 실상을 통해서 찾아

보기로 한다. 이 굿의 실상은 다음과 같이 되어 있다.

 1. 부정(서간난·조한춘)
   11. 거리부정(서간난) : 자진굿거리
   12. 앉은부정(조한춘) : 오니섭채, 모리, 발뼈드레
   13. 선부정(서간난) : 부정놀이, 섭채, 부정놀이, 자진굿거리

 부정거리를 셋으로 나누어서 진행하는 점이 특징이다. 거리부정, 앉은부정, 선부정 등이 그것인데 이는 매우 상징적인 의미를 내포하고 있는 진행방식이기도 하다. 굿은 결국 굿판에까지 이르는 신의 초청을 원활하게 하고 굿판을 정화하는 절차가 요긴하게 갖추어져야 하는데 서두의 부정은 신이 수직으로 하강하는 공간적 구성에서의 부정을 말하는 것은 아니다. 인간의 길로 온다고 관념해서인지 이를 그대로 재현하는 과정에서 부정을 치는 것으로 되어 있다.
 사람이 외부에서 들어오는 길목을 모두 거쳐서 들어오듯이 신 역시도 이러한 노정을 선택해서 오는 것으로 생각한다. 거리를 거쳐서 집안으로 들어오는 것이므로 거리부정이 필요하고 굿거리의 부정은 굿상 앞에서 차리고 이중적으로 진행한다. 그래서 굿이 부정거리의 경우에 셋으로 나누어지는데 이 점에서 예외가 아닌 것으로 생각된다. 부정에 세 가지가 있으며 이를 관념적으로 구체화하는 거리부정이 중심으로 된다. 황토물림으로 하는 굿이 발달한 것도 경기도 굿의 특색인데 이것이 거의 동일한 맥락에서 이해될 수 있다고 생각한다.
 거리부정은 자진굿거리로 하는 것으로 부정을 가시는 것이 기본적인 특징이다. 서간난이 치마와 저고리를 입고서 물로 부정을 물리고,

소지로 불로 부정을 가시고, 이어서 신칼로 가시는 절차를 진행했다. 마지막으로 북어를 두르고 던져서 굿을 하는 것이 마지막 절차로 있음을 확인하게 된다. 이러한 행위는 상징적이고 다른 고장에서 하는 것과 비교될 수 있을 만큼 달라져 있는 것을 알 수 있다. 다른 고장에서 청배를 마치고 두르는 것과 대조된다.

거리부정에 사용되는 음악장단은 자진굿거리이다. 자진굿거리는 경기도 남부의 굿에서 발견되는 독자적인 장단이다. 이 장단은 다음과 같이 되어 있으며 다양한 변체 가락적인 어서 굿에 가면서 친다.

덩	-	구	궁	따	구	덩	따	다	궁	따	-	(자진굿거리)
덩	따	다	궁	따	구	덩	따	다	궁	따	-	
덩	-	더	궁	따	-	덩	-	더	궁	따	-	
덩	-	궁	-	따	-	덩	-	따	따	구	-	

기본장단과 변체장단이 있어서 만신이 춤을 추거나 어떠한 행위를 할 때에 사용하는 독자적인 굿거리 장단이다. 독자적으로 사용되기도 하고, 달리 이를 다른 가락과 연결하면서 사용하기도 해서 다소 빈도수가 높은 장단 가운데 하나이다. 이 점에 있어서 경기도 남부의 특징을 갖추고 있는 장단 가운데 하나이다.

앉은부정은 산이가 앉아서 치는 부정을 이르는데 이 장단은 일정한 장단틀을 가지고 있으며, 이 장단의 구성은 흔히 오니섭채-모리-발뻐드레의 구성을 갖추고 있다. 이를 정간보로 예시하면 다음과 같이 된다.

| 궁 | - | 딱 | 딱 | - | 뜨르 | 딱 | - | - | 딱 | - | - | (오니섭채) |

| 궁 | 따 | 따 | 궁 | 따 | 따 | 궁 | 따 | 따 | 궁 | 따 | 따 | (모리) |

| 따 | 따 | 뜨르 | 따 | 따 | 뜨르 | 따 | 따 | 뜨르 | 따 | 따 | 뜨르 | (발뻐드레) |

세 가지 장단을 써서 이 앉은부정을 물리게 되는데 이는 단순한 것이 아니라 일정틀을 가지고 있음이 확실하게 나타난다. 부정을 물리는 방식도 다시 두 가지로 되어 있어서 동일한 장단의 틀에 섭채인 도살풀이를 칠 경우도 있고, 이와는 다르게 섭채인 오니섭채를 치는 경우가 있어서 서로 분간되게 용어를 사용한다. 이 장단은 상당한 거리가 있어서 섭채는 2소박 6박자이고, 오니섭채는 3소박 4박자이다.

청배의 기본은 오니섭채를 써서 주요한 사설을 많이 배분하고 구연한다. 이와는 다르게 모리가 나오게 되면 장단에 따라서 사설의 배분이 다르게 되어 있는 것을 확인하게 된다. 모리에서는 다른 사설로 넘어간다는 경과구의 구실을 하고, 이와는 다르게 발뻐드레가 나오게 되면 흔히 굿거리에 등장하는 수비를 물리는 사설에 배당한다. 이와 같은 사설의 배분과 연행은 긴요한 의미가 있으며 경기도 남부의 굿을 이해하는 데 긴요한 의미를 갖도록 하고 있다.

앉은부정과 선부정은 긴밀한 관계에 있으면서 이것이 상당부분 차이가 있다. 앉은부정은 산이가 앉아서 하는 굿이고, 선부정은 미지가 서서 하는 굿이다. 앉은 부분과 선 부분의 굿은 다르게 진행되는데 공통점과 차이점이 있다. 일단 공통점을 특정한 굿거리의 청배를 하는 점에서 동일하나, 장단에 있어서 차이가 있고, 일어서서 하는 부정은 물과 불을 사용해서 행위를 하면서 일을 하는 차이가 있다. 행위로 하는 굿이므로 춤과 동작에 따른 장단 구성에 차이를 가지는 것은 당연하다.

선부정에서 장단이 달라지는 것은 분별없이 이루어지는 것이 아니라 일정한 장단의 틀에 의존해서 이루어진다. 그것이 부정놀이-섭채-모리-발뻐드레-자진굿거리 등으로 진행한다. 이 장단의 운용틀이 선부정의 특징을 말하고 다른 굿거리에서도 거의 동일하게 진행하는 유형성을 가지고 있으며, 정형성에서 벗어나지 않는다. 장단은 다음과 같이 되어 있다.

덩	–	따	–	구	궁	–	따		
궁	–	따	구	궁	–	따	–		(부정놀이)
덩	–	따	–	따구	궁	따	따	궁 따 궁다라 딱	(도살풀이)

부정을 셋으로 나누어서 하는 것이 매우 중요하다. 다른 지역의 굿에서 부정굿을 나누어서 하는 경우가 흔하지 않으며 이러한 방식으로 삼단 구조로 되어 있는 것은 분명하게 다른 전통에 입각한 것이 변형되었을 것으로 보인다. 산이와 미지가 굿을 나누어서 하는 것은 인상적이고 음악구성이나 장단을 달리하는 점은 인정된다. 그런데 다른 고장의 굿에서도 비슷한 구조가 발견된다.

가령 양주지역의 굿에서 부정을 행추물림, 앉은부정, 선부정 등으로 하는 것이 일치되는 현상이고, 서울굿에서 황토물림, 앉은부정, 선부정 등으로 하는 것이 유사하게 발견되기 때문이다. 결국 밖에서 굿을 해서 들어와서 안의 굿터에 와서 앉은 부정을 하고 선 부정으로 물로 가시는 것은 일치되는 현상이다. 그러므로 보편성 속에서 특수성을 생각해야 한다. 따라서 거리부정, 앉은부정, 선부정 등은 일련의 연장

선상에서 이해할 수 있는 구성이라고 할 수 있다.

부정을 마치고 이어서 한 것은 다음과 같은 진행을 하는 것이었다. 이 굿거리가 실상대로 말한다면 다음과 같이 진행된다.

2. 말명(서간난)

말명을 한 것은 특이한 굿의 진행 방식으로 이해된다. 말명을 한 인물은 서간난인데 서간난은 미지의 구실을 하고 있지만 미지들은 신가물로 말미암아서 강신무의 체험을 가진 이들이 많다는 점을 알 수 있다. 말명이 필요한 이유는 분명하지 않지만 강신무의 굿과 같이 진행한 것은 아닌지 의문이 있으나 확실하지 않다.

부정과 말명을 평복 차림으로 치마와 저고리 복색으로 진행한 것을 본격적인 굿거리가 아니라 준비의 성격을 가진 셈이다. 평복으로 신복을 입지 않고 진행하는 특징이 있는 셈이다. 이 점에서 다른 지역의 굿에서 이를 진행하는 것과 일치하는 특성을 가지고 있다. 신복이 있는지 없는지 하는 것은 매우 중요한 굿거리의 특색을 결정하는 요소인데 이 점에 있어서 분간이 일치되며 굿거리의 구성이 같다고 하는 것을 알 수 있다.

말명 뒤에 한 것은 산바라기이다. 산바라기는 다음과 같이 구성되어 있는데 이 굿거리는 긴요한데 다음과 같이 진행되었다.

3. 산바라기(황치선)
    31. 산바라기 : 자진굿거리, 당악, 별상(타령), 당악
    32. 산신신장－산대감－산신창부－산걸립－산영산 : 당악,
            장단 없음, 염불, 자진굿거리

산바라기는 산을 바라는 것으로 이른바 서울굿에서 산신도당거리
와 일치하는 것인데 이러한 사정이 동일하게 발견된다. 산바라기는
산지를 들고서 거성을 하는데 경기 남부의 굿답게 결국 자진굿거리
장단에 맞추어서 거성을 하는 것으로 나타난다. 당악 장단이 이어지면
서 소지를 하고 공수를 하면서 굿을 하는 것으로 되어 있다. 별상장단
또는 허튼타령 장단에 사슬세우기를 하는데 흔히 육대감이므로 돼지
를 바치는 일을 이 과정에서 하게 된다.

다음으로 하는 것이 곧 산신신장, 산대감, 산신창부, 산걸립, 산영산
등이 이러한 굿거리에서 소용된다. 소지를 올리고 이어서 쌀산을 주는
것으로 되어 있다. 염불장단에 방으로 모셔가는 것이 요점이라고 할
수 있다. 이러한 설정은 본향을 일부 겸하고 있는 것이어서 비교의
필요성이 있다고 생각한다.

장단이 특이하게 변형된 것이 있지만 서울굿으로 진행을 보이고
있기 때문에 이러한 굿거리의 진행에 있어서 특정한 면모가 있는 것을
알 수가 있다. 이러한 점에서 아주 특별한 면모가 있다.

진작에 필요한 음악이 곧 성주새면이다. 잔을 바치고 신에게 절을
올리는 것을 진적이라고 하는데 이를 삼현가락을 연주하는 데서 비롯
되었다. 이를 성주새면이라고 하는지 불분명하다. 장단의 종류는 다음
과 같이 되었다.

　　4. 성주새면(악사 : 김한국, 이영만, 정일동, 전태용, 이용우 등)
　　　긴염불타령 – 삼현타령 – 별곡타령 – 굿거리

　이어서 시루굿을 했다. 시루굿은 역시 산이와 미지가 나누어서 하
는데 이를 보이면 다음과 같다.

　　5. 시루굿(이용우 · 오수복)
　　　51. 시루청배(이용우) : 섭채, 모리, 발뻐드레
　　　52. 시루말(오수복) : 비손

　시루굿은 시루에 불박기를 마련하고, 여기에 청수, 막걸리, 북어를
꼽고 하는 것이다. 시루굿은 굿당의 당을 매고 나서 준비하는 절차로
하면서 실제 굿을 하게 된다. 불박기는 쌀을 주발에 담고, 실 한타래를
걸치고, 수저를 꽂는 것을 말한다. 선반에 사위삼당을 맨다. 여기에
굿 음식을 차려놓고 신을 청하는 절차를 마련하는 것이다. 이는 제석
굿의 뒤에 하는 시루도듬과 일정한 함수관계를 맺는 굿거리이다. 시루
도듬은 빈 시루를 잡은 사람이 굿한 집을 도와주겠는가 아닌가 하는
등의 질문을 하고 이에 대한 응답을 비는 것과 관련된다. 일종의 대잡
이와도 관련된다.[7]
　시루청배는 산이가 진행하는데 이를 시루청배라고 한다. 시루청배
는 흔히 시루말의 본풀이를 구연한다. 오니섭채에 맞추어서 빠른 장단
으로 연행하는 것이 이 장단이라고 할 수 있다. 주된 내용은 시루말이
창세신화이므로 창세에 관한 내용으로 되어 있으며 창세를 하는 과정

---

7) 이상의 사실은 2007년 11월 11일에 있었던 장말도당굿에서 조광현의 제보에 의한다.

이 예시되어 있다. 부정거리에 앉은 부정으로 했던 장단의 운용틀과 비슷한 전개를 보인다. 오니섭채-모리-발뻐드레로 마치는 점은 일 치한다.[8]

♪ ♪ ︱ ♪ ♪ ‖ ♪ ♪ ︱ ♪ ♪ (오니섭채)
　　　　칠성　　　남두　　　칠성
　　태칠　　성-　　　태박　　사님
　　　　전욱　　　신농　　　씨로다
　　어－－－－－－－－－－－－－－－－－－－－－－

♪ ♪ ♪︱ ♪ ♪ ♪ ♪ ‖ ♪ ♪ ♪ ♪ ︱ ♪ ♪ ♪ (모리)

♪ ♪ ♪︱ ♪ ♪ ♪ ♪ ‖ ♪ ♪ ♪ ︱ ♪ ♪ ♪ (발뻐드래)
　　상청　－　은－－　　설흔　－　여덟　－
　　중청　－　은－　－　스물　－　여덟　－

　　음악적 내용과 서사적 진행은 균등하게 진행된다. 오니섭채로 하는 것은 서사의 내용을 충실하게 하는데 장단과 사설이 균등하게 맞물리 는 것은 아니다. 오히려 장단이 넘나들고 있어서 이에 대한 정확한 분석이 이루어질 수 없다. 그런데 오니섭채를 달리 8박으로 보고 이를 2·2·2·2와 3·2·3으로 분절해서 기표하는 것이 있는데 어느 것이 적 실한지 의문이 있다.

　　산이들이 연주하거나 반주하는 음악에서는 이러한 리듬의 변화가 너무 심각하게 일어나서 과연 무엇을 중심에다 두고 생각할지 의문이

8) 김헌선, 경기도 오산지역 창세서사시 〈시루말〉 연구, 2007년 9월. (미발표 원고)

많다. 부정청배만이 그러한 것은 아니고 이러한 장단의 분절에서 생기는 여러 현상은 부정놀이, 도살풀이, 자진굿거리 등에서도 수시로 일어난다.

부정놀이 ：　2·2·2·2·2·2·2·2
　　　　　　2·2·3·3·2·2·2
　　　　　　3·3·2·3·3·2
도살풀이 ：　2·2·2·2·2·2
　　　　　　3·3·2·2·2
자진굿거리 ：　3·3·3·3
　　　　　　2·2·2·2·2·2
　　　　　　2·2·2·3·3

　이러한 현상은 산이들의 음악연주가 어떻게 생성되고 변화되며 예술적인 세련도를 더하는지 중요한 원리를 파악하게 하는지 의문을 해소하는 계기를 부여한다. 고정되어 있는 장단을 연주하지 않고 수시로 변화하는 음악을 연주하면서 이른바 집을 만들고 이를 다양하게 변화하는 틀을 가지고 있어서 이점에서 생명력을 제공하는 것이 특징이다. 산이들의 음악이 예술성이 높은 것은 이 때문이다.

　〈시루말〉의 본풀이 구연에서도 이점이 구현된다. 그런데 이 음악의 연주에서 본풀이 연행과 내용의 관련을 중심으로 해서 보아야 한다. 현재 연구는 이를 평면적으로 대비하게 되는데 이는 잘못이다. 본풀이의 서사적 내용을 알기 위해서 입체적인 논의를 할 필요가 있다. 〈시루말〉의 주된 내용은 다음과 같은 내용으로 되어 있다.[9]

1. 천하궁 당칠성이 지하궁에 내려와서 인물추심을 다닌다.
2. 당칠성이 하루를 쉴 곳을 찾다가 매화뜰 매화부인의 불 켜진 집을 발견한다.
3. 당칠성과 매화부인이 하룻밤을 동품한다.
4. 매화부인의 꿈에 여러 가지 내용이 나타난다.
5. 당칠성은 꿈 해몽을 하고 장차 아들 형제를 낳을 것이라고 하고 이름을 짓고 천하궁으로 떠난다.
6. 매화부인이 잉태를 하고 마침내 아이를 낳으니 아이 이름을 선문이와 후문이라고 한다.
7. 선문이와 후문이가 서당에 들어서 글공부를 하다가 동접아이들에게 아비없는 자식이라고 놀림을 당한다.
8. 두 아이는 자신의 아버지가 천하궁 당칠성이라고 알고서 아버지를 만나러 하늘로 올라간다.
9. 아버지와 만나서 이름을 확인하고 선문이는 대한국을 후문이는 소한국을 지니게 된다.

서사적인 내용은 단순하게 열거하는 것은 아니다. 일정한 내용을 연주하면서 간헐적으로 오니섭채 장단을 연주하고, 말을 위주로 구연한다. 사설은 장단에 일정하게 엇붙게 되어 있는데 대마디 대장단으로 붙지 않는다. 일정한 장단을 집을 지으면서 변화라는 생명력을 부여하고, 여기에 사설을 자연스럽게 엇붙이면서 장단을 불규칙하게 주면서 삼중의 변화를 부여하는 것이 문제이다. 이 점에서 본풀이는 변화를

---

9) 이용우가 구연한 〈시루말〉의 내용은 서사된 시간이 6분여를 조금 넘는 것이어서 내용이 부족할 것 같은데 꼭 그러한 것만도 아니다. 이러한 내용은 빠른 속도로 구연했기 때문에 생긴 현상이라고 할 수 있다.

구현한다.

이 뿐만 아니라, 이야기가 진행되면서 후반부에 갈수록 점점 오니섭
채는 빨라지게 되고 결말에 이르러서는 완전히 다른 장단을 나아가는
데 이것이 곧 모리와 발뻐드레이다. 이때에는 서사적인 내용은 끝나고
흔히 굿판의 굿거리에 따라다니는 수비를 풀어먹이는 것으로 결말지
어지는 것이 특징으로 된다.

전통적인 관점에서 〈시루말〉의 본풀이는 세 대목으로 나뉘는 것이
확인된다.[10] 굿거리의 연행이 전반부에서는 굿의 연계성을 말하는 것
으로 앞의 굿거리에서 어떠한 굿거리가 놀아지고 있으며 현재의 굿거
리에서 어떠한 신을 모시게 되는지 굿거리의 위치를 파악하게 하는
구실을 한다. 두 번째 대목에서는 본풀이의 직접적 내용이 구연된다.
세 번째 대목에서는 본풀이의 주신이외에 굿거리에 따라서 들어온 여
러 하위 신격을 풀어먹이는 대목을 연행한다. 현재의 전승에서는 첫
번째 대목이 구연되지 않는다.

두 사실을 연결하면 본풀이 구연에 있어서 일정한 법칙이 발견된다.
본풀이의 내용 전개에 따라서 장단의 변화가 서로 맞물린다. 본풀이의
후반부에 이르러서는 장단이 변화하고 전혀 다른 장단이 틀처럼 부가
된다. 결말에서 수비를 풀어먹이는 장단이 따로 있다. 이러한 장단의
변화는 남부의 굿에서만 확인되는 특이한 현상이라고 할 수 있다.

〈시루말〉은 시루청배인데, 굿의 외형적인 사실이 긴요하다. 시루를
상에다 놓고 여기에 대주의 밥주발에 쌀을 놓고, 초를 밝힌 뒤에 연행

---

10) 赤松智城·秋葉隆, 「오산열두거리(烏山十二祭次) 가운데 시루말」, 『朝鮮巫俗の研究』
　　上卷, 屋號書店, 1937.

하는 것이 이 시루말이다. 시루가 통째로 올라간다고 하는 사실은 인상적이다. 굿을 할 때에 찌는 떡이 사실은 매우 중요한 의미가 있으며 신에게 바치는 성찬인데 시루째 올리면서 신에게 창세의 내력을 고하면서 굿에 신이 오기를 기원하는 것은 신성한 행사라고 할 수 있다.

이는 안반고사와도 견주어 볼 수 있는 의례이다. 부정을 치기 전에 안반굿을 했다고 하는 것도 이러한 각도에서 이해된다. 떡을 어슷비슷하게 썰어서 이를 울바자에 꽂고 신성한 굿을 하는 장소임을 알리고 이를 나중에 인간에게 풀어먹이는 일을 하게 된다. 경기도의 남부 굿에서는 이를 시루청배로 재차 연행한다. 떡이 신성한 음식임을 거듭 확인하게 된다.

미지가 앉아서 비손으로 시루굿을 하는데 이는 선굿으로 하는 것과 다른 양상이다. 부정을 할 때에는 선굿으로 미지가 했는데 이제는 앉아서 비손으로 하므로 차별성이 생긴 셈이다. 굿거리가 산이와 미지에 의해서 분할된다는 이중적인 면모는 지속되지만, 산이와 미지가 앉은 굿과 선굿을 모든 거리에서 하지 않는다는 예외적인 반증이 되는 것이다. 이 점에서 차별성을 가지고 있다. 시루굿은 이에서 어긋난다. 시루굿에서 비손을 하고, 나중에 소지를 태우고 마치는 것이 확인된다.

성주굿은 규모가 큰 굿 가운데 하나이다. 성주굿은 다양한 볼거리가 있는 것인데 이를 제시하면 다음과 같다.

6. 성주굿(이용우·조한춘 등)
   61. 성주푸살(이용우) : 푸살－굿거리－자진굿거리－자진굿거리－섭채
   62. 성주부치기(조한춘·오수복) : 굿거리, 당악, 염불－당악

성주굿은 지역에 따른 차이가 있어서 지역적인 선택에 따라서 다양한 변화가 있다. 저녁성주와 새벽성주로 나뉜다고 한다. 가령 저녁성주의 대표적인 사례로 남영, 마도, 안산 등지에서는 저녁성주를 모시고, 수원, 화성 등지에서는 새벽성주를 모시게 된다고 말한다. 성주굿의 지역적인 차이를 알 수 있는 대표적인 사례이다. 성주굿의 차이가 지역적으로 있다고 하는 사실은 매우 흥미로운 사실이다.[11]

새성주굿에서는 성주굿이 더욱 다양하게 나타나지만 이 굿은 새성주굿이 아니므로 〈성주풀이〉도 하지 않고, 성주의 축원 덕담만을 한 것이다. 그러나 풍부한 구경거리를 보여주었어야 하므로 이를 재현한 것으로 나타난다. 대들보에 성주 소창을 걸고서 이를 산이들이 여러 나와서 이용우 산이의 선창에 따라서 노래하고 이를 후렴으로 받아서 하는 것이 특징이다. 마치 톱질을 하듯이 밀고 당기면서 소리를 하게 되는데 이것이 독자적인 장단에 의해서 연행된다. 이를 흔히 성주푸살 장단이라고 하는데 이것이 푸살과 자진굿거리가 하나의 틀을 이루는 것이라고 할 수 있다.

성주푸살은 매우 드물게 사용되는 장단인데 이를 정간보로 옮기면 다음과 같다. 선후창이면서 인상적인 장단을 주고받는 것이 이 장단의 틀에서 보여주는 것이라고 할 수 있다.

| 산 | 이 | 로 | 구 | 나 | - | 산 | 이 | 로 | 구 | 나 | - | 산 | - | 이 | - | - | - |
| 로 | - | - | - | - | - | 다 | - | - | - | - | - |

11) 이상의 사실은 2007년 11월 11일에 있었던 장말도당굿에서 조광현의 제보에 의한다.

이 장단은 장구와 징 둘 만이 반주를 하는 것으로 새성주굿에서 집을 짓고서 해를 입을 수 있으므로 이를 새성주 음식을 모아놓고 대들 보에다 무명을 걸고 집사와 공원으로 나뉘어서 서로 집사와 역군이 되어서 무명의 양끝을 잡고서 춤을 추면서 빙빙 돌면서 집사의 선창에 나머지 사람들이 후렴을 받는 독자적인 장단이라고 할 수 있다.[12]

푸살에 이어서 권선장단을 연주하기도 한다. 권선장단은 무명을 풀 어내리고 이에 따른 덕담을 할 때에 연주되는 음악으로 미지들이 신모 음을 할 때에 사용한다고 해서 흔히 신모음장단이라고도 한다. 산이들 이 무명을 풀어내린 것을 '혼내렸다'고 한다는데 이 과정에서 장단에 맞추어서 박물가를 노래로 하는데 일종의 축원 덕담이다. 권선장단에 이어서 흔히 봉등채라는 것을 연주하는데 이를 흔히 굿거리와 비슷하 다고 해서 이를 굿거리보다 하나가 더 있는 것으로 3소박 5박 장단이 며, 이 역시 신모음 장단이라고 할 수 있다.

성주굿에서 덕담을 이어갔는데 앉아서 하지 않고 서서 하는 굿거리 로 산이의 면모가 달라지는 것을 확인할 수 있다. 이 굿에서 긴요한 것은 덕담이다. 덕담을 흔히 판소리의 박물가를 하듯이 권선에 맞추어 서 한다고 했는데, 여기에서는 자진굿거리의 뒤에 흔히 공수답으로 고사덕담을 한다. 이 과정에서 북 장단에 맞추어서 굿을 하는 것이 특징이다. 지경까지 모두 닫고 다음으로 잔을 주는데 섭채 장단에 맞

12) 성금련 편, 『지영희민속음악연구자료집』(복사물), 1986.
　　임수정, 『한국의 무속장단』, 민속원, 1999.
　　임수정이 지영희의 육성 테이프를 채록하고 경기도의 굿 음악을 정확하게 채보하여 이해에 깊이를 더했다고 할 수 있다. 지영희의 테이프는 여러 형태로 전하고 있으나, 핵심을 정리하자면 장단을 장구로 연주하여 들려주며 해설을 곁들인 것이다.

추어서 주는 것이 이 굿거리의 마지막이다.

성주대를 내리는 절차를 오수복과 산이가 더불어서 하게 되는데 이것은 성주푸살에이어서 하는 특별한 절차이다. 이른바 성주대를 내리면서 이를 부치는 것이다. 굿거리, 당악, 염불, 당악 등을 연주하는 것이 사용된다. 오수복이 징을 치고 조한춘이 대를 잡아서 성주를 내리고 이를 벽에다 찾아다니다가 이것을 앉히는 것이 이 굿걸의 특징이라고 할 수 있다.

경기도 굿에서 비교적 굿의 규모가 큰 굿거리 가운데 하나가 곧 〈제석굿〉이다. 이 굿의 핵심은 다면적이므로 이를 정리하면 다음과 같다.

    7. 제석굿(조한춘·오수복)
       71. 제석청배(조한춘) : 오니섭채, 모리, 발뻐드레
       72. 제석본풀이(오수복) : 부정놀이, 섭채-모리-발뻐드래,
           부정놀이, 굿거리, 자진굿거리, 도드리-자진굿거리-당악,
           염불마리, 섭채
       73. 중타령(조한춘) : 중중모리, (장구), 자진모리, (북)
       74. 제석거리노랫가락 : 가래조, 섭채, 자진굿거리

제석굿 역시 조한춘과 오수복이 진행하였으므로 이들의 구실이 달라진다는 전통을 흔히 만나게 된다. 산이는 섭채-모리-발뻐드레 등의 장단으로 흔히 본풀이를 전개하고, 미지는 이를 이어서 다양한 춤과 이에 따른 다양한 절차를 하는 것이 특징이다. 그런데 조한춘이 특이하게 중굿과 축원덕담을 했다고 할 수 있다.

오수복이 제석청배에 이어서 제석굿을 서서 하고, 다음으로 오니굿

거리에 맞추어서 만수받이를 하고 중의 복색을 하고 내려왔으므로 고깔을 쓰고 장삼춤을 추게 된다. 염불을 하면서 마치자 조한춘이 이어서 중타령을 하고, 여러 가지 다양한 덕담을 타령을 하였다. 산이가 미지의 뒤를 이어서 이 굿을 하는지 의문이 있으나 조한춘의 유일한 장기이므로 이 굿거리의 뒤를 이어서 이 중타령과 축원덕담을 한 것으로 이해된다.

제석굿을 마치면서 미지인 오수복이 다시 이어받아서 가래조 장단으로 하는 거리노랫가락을 연주하였다. 거리노랫가락은 서울지역의 노랫가락과 틀이 다른 것을 사용한다. 경기도 남부의 노랫가락을 드러내는 핵심적인 것이라고 할 수 있다. 이 노랫가락의 특징이 구현되는 굿거리는 흔하지 않은데 거리 노랫가락이 이 과정에서 사용된다. 가래조-섭채-굿거리 등이 구현되는 것을 알 수 있다.

제	–	–	석	님	–	–	–	오	시	–	는	길	에	–	–
은	하	–	수	–	로	–	다	다	릴	–	놔	요	–	–	–
–	–	–	제	–	석	–	님	가	–	시	는	–	길	에	–
안	–	개	수	–	풀	–	로	다	릴	–	놔	요	–	–	–
–	–	–	제	석	–	이	와	–	교	를	–	시	다	–
놀	–	고	나	–	가	–	–	오	–	–	–	–	–	–	–

가래조와 같은 장단으로 연주되지만 이와는 다른 특징이 구현된다. 초장은 미지가 부르고, 중장은 앉은 산이가 부르고, 종장은 미지와 산이가 함께 부른다. 가래조장단을 모두 넷으로 연주하여서 사설을 붙인

다. 그런 점에서 〈조상굿〉에서 연주하는 가래조는 두 장단에 사설을 둘로 붙이는 것과 다른 차이가 있다.

사설에 가래조 네 장단으로 부치는 것이 시조의 한 장을 두어서 사설에 대한 인식을 길게 잡고 있는 것을 알 수 있다. 아울러서 이를 받아서 노래로 하는 것이 그대로 반복하는 것이 중장이어서 서울의 노랫가락과 다르다는 점을 알 수 있다. 초장의 끝을 길게 끌어서 중장의 반복창과 대선율을 이루도록 해서 아름다움을 자아내도록 한다.

사설이 단조롭게 되어 있으나 다른 각도에서 부르는 방식 때문에 이러한 현상이 생기는 것을 알 수가 있다. 가령 다음의 자료를 보면 이러한 사실을 알 수 있다.

> 남산에 달래를 캐어 흐르는 물에 흘려씻어(미지)
> 남산에 달래를 캐어 흐르는 물에 흘려씻어(산이)
> 제석이 와교를 시다 놀고나 가오(미지+산이)
>
> 남산에 눈비가 오니 소복소복이 매화로다(미지)
> 남산에 눈비가 오니 소복소복이 매화로다(산이)
> 제석이 와교를 시다 놀고나 가오(미지+산이)

미지가 부르는 것을 산이가 반복해서 부르고, 산이가 반복해서 부르면 다시 미지와 산이가 합창으로 부른다. 이 점에서 이장형식의 시조가 된다. 그러나 사설에서 그러할 뿐이지 실제로 그러한 것은 아니다. 이 가창방식은 만신과 기대가 서로 부르던 방식과 일치한다. 만신이 초장을 내고, 기대가 중장을 내고, 만신과 기대가 종장을 합창으로 하는 점에서 같다.

차이가 있다면 만신이 다시 초장을 8로 가져가므로 중장과 종장의 첫 번째 음보와 다른 점을 야기한다는 사실이다. 시조의 초장 첫 번째 음보가 문제이다. 5·8·8·8을 때로는 8·8·8·8로 바꾸어서 부른다. 그런 현상이 계속되기도 하지만 마지막 장에서는 5·8·8을 지켜야 시조시의 핵심이 무너지지 않는다.

다음으로 대감놀이를 했다. 대감놀이의 구성 요소를 보이면 다음과 같이 되어 있다.

8. 대감놀이(황치선)
    노랫가락, 상산, 당악, 굿거리, 당악

대감놀이는 경기도 산이제 굿이 아니다. 이는 서울굿으로 하는 대안주거리에 해당한다. 대안주는 흔히 상산최영장군, 별상, 신장, 대감 등을 함께 껴서 노는 것을 말한다. 경기도 남부의 굿에 서울굿의 흔적이 강하게 배어 있으며 습합이 이루어진 것을 보여주는 증거이다. 세부적인 내용을 보면 이와는 다르게 호구별상, 군웅, 말명 등을 함께 노는 것도 있어서 무풍에 따라서 다르게 응용된 것임을 알 수 있다. 대감놀이의 요점은 타령에 있으므로 이를 상세하게 노는 것이 확인된다. 황치선이라고 하는 인물이 서울굿을 하는 인물이고 이름을 널리 알린 인물이다.

대감놀이를 마치고 무감을 서게 되었다. 무감은 다음과 같은 장단으로 되어 있어서 주목된다.

9. 무감
    굿거리, 자진굿거리

무감은 흔히 서울굿이나 경기도 굿에서 하는 특별한 거리인데 이것
이 곧 '무감선다' 또는 '무건선다'는 것으로 신명놀이를 하는 대목이다.
흔히 쾌자를 입히고 춤을 추게 하는 것인데 장단은 굿거리와 자진굿거
리를 사용한다. 이 굿거리에 맞추어서 일반적인 무감을 서는데 경기도
의 굿이라는 형식을 고집하고 있다. 이른바 일반 사람들의 신명풀이를
하는 굿거리이다. 본격적인 굿거리라 할 수 없고 놀이를 하는 스타일
의 굿거리라고 할 수 있다.

손굿을 이어서 했는데 손굿은 예전에는 중요한 굿 가운데 하나였는
데 현재는 의미를 상실한 것이라고 할 수 있다.

  10. 손굿(서간난)
     섭채, 자진굿거리

손굿은 소님굿이라고 하는데 예전의 마마배송과 같은 굿거리를 이
러한 방식으로 하는 것이다. 손굿은 장단이 섭채와 자진굿거리여서
일반적인 예사 굿거리의 형식을 그대로 갖추고 있음이 확인된다. 무가
를 하는데 섭채 가락에 하고, 춤사위를 추고 공수를 하는 것을 확인하
게 된다. 손굿에서 마을굿으로 확대될 때에는 간단하게 하지 않고 손
님노정기와 같은 굿거리를 확대하는 것에 견주어서 여기에서는 그렇
게 하지 않는다.

다음으로 경기도 집굿에서 중요한 것이 곧 조상굿이다. 조상굿은
매우 중요한 굿거리여서 다음과 같은 복잡한 구성을 하고 있다.

11. 조상굿(이용우·오수복)
    111. 조상청배(이용우) : 가래조, 자진굿거리
    112. 삼현 : 긴염불타령 – 삼현타령 – 별곡타령 – 굿거리
    113. 조상굿(오수복) : 섭채, 부정놀이, 자진굿거리, 부정놀이,
        자진굿거리, 섭채, 가래조, 자진굿거리

조상굿은 흔히 새벽 찬이슬을 맞고 하는 굿거리라고 한다. 이 굿은 밤이 깊어서야 한다고 하는 사실을 이렇게 말하는 것으로 보인다. 이 굿 역시 두 가지 산이굿과 미지굿으로 나누어서 진행하는 점에서 남다른 면모를 가지고 있다. 그런데 장단에서 현격한 차이를 드러내기 때문에 이 점이 긴요하다고 할 수 있다.

산이인 이용우가 가래조로 마달을 구송하고, 전악들이 이 소리를 받아서 가래조로 동일하게 소리를 이어가는 것이 특징이다. 곧 악기로 이루어지는 선율과 산이의 마달이 서로 주받이의 형식으로 이어가는 특징이 있는 것이 이 가래조에 의한 조상청배라고 할 수 있다. 이러한 각도에서 본다면 이러한 만세받이, 만수받이 식의 가창방식은 이러한 각도에서 매우 긴요한 구실을 하는 것이라고 할 수 있다. 이러한 가창방식은 매우 폭넓은 형식이라고 할 수 있으며 굿에서 독자적인 형식을 이루는 것임을 알 수 있는 자료이다.

(잽이)

덩	–	–	따	–	덩	–	따	덩	–	따	쿵	–	덩	–	따

(산이)

–	–	–	대	–	월	은	–	삼	–	–	십	–	일	–	–

–	–	–	소	–	월	은	–	이	–	–	십	–	구	–	일
금	–	와	–	–	금	년	은	열	–	두	달	–	인	–	데
–	–	–	동	–	삼	색	–	주	삼	–	색	–	잡	아	–
오	시	던	군	웅	마	누	라	신	청	–	전	–	물	로	–
나	–	–	리	–	오	–	–								

(잽이)

덩	–	따	쿵	–	덩	–	따	덩	–	따	쿵	–	덩	–	따

조상굿에서 가래조의 뒤에 수비를 풀 때에는 자진굿거리를 치면서 하는 것으로 다른 굿거리와 다른 특징을 지니고 있다. 산이가 하는 것은 오니섭채와 모리 및 발뻐드레로 진행되는 것이 있고, 미지는 부정놀이–섭채–모리–발뻐드레 등으로 진행하는 것이 통상적인다. 이 유형과 다르게 산이의 청배에서 가래조–자진굿거리 등으로 진행하는 유형이 있다. 그러한 점에서 산이의 청배는 두 가지 유형으로 되어 있으며 산이굿과 미지굿이 나뉘는 것이 두 가지 형태인 점을 알 수 있다.

삼현육각을 새면이라고 하는데 이것이 중간에 끼어들어가 있어서 차별성을 가지고 있다. 이 굿거리는 조상에 예를 올리는 것으로 흔히 장단의 다양한 모음을 선사하는 것이 기본적인 특징이다. 긴염불타령–삼현타령–별곡타령–굿거리 등으로 삼현육각을 연주한다. 조상에게 예를 올리는 것으로 음악만을 연주하는 것이 요점이라고 할 수 있다. 이것이 새면이라고 하는 것으로 되어 있는 점이 특징적이다.

미지굿은 섭채로 조상을 청하고, 부정놀이로 춤을 추고, 자진굿거리

로 사설을 대고, 섭채로 잔을 올리고, 이 거리에서 거리노랫가락을 한
다. 이 노랫가락은 가래조로 연주하는 것이 특징이라고 할 수 있다.
가래조로 노랫가락을 하는 경우는 여러 가지가 있지만, 여기에서는
제석노랫가락, 조상노랫가락 등이 확인된다. 다른 고장에서는 거리거
리 노랫가락이라는 말이 쓰이는데 여기에서는 그러한 정황이 잘 포착
되지 않는다. 미지굿은 춤, 공수, 청배 등이 집중적으로 이루어지는
것을 확인하게 된다.

조상굿과 군웅굿은 항상 나란히 있게 된다. 이 두 거리가 잇달아
있는 것은 다소 해명이 요구된다. 조상과 군웅이 깊은 관련이 있어서
그러한 것으로 이해된다.

　　12. 군웅굿(서간난)
　　　　당악, 도드리, 자진굿거리-당악, 섭채, 자진굿거리

군웅굿은 성격이 모호하기는 한데 홍철륙을 입고서 신을 청배하고
잡귀를 쫓아내는 것이 이 굿거리의 묘미라고 할 수 있다. 장단은 간단
한 것이 사용되는데 당악, 도드리, 자진굿거리, 섭채 등에 의해서 여러
가지 춤이나 공수를 비롯해서 활로 쏘는 시늉을 하면서 굿거리를 마무
리한다. 이 군웅은 조상과 관련되지만, 다른 각도에서 보면 잡귀를 물
리치는 것이 곧 이 굿거리의 요점이라고 할 수 있다. 군웅굿에서 보이
는 다면적 성격이 엿보인다.

군웅굿에서 이어서 제면굿을 하게 되었다. 군웅굿과 제면굿은 상관
성이 있는지 의문이나 서울굿에서 마무리를 하는 대목에서 이 굿거리
를 하게 된다.

13. 제면굿(오수복)
    자진굿거리, 섭채, 자진굿거리

제면굿은 계면할머니를 놀리는 것을 말하는데 계면할머니는 미지 굿이다. 이 굿에서는 단골들의 경계면을 돌러다니는 계면떡을 파는 것이 요점이라고 할 수 있다. 경계면의 숫자가 서른 일곱, 스무 일곱 등으로 숫자가 나누어지는 것을 알 수 있으며, 대체로 자진굿거리나 섭채를 중심으로 해서 굿거리의 진행과 떡팔기 등을 하는 것이 요점이라고 할 수 있다. 이 굿거리에서 이루어지는 떡 팔기는 다시 생각할 만한 특징이 있는데 이른바 〈계면거리〉와 깊은 관련이 있다.

안굿이 끝나고 이제 마지막으로 하는 굿이 곧 밖굿이라고 할 수 있다. 안굿과 밖굿이 깊은 관련이 있어서 이를 연결하는 법칙이 흥미롭다. 새남굿은 다음과 같이 진행된다.

14. 새남굿(이용우·오수복)
    141. 새남군웅청배(오수복) : 섭채, 부정놀이, 올림채,
         부정놀이 – 올림채 – 겹마치, 징
    142. 새남맞군웅춤(이용우·오수복) : 반설음, 겹마치기
    143. 새남노정기 또는 죽엄의 말(이용우) : 부정놀이 – 올림채,
         징, 섭채, 이하 반복

새남굿은 산이와 미지가 합작하고 각기 하는 굿으로 새남굿의 요체에 해당하는 굿이라고 할 수 있다. 새남굿은 세 부분으로 분절된다. 첫 번째 부분은 미지 혼자서 군웅을 통해서 굿을 하는 신격을 청하고 놀리는 일을 한다. 이것이 흔히 말하는 군웅굿의 전개와 비슷하게 전

개된다. 섭채에 의해서 무가를 구연하고, 부정놀이로 춤을 춘다. 올림채-부정놀이-올림채-겹마치기 등으로 방수밟이를 한다. 돼지머리를 놀리면서 방수밟이를 하고, 이어서 징을 치면서 방수밟이를 하는 것이 이 장단으로 하는 특징을 모두 가지고 있는 셈이다.

새남굿은 군웅굿의 그것과 다르지 않다. 군웅상을 세워놓고서 이를 치면서 방수밟이 하는 것과 동일한 것을 알 수 있다. 군웅상을 돌면서 방수를 밟는 것이 마치 굿을 하는 방수밟이를 하는 것과 하등 다르지 않다. 이러한 점에서 군웅굿을 응용하는 것이 새남굿이고 군웅굿이 새남굿으로 원용되는 것이 결국 확인되는 셈이다.

두 번째 대목은 군웅굿의 뒤에 하는 쌍군웅춤과 흡사한 것이 오수복과 이용우의 맞군웅춤의 부분이라고 할 수 있다. 다른 점이 있다면 새남굿에서는 망자의 상이 결국 군웅상과 같은 구실을 하는 것이다. 이러한 점에서 새남굿은 망자의 혼백이 놓여 있는 상을 중심으로 하는 것이 둘 사이의 춤 내용에 전부이다. 특히 산이와 미지가 반설음과 겹맞치기 장단을 연주하면서 이를 오수복과 이용우가 춤을 추는 것은 군웅굿의 절차와 다르지 않다.

서울굿에서 하는 도령돌기와 성격이 상통하는 굿이라고 할 수 있다. 다만 서울굿에서는 도령돌기가 굿거리-타령-당악 등으로 그리고 동시에 도령돌기의 춤이 만신 혼자서 춤을 추어나가는 것으로 정연하게 짜여져 있다. 그렇다고 해서 새남굿의 맞군웅춤이 잘못 짜여져 있다고 하는 것은 아니다. 서로 다른 내력을 가지고 있는 대상들이 각기 저마다의 특징을 지니고 있는 것을 확인할 수 있다.

세 번째는 새남노정기로 산이가 혼자서 하는 대목이다. 새남굿에서 요긴한 것은 결국 산이 혼자서 하는 새남노정기와 같은 절차인데 이것이 곧 군웅노정기와 대응한다. 이를 달리 곧 〈죽엄의 말〉이라고 하는 관용적인 노정기로 구체화하는 것을 알 수 있다.[13] 곧 〈새남노정기〉가 군웅노정기와 대응되는 굿이라고 할 수 있다. 이러한 굿의 양상에서 주목되는 것은 군웅굿의 확대 개정판이 곧 새남굿임을 알 수 있다. 새남굿은 마을굿에서 하는 〈손님굿〉과 〈군웅굿〉이 일정하게 대응하는 것이 관련이 있을 것이라고 생각한다.

〈죽엄의 말〉은 전생과 후생으로 달라지면서 양편으로 되어 있는 것이 일반적인 특징이 있다. 이 〈죽엄의 말〉이 둘로 갈라지는 것에 구연본마다 차이는 없지만, 핵심을 정리하자면 전생의 말은 망자가 죽어서 사자에게 돌아가고 시왕의 내력을 알고 사천왕과 열시왕을 상세하게 아는 것이 긴요하다고 할 수 있으며, 십장엄이나 불교의 염불을 알고 가는 것이 긴요하다고 말하고 있다. 후생의 말은 잡귀를 물리치고 저승의 극락으로 나아가는 것이 요점이라고 할 수 있다. 이를 중점적인 내용으로 하면서 이를 구연하는 것이 특징이다.

이를 구연하는 방법에 있어서 특징이 있는 것을 확인하게 된다. 이용우산이가 징을 들고 일단 부정놀이─올림채로 징을 매고 돌면서 각 방향으로 징을 울리는 특징이 있다. 이러한 것이 장단에 한 바퀴로 돌면서 굿을 하는 것이 기본적인 특징이라고 할 수 있다. 이러한 굿의 전개는 특별하다. 제주도의 방광침 또는 방광울림과 성격이 일정 부분 상통하는 외형을 유지하고 있다. 이러한 각도에서 〈죽엄의 말〉은 유일하게 남아 있는 긴요한 구연본인 셈이다.

---

13) 赤松智城·秋葉隆, 죽엄의 말, 『朝鮮巫俗の硏究』, 屋號書店, 1937. 시흥의 무부인 하영운의 〈죽엄의 말〉이 소개되어 있다. 이러한 〈죽엄의 말〉은 산이들의 새남굿에서 긴요한 구실을 하고 있음이 확인된다.

〈죽엄의 말〉은 징, 타령, 섭채, 자진굿거리 등으로 셋으로 갈라지는
데 장단에 따라서 어떠한 특징이 있으며 서술의 내용이 무엇인지 분간
되는지 알 수 있다는 점에서 특별한 의의를 부여할 수 있을 것으로
본다. 징은 〈죽엄의 말〉에서 주로 교술적 내용을 중심으로 나를 감추
고 사실만을 열거하는 것으로 할당된다. 죽음의 세계인 저승에 관한
지식의 나열이나 다른 것에서 볼 수 없는 특징을 구현한다. 타령은
염불을 외우는 것에 할당한다. 불교적인 성취를 내세우는 것이 요점이
라고 할 수 있다. 섭채는 객관적 사실의 서술에서 벗어나서 주관적
느낌이나 외적인 서술에 치우치지 않는 내면적 서술에 할당된다. 자진
굿거리는 마지막에 하는 것이다.

    15. 뒷영실(복원)
    16. 베가르기(복원)

이상으로 세부적으로 정리한 굿이 일정한 특징을 가지고 있다. 이
를 정리해서 몇 가지로 압축할 수 있다. 실제 연행한 경기도 남부 산이
제 굿을 특징적으로 정리한다.

가) 인공적 조건 아래서 한 굿이다. 이 굿은 자연적 조건에서 한
굿이 아니라, 인공적 조건에서 한 굿이다. 그러므로 온전한 굿이라고
보기 어렵다. 그러나 인공적인 조건 속에서 한 굿이지만 굿의 근본적
성격을 파악하기 위한 집굿으로 매우 중요한 의의가 있는 굿이라고
할 수 있다. 특히 재수굿과 새남굿의 성격을 둘 다 보여주고 있는 인공
적 조건이어서 매우 긴요한 의의를 부여할 수 있다.

나) 경기도 남부 산이제 굿과 서울식의 굿이 합쳐져 있는 굿이다.
이 굿의 주된 거리는 산이제 굿이라고 하는 대목에서는 산이제의 굿
이 명확하게 구현되지만, 가끔 한양식의 굿이 있어서 산이제 굿이 위
협받고 있는 현상을 알 수 있다. 황치선 박수가 하는 굿에서는 이러한
서울식의 굿이 행해졌다. 서울식의 굿은 산바라기, 대감놀이 등이 이
에 해당한다. 나머지 굿은 전통적인 경기 남부의 산이제 형식으로 진
행하였다.

다) 경기 남부제의 재수굿과 새남굿이 합쳐져 있는 안안팎굿이다.
재수굿과 새남굿이 연결되어 있어서 집굿에서 하는 두 가지 핵심적인
굿을 모두 이해할 수 있는 사례임을 알 수 있다. 재수굿의 절차와 새남
굿이 결합함으로써 이를 온전하게 하나로 이해하는 단서로 된다. 굿의
구성에 재수굿이 모두 끝나고 새남굿이 이어지게 하는 점에서 굿의
두 가지 특성을 합쳐서 볼 수 있는 특징을 구현한다고 할 수 있다.
이러한 특성은 경기 남부의 산이제 굿 이해에 기여하고 있다.

라) 산이와 미지가 양분하여 겹으로 진행하는 특징이 있다. 산이와
미지가 굿을 양분하여 진행하는 굿에서 산이는 앉아서 하고, 미지는
서서 굿을 한다. 산이는 청배를 전담하고, 미지는 서서 청배와 함께
춤을 추고 축원 덕담을 하는 것으로 되는 점이 확연하게 드러난다.
이 굿에서 두 가지 유형은 확연하게 드러나는데 굿에 따라서 이 형식이
달라지는 점을 확인할 수 있다. 그 결과는 장단으로 드러난다. 산이-
미지의 유형에서 산이는 오니섭채-모리-발뻐드레 등으로 진행하고,
미지는 부정놀이-섭채-모리-발뻐드레-(가래조노랫가락-오니굿거
리) 등으로 나타난다. 그러나 산이가 가래조-자진굿거리로 하고, 미지
가 자진굿거리-가래조-섭채-가래조노랫가락 등으로 진행할 수 있

다. 그러나 굿이 겹으로 진행되는 점에서 예외적인 것은 아니다.

마) 산이와 미지가 각기 일어서서 굿을 하는 경우도 있다. 이러한 굿거리는 둘로 나뉘는데, 하나는 성주굿이고, 다른 하나는 새남굿이다. 산이와 미지가 각기 일어서서 하는 것에서 본풀이 청배와 차이가 있으며 이것이 특징적으로 갈라진다. 산이가 먼저 하고, 미지와 산이가 나중에 하는 것이 있다. 이와는 다르게 미지가 먼저 하고, 미지와 산이가 춤을 추고, 산이 혼자서 징을 들고 하는 사례가 있다. 성주굿에서는 산이가 먼저 하고, 나중에 미지와 산이가 진행했는데 이것은 푸살-권선-봉등채로 진행하며, 자진굿거리 등이 소용된다. 새남굿에서는 부정놀이-올림채-겹마치기-올림채-겹마치기-섭채 등을 하는 것을 만날 수 있다. 산이가 일어서서 하면 복합적인 장단이 사용된다.

바) 경기도 남부의 굿에서 장단이 다양하게 사용되며 장단은 굿에서 하는 기능이 다르다. 이를 몇 가지로 정리할 수 있다. 이 정리를 몇 가지로 하는데 이를 일단 장단의 유형으로 분류하여 기본적인 사실을 정리해서 보면 다음과 같다.[14)]

> 2소박 4박자 : 당악, 오니섭채
> 2소박 6박자 : 섭채
> 2소박 8박자 : 부정놀이
> 2소박 15박자 : 푸살
> 3소박 4박자 : 굿거리, 타령, 오니굿거리, 자진굿거리. 모리,

---

14) 이러한 장단 유형의 정리에서 임수정의 글과 지영희의 글은 매우 큰 도움이 된다.
  성금련 편, 『지영희민속음악연구자료집』(복사물), 1986.
  임수정, 『한국의 무속장단』, 민속원, 1999.

발뻐드레, 겹마치기

3소박 5박자 : 봉등채

3소박 6박자 : 염불

3소박 8박자 : 길군악

2소박·3소박 : 가래조, 올림채, 권선(신모음), 터벌림, 반설음[15],

진쇠

　　다양한 장단이 쓰이는 것은 인정된다. 다양한 장단의 소박 유형이 다양하고 동일한 장단이라고 하더라도 빠르기와 한배를 놓는 방식이 달라서 다양성을 더해 주는 것을 알 수 있다. 이러한 장단의 유형이 다양한 것은 다른 고장에서 찾을 수 없는 이 지역의 독자성이라고 하겠다. 이 뿐만 아니라 다양성이 생명력을 가진 실체로 전환한다. 그것이 곧 장단이 집을 짓고 있으며 다른 유형의 장단으로 수시로 변화하면서 다양성을 더욱 구체화하는 것임을 알 수 있다.

　　장단이 집을 짓는다고 하는 것은 흔히 산이들이 하는 말이다. 단조롭게 머물러 있는 것이 아니라 리듬이 다른 가락을 변체로 유형을 이룩해서 이를 거듭 변형해서 다르게 구현하는 것이 장단의 집과 관련된다. 동일한 장단을 유형적으로 다르게 변주하여 이를 집을 형성하도록 한다. 이것이 경기도 남부 산이제의 굿에서 보이는 특징이다. 그것의 핵심은 춤에 있다.

　　장단에 집을 짓는 이유는 음양의 악구를 형성하는 이유도 있고, 소박을 다르게 해서 이를 이루는 경우도 있으며, 동일한 것을 다르게

---

15) 반설음을 터벌림이라고 하는데 이는 들어보면 정확하게 다른 장단으로 생각된다. 임수정, 같은 책, 38면.

구성하면서 다양하게 형성하는 이유 때문이기도 하다. 사설을 붙이는 것에서 이러한 현상이 발견되지 않지만 춤 장단에서는 이러한 현상이 많이 발견된다. 농악과 견주어서 보면 수시로 장단을 다르게 연주하는 점에서 이 현상은 주목해야 마땅하다.

장단의 기능에 따라서 다르게 구성되는 것을 다음과 같은 유형으로 분류해서 살펴보는 것이 필요하다.

> 본풀이로 사용하는 장단 : 섭채 / 오니섭채 - 모리 - 발뻐드레
> 굿거리의 서두 춤 : 부정놀이, 올림채
> 굿의 축원 덕담 : 푸살, 타령, 오니굿거리, 노랫가락, 권선, 봉등채,
> 자진굿거리
> 춤사위 : 진쇠, 올림채, 겹마치기, 반설음, 터벌림
> 삼현장단 : 염불 - 삼현타령 - 별곡타령 - 굿거리 - 자진굿거리 - 당악

이 사실을 총체적으로 정리해서 보면 두 가지 특징이 발견된다. 하나는 장단이 일정한 틀을 유지한다. 느린 장단에서 빠른 장단으로 구성된다. 이는 우리나라 민속예술에서 보편적으로 발견되는 현상이다. 앞으로 연구에 따라 이 사실은 더욱 폭넓게 확장될 가능성이 있다.

다른 하나는 무가를 부르는 데서는 일정한 장단에 맞추어서 구연하지만 엇붙힘을 기본으로 하고 사설을 교묘하게 배치하지 않으나, 춤을 추는데 춤사위의 변화무쌍한 생명력을 가지도록 집을 짓는 장단을 구현한다. 집을 짓는 유형은 특히 춤장단에서 빈도수가 매우 높게 구현된다.

두 가지 사실은 외적 조건과 내적 조건이 되어서 생명력이 있도록 구성하는 것이 근본적 특징이 된다. 느린 장단에서 빠른 장단으로 이

어지게 하고 여기에 일정한 집을 짓는 변체 가락을 써서 이를 구현하고 변화를 주어서 다른 가락으로 넘기는 것이 필요하다.

　대체로 2소박과 3소박이 복합적으로 구성되면서 집을 짓고 이를 단순화한 장단을 만들어서 집을 다시 짓고 규칙적인 장단으로 바꾸고 다시 이를 더욱 빠르고 단조로운 장단으로 몰고 가서 단순화하는 것이 결말이다. 가령 진쇠−진쇠조임채(올림채)−넘김채−겹마치기−자진굿 거리 등이 그러한 사례의 대표적 사례이다.

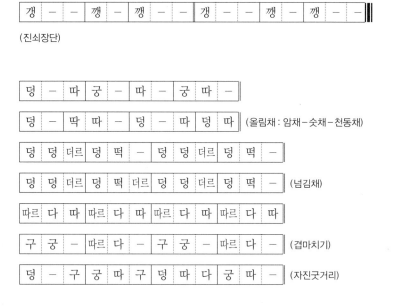

(진쇠장단)

(올림채 : 암채−숫채−천동채)

(넘김채)

(겹마치기)

(자진굿거리)

　춤을 추는 장단에서 이러한 틀을 가지고 있는 것은 흔하다. 이 변화를 가능하게 하는 것은 일종의 우리음악이 가지고 있는 긴요한 특징이라고 할 수 있다. 춤을 추는 장단에서 이 변화가 의미를 갖게 온당한 해석이 이루어지지 않았다. 장단은 춤을 추거나 소리를 하기 위해서 존재한다. 이것이 운용의 묘미가 되도록 하는 특징이 있다.

4. 경기도 남부 산이제 굿과 서울굿의 비교

경기도 남부 산이제의 굿은 담당층이 산이, 미지, 잽이 등이며, 서울 굿에서는 만신, 기대, 전악 등으로 비슷하면서도 다른 것을 알 수 있다. 산이제의 굿에서 산이는 굿거리에서나 특정 굿거리에서 주동적인 구실을 하면서 굿을 이끌어가는 특징이 있다. 미지는 산이의 굿을 이어받아서 청배된 신을 다시 청배하고 이들을 놀리는 구실을 한다. 잽이는 굿의 음악을 보완하는 구실을 한다.

서울굿에서 만신은 굿을 주도하는 인물이고, 기대는 예전에 있었던 존재로 굿에서 청배를 하는 인물이었다. 전악은 음악을 담당하는 인물로 이 인물들은 흔히 외잽이, 양전악, 삼잽이, 사잽이, 오잽이 등으로 구체화하는 특징을 가지고 있다. 서울굿에서 이들이 연대하여 굿을 주도하는 점에서 동일하나, 기대가 굿을 주동적으로 하지 않는다. 이 점에서 산이가 주도하는 것과 현격한 차이를 갖는다.

굿의 구조는 산이제 굿에서는 **부정 - [산바라기 - 시루굿 - 성주굿 - 제석굿 - 대안주 - 손굿 - (조상굿) - 군웅굿 - 제면굿 - 새남굿] - 마당굿** 등으로 되어 있다. 이에 견주어서 서울굿은 **부정 - [불사굿 - 산신도당굿 - (본향굿) - 대안주굿 - 안당제석 - 성주 - 창부 - 진오기굿]**

−**뒷전**으로 진행된다. 이 굿에서 보이는 굿의 구조를 전혀 다른 각도에서 보아도 거의 같은 결과가 나오는 것을 알 수 있다.

핵심을 정리하자면 산바라기와 제석굿에 있으며, 가옥의 수호신인 성주굿을 어디에서 하는 것인지 이 점이 긴요하다. 서울굿에서는 불사제석을 하고, 나중에 산신도당굿을 하는 것에 일차적인 차이를 가지고 있다고 할 수 있다. 가신인 성주굿을 앞으로 가져와서 제석굿의 앞에 하는 것도 인상적인데 이를 얼마나 보편화해서 이해할 수 있을지 의문이다.

서울굿은 체계적으로 정리되어 있으며 일정한 원리에 의해서 다른 굿거리의 구성이 모두 여기에 수렴된다. 그런데 이러한 체계적인 구성은 경기 남부 산이제의 굿에서는 발견되지 않는다. 이러한 현상은 이상한 것으로 된다. 오히려 체계적으로 굿을 하는 것이 필요한데 이러한 굿의 구조적 관련성을 구현하는 것이 긴요한데, 이것이 이상적으로 성취되지 않았다. 굿의 구조 속에서 보편적인 현상을 정리하는 것이 필요하지 않은 점은 문제이다.

개별 굿거리에서도 굿의 일관성은 발견되지 않는다. 개별적인 굿거리에서 산이제 굿은 엄격한 체계를 갖추고 있다. 이것이 굿거리의 서두에 청배가 있고, 이 청배에 입각해서 산이가 청배하는 구실을 하고, 미지는 선굿으로 앉은굿에 이어서 한다. 복색을 갖추어 입고, 축원을 하고 덕담하면서 굿을 마치는 것이 이 굿거리의 핵심이라고 할 수 있다.

서울굿에서는 만수받이와 노랫가락이 있어서 신을 청배하고, 이어서 굿거리와 타령 및 당악 등으로 춤을 추고, 공수를 하는 것이 일반적인 굿거리의 구조라고 할 수 있다. 다른 고장의 굿에서는 이러한 굿이 일반적으로 성립하지 않으며 겹굿을 하는 점에서 서울굿과 현저한 차이점을 가지고 있다. 이러한 특성은 미지의 구실과 일정한 관련이 있을 것으로 보인다. 미지 가운데 산이제 굿을 고수하는 인물이 있는가 하면 미지가 신이 내려서 공수를 주는 경우도 있어서 굿이 산만하게 전개된다. 이러한 점에서 커다란 차이를 가지고 있다고 할 수 있다.

서울굿을 기준으로 본다면 서울굿이 체계적이고 구조적으로 완결된 것임을 분명하게 알 수 있다. 이에 견주어서 본다면 경기 남부의 산이제 굿은 다양한 예술적 기교는 발전시켰지만 굿의 구조를 체계화한 것은 아니라고 판단된다. 서울굿이 정연하게 발전한 것은 신격의 체계나 굿거리의 구성에서뿐만 아니라 전체적인 굿거리의 구성을 일관되게 하는 점이 있으므로 다른 고장의 굿이 산만하게 되어 있는 점을 알 수 있다. 따라서 서울굿의 조백이 있는 구성은 매우 중요한 것이라고 하겠다.

경기 남부의 산이제 굿은 구체적으로 겹굿의 구성을 갖추고 있으나 이러한 중복성이 무엇을 위한 것인지 분명하지 않다. 미지가 산이의 내용물을 이어받으면서 하는 점에서 의의를 부여할 수 있으나 이러한 굿에 가지고 있는 특징을 온전하게 구현하는 것은 아니다. 산이가 나서서 하는 굿거리가 많아지면서 이러한 규칙성이 깨지게 되는데 이는 마을굿과 여타의 굿에서 이러한 필요성이 생긴 것인지 분명하지 않다.

산이가 구연하는 본풀이에서도 이러한 특징이 있는지 의문이다. 현재 전승의 조건 속에서 이를 보여주는 것은 〈성주풀이〉 또는 〈황제풀이〉의 구연은 장구를 세워서 놓고 한다고 하는데 이러한 장단은 어떠한 것인지 의문이 든다. 이 굿을 어떻게 하는지에 따라서 굿의 실상이 달라질 수 있다고 생각하는데 이러한 굿의 실상과 본풀이 구연은 온전하게 이해되지 않는다.

연구를 하기 위해서 자료의 확보가 필요한 일은 더 말할 나위가 없다. 경기굿의 실상이 온전하게 전하는 것이 아니므로 이를 극복하기 위한 자료의 실상을 아는 것이 연구의 중요한 분기점이 되리라 생각한다. 다른 지역에서 채록한 자료를 보면, 이미 굿의 실상이 많이 이지러진 것을 알 수 있다. 특히 새남굿의 부분에서 중디굿이 들어와서 경기 새남굿의 본질적인 면모가 많이 망실된 점을 알 수 있다. 〈말미〉를 구연하는 것은 매우 의미 있는 변화라고 할 수 있다.

새남굿에서 유지되던 〈죽엄의 말〉이 사라지고 여기에 〈사재삼성〉과 〈말미〉가 등장하는 것은 심각한 변화를 야기한다. 굿의 본질이 바뀌면서 여기에 본풀이까지 대체되는 현상이 일어나는 것이다. 이러한 변화는 경기 남부굿의 산이굿이 심각한 변질을 겪는 것이다. 〈죽엄의 말〉이 전생과 후생이라고 하는 것으로 나뉘는 것이 바뀌면서 여기에 〈사재삼성〉과 〈말미〉가 있는 셈이다. 이러한 변화는 서울굿의 확장 과정에서 발생하는 불가피한 현상이라고 생각한다.

세습무당이 사라지자 새로이 강신무들이 장악하고 신식의 굿을 하면서 이러한 굿이 사라지게 되었을 것으로 보인다. 이러한 점에서 서울굿은 문화적 변화의 핵으로 작용한다. 이에 견주어서 굿의 음악적 세련도를 내세우는 굿이 결국 산이들의 사망과 몰락으로 제대로 전승되지 못하고 붕괴되고 말았다. 이 점에서 산이제 굿은 영광을 간직할 따름이고 굿의 몰락을 재촉한 것으로 인상적일 따름이다. 이러한 굿의 소멸을 심각한 문제이고 이제 결판이 난 것이라고 할 수 있다.

산이굿과 만신굿의 음악적 특징에서도 현저하게 새로운 사실이 나타난다. 경토리와 육자백이토리라고 하는 무속문화적 기반 위에서 서울굿과 경기남부굿의 음악적 특징이 장단으로 구현된다. 구체적인 특징을 들어서 논하면 이러한 차이점은 분명하게 구현된다. 산이굿과 만신굿의 사례를 대응시켜서 비교하면 다음과 같다.

비교근거	서울의 만신굿	경기 남부의 산이굿
삼현장단	자진한닢－염불－반념불－ 굿거리－허튼타령－당악	염불－삼현－별곡－굿거리－ 타령－자진굿거리
노랫가락	5·8·8·8/ 5·8·8·8/ 5·8·8	8·8·8·8/ 8·8·8·8/ 8·8·8·8
혼소박 장단	3·2·3·3·2·3//3·3·2·3·3·2 (중디박산)	8(3·2·3)·8//8·8(조상청배)
춤사위장단	반념불－굿거리－허튼타령－당악	여러 가지 유형의 춤사위 장단 발달함
본풀이	말미/안당말미(말미장단)	섭채/오니섭채－모리－발뻐드레

삼현장단은 서울과 경기남부의 굿에서 대등하게 쓰이는 것이 확인된다. 장단 구성에서 특별한 차이가 없으며, 여러 장단이 모여서 한 틀이 되는 점에서 일치한다. 신에게 절을 올리거나 조상에게 인사할 때에 이 장단을 쓴다는 점에서 동일하다. 다만 자진굿거리를 사용하는 점에서 경기남부 산이굿의 특성이 발견된다.

노랫가락은 삼장의 시조시를 노래로 하는 점에서 동일하다. 그러나 삼장의 시조를 연행하는데 시조시의 구성에 있어서 결정적 차이를 가진다. 산이굿에서는 초장과 중장이 같은 것을 사용해서 반복창과 같은 효과를 주고, 이것이 결국 같은 장을 반복하므로 이를 양장의 시조라고 해도 좋을 것이다. 그에 견주어서 서울의 노랫가락은 삼장의 시조시를 구현한다. 삼장의 시조를 연행하는 점에서는 거의 동일한 면모를 보여준다.

서울굿에서는 청배를 만수받이나 노랫가락으로 하는데, 특이하게 한 굿거리에서만 혼소박을 사용하는 청배가 있다. 그것이 새남굿에서 있는 것으로 〈중디박산〉이다. 경기도 남부의 산이굿에서는 동일한 유형의 것으로 〈조상청배〉가 있다. 둘은 잽이와 산이 또는 만신이 번갈아 가면서 청배를 하고 가락을 연주하는 특징이 있는데 이 점에서 일치한다.

산이굿의 〈조상청배〉는 잽이가 먼저 연주하고 산이가 가래조 장단으로 청배를 하고, 다시 잽이가 가래조 장단으로 연주하고 또 다시 산이가 가래조 장단으로 청배하는 것이 확인된다. 만신굿의 〈중디박산〉은 만신이 장단을 연주하고, 전악이 한 대목을 받고, 다시 만신이 한 대목을 연주하고, 전악이 다시 한 대목을 받는 형식으로 연주한다. 선후의 관계를 유지하는 것이 서로 다르다.

더욱이 동일한 장단을 연주하는가 동일한 장단을 다르게 연주하는가에 있어서도 차이점을 지니게 된다. 남부굿에서는 가래조를 같은 장단을 연주하지만, 서울굿에서는 전악의 장단과 만신의 장단이 동일한 8박을 3·2·3·3·2·3으로 연주하여 이루어서 남부의 가래조와 같지만 전악은 3·2·3·3·2·3으로 만신은 3·3·2·3·3·2로 연주해서 서로 다른 차이가 있다. 만신은 안장단을, 전악은 밖장단을 연주한다고 하는데, 안팎을 뒤집어서 연주하는 것에 연주의 묘미가 있다.

춤사위 장단으로 서울굿에서는 반념불－굿거리－허튼타령－당악 등을 연주하거나, 달리 굿거리－허튼타령－당악 등을 연주하기도 하지만, 경기 남부의 굿에서는 굿거리마다 다양한 춤사위와 장단을 유지하고 있어서 서울굿과 묘한 차이점을 가지고 있다. 춤사위가 세련되고, 장단이 구조적으로 발달하고 있는 점도 춤사위와 비교되는 매력을 가지고 있다. 춤이나 춤 장단에 있어서 차이점을 지니고 있는 것이 확인된다.

본풀이를 구연하는데 서울굿에서는 말미장단으로 불규칙한 장단을 사용하는데 있어서 남부 지역에서는 정형화된 장단만을 사용한다. 특히 본풀이 형식에서 산이와 미지가 다르게 구연하는 점은 인상적이지만 정형화된 틀을 사용하는 점에서는 서로 다른 특징이 있음을 알 수 있다.

경기도 남부 산이제 새남굿의
〈죽엄의 말〉 연구

1. 머리말

우리나라 무속 연구에서 많은 미해결의 과제가 있다. 그 가운데 특정한 굿의 무가 가운데 문헌에만 전하고 실상에 대해서 모르는 것이 너무 많다. 시대가 변하고 굿이 전승되지 않으면서 무가만 있고 그 연행이나 실상이 전하지 않는 것이 있어서 곤혹스러울 때가 있다. 이 글에서 다루고자 있다 〈죽엄의 말〉이라가 있다 무가 역시 그러한 사례 가운데 하나이다.

〈죽엄의 말〉은 일찍이 일제강점기에 그 존재가 알려졌다. 아카마쓰 지죠와 아끼바 다카시가 경기도 시흥의 무부인 하영운의 자료를 그들의 책에 실어놓아서 이 자료의 실상을 알 수 있었다. 그러나 이 문서가 어떠한 용도이고, 어떤 굿에서 전승되는지 기능은 무엇인지 논하지 않아서 의문이 많았던 자료 가운데 하나이다.

일본인 학자의 견해는 특별한 것이 있는 것은 아니다. 이 〈죽엄의 말〉이 대규모의 초혼제에서 불리는 무가라는 점을 밝혔다.[1] 〈죽엄의 말〉은 전생과 후생으로 구성된 특별한 자료이며, 여기에 쓰이는 특정한 무가들로 여러 가지가 있는데, 초압말·사천왕·십대왕·십장엄·천수경·만사전·사십팔원·도량가·음중경·시왕가 등으로 구성되어 있다는 사실을 밝혔다.

대규모의 초혼제에서 부르는 무가라는 점은 인정된다고 하지만, 그것이 어떻게 구연되고, 어느 지역의 굿에서 불렀는지 성격이 명확하게 규명되지 않았다. 짐작하건대 〈죽엄의 말〉은 죽은 사람을 위한 굿에서 하는 굿에서 불리는 무가이고, 제보자가 경기도의 시흥에 사는 무부라고 했으므로 경기도 남부의 산이제 굿을 하는 인물일 가능성만을 추론할 수 있을 뿐이다.

〈죽엄의 말〉에 대해서 어렴풋하게 알고 있던 가운데 이 내용을 파악할 수 있는 작업을 하고 이 굿의 실상을 비디오테이프로 보고 이용우의 외손녀인 김순중이 소장하고 있는 〈죽엄의 말〉 사설을 열람할 수 있는 기회를 가졌다. 이용우의 도당굿 산이로서의 면모보다 집굿에서 하는 면모를 확인할 수 있는 소중한 체험이었다.

경기도 산이로 근래까지 살았던 이용우의 〈죽엄의 말〉 구송 장면을 볼 수 있었고, 그가 선대로부터 물려받아 간직하고 있었던 선대의 〈죽엄의 말〉과 자신이 망실될까 염려해서 거듭 필사한 〈죽엄의 말〉을

---

1) 赤松智城·秋葉隆, 『朝鮮巫俗の硏究』上卷, 大阪屋號書店, 1937, 280면. "「死の語」は 散陰と稱する最も大規模なる招魂の巫祭に於て唱ふる巫歌であつて, 前生·後生の二部 に分れ, 初前語·四天王·十大王·十莊嚴·千手經·輓詞傳·四十八願·道令歌·陰中經及 十王歌より成る. 佛敎の影響の顯著なるを特徵となし, 十王への祈願が主である." 이 가운데 道令歌는 道場歌의 잘못으로 판단된다.

열람할 수가 있었다. 그래서 전혀 몰랐던 경기도 남부의 산이제 굿인 진오기 새남굿의 실상을 알 수 있었고, 이 〈죽엄의 말〉은 바로 그 굿에서 불리는 산이들의 독특한 무가임을 알게 되었다. 일제강점기의 기록과 경기도 새남굿의 실제가 만나는 감격을 누리게 되었다.

필자가 연구하는 경기도 산이가 하는 새남굿은 의문투성이로 남아 있다. 이 굿의 실상을 알기 위해서 제보자들에게 새남굿의 실상을 물어보면 항상 되돌아오는 답변은 문서 속이 깊어서 쉽사리 말할 수 없는 것이라고 말하곤 했다. 그것은 당연한 말이지만 적어도 이 기록이 일제강점기부터 남아 있었는데 이 대상을 발견하지 못하고 연구하지도 못했는지 의문이 든다. 그것은 참으로 안타까운 일이다.

더구나 문제는 새남굿의 〈죽엄의 말〉을 이용우 산이가 구연한 증거가 있는데도 이에 대해서 집중적으로 파고들지 못했다. 이 자료가 이처럼 선명하게 남아 있는데도 연구하지 않은 것은 연구자들의 불성실함을 말하는 것이라고 생각되어서 이에 대한 깊은 반성을 하게 되었다. 〈죽엄의 말〉은 우리나라 죽음의례의 실상을 연구하는데 매우 긴요한 가치를 가진다고 생각한다. 이 자료를 몇 가지 기회를 제공받을 수 있어서 이제 연구를 새롭게 할 수 있는 계기를 부여받았다.

그러나 실제로 현지조사를 해본 결과 이 자료는 매우 의문이 많은 것임을 부인할 수 없다. 연행의 절차를 잘 모르고 중요한 증언을 해줄 인물들이 결국 기억이 망실되고 있으며, 경기 산이굿의 소멸 위기에 봉착하고 있음을 거듭 알게 된다. 이를 백방으로 노력해도 전승이 위기에 봉착하고 있으므로 거부할 수 없는 대세라고 생각한다.

문화재로 지정된 오수복은 기억의 소멸이 안타까울 따름이고, 전수조교로 지정된 장영근과 오진수는 과거를 되풀이해서 회상만하고 이

기억만을 전달하므로 굿에 대한 경험과 식견이 없어서 상당히 큰 문제를 안고 있다. 오수복은 노인이므로 불가항력적 상황이라고 생각하나, 장영근과 오진수가 있어서 일단 이에 대한 정보를 얻을 수 있으나 전적으로 신뢰할 수 있는지 의문이 든다.

이 글은 경기도 진오기새남에 불리는 〈죽엄의 말〉에 대한 개괄적 이해를 도모하기 위해서 작성된다. 이 글에서 세 가지 점을 주안점으로 해서 다루고자 한다. 이 〈죽엄의 말〉이 어떠한 내용으로 되어 있는지 소개를 목적으로 한다. 지금까지 필사본 자료와 동영상 자료가 있어서 대략 네 편의 각편이 확보되어 있다. 이 자료를 중심으로 하는 〈죽엄의 말〉 사설 구성과 의미를 파악하고자 한다.

둘째, 경기도 진오기 새남굿의 존재 의의를 굿의 구조 속에서 파악하고자 한다. 이 굿은 서울의 진오기 새남굿과 전혀 성격이 상이한 특징을 가지고 있다. 〈죽엄의 말〉이 새남굿에서 어떠한 성격을 가지고 있는지 이에 대한 성격 규명을 할 필요가 있다고 생각한다. 새남굿의 실상이 분명하게 밝혀져 있지 않았는데 이 추론을 통해서 전국의 진오기굿 계통에서 핵심적으로 작용하고 있는 특징인 차사·바리공주·〈죽엄의 말〉 등에 대한 개괄적 통찰을 얻을 수 있을 것으로 보인다.

셋째, 〈죽엄의 말〉에 대한 구체적인 연행의 실상이 궁금한 과제이다. 도대체 이 긴 장문의 무가 문서를 어떠한 방식으로 연행했는지 이에 대한 실제를 규명하는 일이 필요하다. 문서 속이 깊어서 이를 책을 보고 외웠는지 아니면 구비로 전승했는지 궁금한 일인데, 연행의 절차 속에서 구전으로 전하는 것임을 확실하게 알 수 있었다. 더구나 〈죽엄의 말〉는 산이와 미지가 서로 협동하면서 넘겨주는 독자적인 방식이 있는데, 이에 대한 동영상 분석을 통해서 구전과 기록의 실상을 비교할 수 있으며 굿에 대한 공통적인 문법을 알 수 있었다.

이 연구가 경기도 새남굿의 전체를 알려주는 것은 아니지만 적어도 문헌 속에 갇혀 있는 경기도 진오기 새남굿에 대한 일단의 특징을 읽어낼 수 있는 것만은 분명해졌다. 경기도 남부의 산이제 굿의 실체를 이 잡듯이 뒤져보아도 이 굿의 실제는 역시 오리무중이지만, 〈죽엄의 말〉에 대한 개괄적 이해를 도모하고자 하는 산물임은 어쩔 수 없다.

2. 경기도 남부 산이굿 새남굿 〈죽엄의 말〉 각편

경기도 남부의 산이들이 하는 특정한 굿거리 가운데 새남굿의 〈죽엄의 말〉에 대해서는 본격적으로 연구되지 않았다. 이 굿은 대규모의 망자를 천도하는 의례로 하는 것인데 그 핵심 복판에 〈죽엄의 말〉이 있다. 이 자료는 현재 모두 네 편이 전승된다. 문헌에 정착된 것과 구전되는 것이 그것인데 일단 이 자료를 개괄적으로 기술하기로 한다.

〈죽엄의 말〉은 산이의 전승 자료로 일찍이 주목된 바 있으며, 이 채록된 자료와 서지사항을 소개하면 다음과 같다.

명칭	구연자(필사자)	자료 구성 요소	수록문헌	발표(채록)연도
죽엄의 말	河永云 筆寫	전승, 초압말, 후승	『朝鮮巫俗의 研究』上卷	1937
죽엄의 말	李鍾河(?) 筆寫	전생, 초압말, 후생	〈죽엄의 말 일편이라〉	大正一年 初三日
죽엄의 말	李龍雨 筆寫	전생, 초압말, 후생	넉 마져 드리은 법 말	필사연대 미상?
죽엄의 말	李龍雨 口演	전생, 초앞말, 후생	인천 율목동 새남굿	1981.11.6~7.

하영운의 자료는 비교적 정확한 내용이 파악이 가능하도록 세부적

인 구분이 이루어져 있어서 도움이 된다. 이 자료는 한 차례 주석된 바 있다.[2] 그러나 그 주석은 실제로 구전되는 전승의 일부를 알지 못하고 협소하고 미흡하게 주석한 것이므로 여러 모로 문제점이 많이 있는 주석임을 시인한다.

이제 일단을 다시 정리하면서 연구의 새로운 관점을 갖추게 되었으므로 소중한 자료로 거듭 재인식된다. 하영운을 시흥의 무부라고 했으므로 하영운이 시흥의 세습남무이고 산이 집안의 사람이었을 개연성을 배제할 수 없다. 왜냐하면 이 정도의 문서라면 진오기 새남굿에 상당히 정통하고 문서를 오래 다룬 경험 속에서 나오는 것이기 때문이다.

이용우는 세 가지 자료를 제공했다. 이용우는 주지하는 바와 같이 이용우의 윗대가 경기도의 대표적인 화랭이 집안이었으므로 이들의 전통적인 면모는 이미 여러 차례 언급된 바 있다.[3] 그러한 집안에서 특정한 무가를 전승하면서 이를 거듭 필사하는 것이 분명한 이유가 있었으리라고 생각한다.

이 자료는 이용우가 소장하고 있는 것으로 현재는 수원 영동시장 내의 거북당의 거북보살로 알려진 인물이 이용우가 사망하자 이를 보유하고 있다가 불에 태우려고 하는 것을 다시 구해서 외손녀인 거북보살인 김순종이 소장하고 있는 것을 구해서 전사하고 주석을 단 것이다. 필사 말미에 大正 一年이라고 했는데 이는 서기로 1912년에 해당한다.

이 자료가 소중한 이유는 사설의 기록에만 있는 것은 아니다. 이용

---

2) 김헌선 역주, 〈죽엄의 말〉, 『일반무가』, 고려대학교 민족문화연구원, 1995.

3) 김헌선, 경기도 도당굿 화랭이 이용우의 구비적 개인사, 『구비문학연구』 창간호, 한국구비문학회, 1993; 김헌선·시지은, 경기도 도당굿의 화랭이와 미지 계보, 『민속학연구』 제27호, 국립민속박물관, 2007.

우 산이가 이 자료를 기록한 이유는 자명하니 전승의 보조적 수단으로
가르치고자 하는 주석이 일부 있기 때문이다. 자료가 전부가 아니라
다른 각도에서 보면 전승에 쓸 요량이었음을 명확하게 알 수가 있다.
구체적으로 한 대목을 보면 이 점을 명확하게 알 수가 있다.

- 청류리(淸流璃) 화장시계(華藏世界) 판천보살(八千菩薩)르 거
  나리시고 청화문 들여러 잠잔간 드러오소스 〈귀신칼 들고 풍류
  춤 추고〉(필사본 1면)
- 초압말 〈싀번 치고 드러가 안쌍 모서 노코 안굿하라〉(필사본 3면)
- 어여분 망제씨 굿 바더 잡수시고 [세왕으로 드러가실 제는 섭치
  근치](필사본 11면)
- 원원이 지체하시고 세왕으로 〈섭치처라〉 가실적의 (필사본 22면)
- 엽선 흘니즈어 세왕으로 드러갈 제 〈섭치 처라〉(필사본 27면)

〈죽엄의 말 일편이라〉, 大正一年(1912) 初三日

〈죽엄의 말 일펴이라〉, 본문 1면

1912년에 필사된 것이지만 오늘날 전승되는 것과 거의 다르지 않게 되어 있다. 그런데 하나씩 보면 매우 소중한 기록임을 알 수 있다. 귀신칼이라고 했으므로 이는 대신칼을 말하는 것으로 추정된다. 풍류춤이 구체적으로 어떠한 춤인지 알기 어렵다. 실제로 춤을 추는 것은 부정놀이나 올림채 겹마치기이므로 이를 말하는 것으로 짐작되자 단언하기 어렵다.

초압말에서는 굿의 형태를 말하는 것으로 짐작된다. 무엇을 세 번 치고 들어가는지 알기 어렵다. 그런데 안당에 들어가서 안굿을 하라고 했으므로 초앞말은 안당에서 하는 굿임이 분명하다. 안굿에서 초압말을 했다고 하는 것이 의미심장하다고 하겠다. 초압말은 안굿을 말하는 것이다. 사자에게 죽어서 불려가는 것이므로 안당에 누워서 죽은 과정을 재현하는 것을 말한다.

나머지 기록에서는 섭채를 치지 말라는 것과 섭채를 치라는 것으로 둘로 갈라져 있다. 섭채는 도살풀이를 말하는 것으로 산이들의 변말이다. 대체로 도살풀이에 사설을 주워 대가는데 아마도 징을 치면서 이 사설을 이 장단에 하는 대목이 많으므로 이러한 부분이 기록되었을 가능성이 있다. 말로 하는 대목과 징으로 치는 대목, 그리고 장단에 얹어서 하는 대목이 구분되므로 이를 두고 말하는 가능성이 있다.

1912년이 아닌 훨씬 후대에 이용우는 여러 차례에 걸쳐서 산이제 굿의 전통을 환기하려는 목적 아래 필사본 무가를 거듭 전사하고 있다. 여러 자료가 함께 묶인 자료가 있어서 이 자료를 중심으로 하는 〈죽엄의 말〉 일부를 알 수가 있겠다. 이 자료는 새남굿의 〈죽엄의 말〉을 하는 법을 상세하게 일러주고 있다. 가령 '人生別 인간이 세상을 하직하고 세왕을 가는 길 만사젼 사천왕 열세왕 십장암 사십팔원 법성기 후싱 일편 법'이라고 되어 있는 것은 이러한 설정이다.

이용우가 새남굿의 현장에서 〈죽엄의 말〉을 하게 된 것은 산이제 굿의 무가 자료를 알 수 있는 천재일우의 기회를 제공하는 것이다. 자칫 사라질 뻔한 자료가 다시 살아난 것이다. 문헌과 구전이 연결될 수 있는 계기를 마련했고, 구전이 있었으므로 위의 자료에 대한 해석이 가능하게 되었다. 이 자료를 온전하게 전하고 있는 것만으로도 경기도 남부의 새남굿 일단을 알 수 있는 소중한 기여를 했다.

사설을 다시 정리해서 확실하게 알아들을 수 있게 되었으므로 이 자료는 영상 자료 자체로 그치지 않고 새로운 자료로 해석과 전승이 가능하다고 하겠다. 일단 이 자료를 받아 적어서 새로운 연구의 밑거름으로 삼고자 한다. 아무튼 두 번째 자료와 세 번째 자료는 불가분의 관계에 있으며 이 자료를 알게 되어서 매우 소중하다고 하겠다.

〈죽엄의 말〉은 경기도 남부의 새남굿에서 전승되는 새남굿의 본질을 이해할 수 있는 자료이다. 경기도 남부에서는 독자적인 화랭이 굿을 전승하고 있었는데 경기 한강 이북에서 하는 밖굿과 전적으로 다른 굿을 했을 것이라는 짐작을 하게 되었는데 이제 비로소 그 의문의 일단을 풀어낼 수 있다고 생각한다.

서울의 진오기 새남굿에서는 바리공주가 주도적인 구실을 하는데, 만신의 몸주를 섬기지 않는 남부에서는 어떠한 굿을 어떠한 방식으로 하는지 의문이 일지 않을 수 없었다. 바리공주를 한다면 아무런 문제가 없는데, 이 굿을 하는 인물이 있어서 이를 알게 되었으며 속사정을 확실하게 알 수 있었으므로 이를 두고 하는 굿의 일단이 새롭게 해명될 수 있는 단서를 한 차례 확보한 것으로 생각한다.

〈죽엄의 말〉은 이러한 굿의 일단을 새롭게 알 수 있는 소중한 기여를 할 것으로 보인다. 일찍이 자료가 채록되었음에도 불구하고 이 자료를 인식하는 문제의식의 부족과 학문적 식견이 모자라는 탓에 이 자료의 전반적 성격을 알 수 있는 것이 이루어지지 않았다고 생각한다. 게다가 이용우의 진정한 가치를 알지 못하고 이 집단의 존재가 가지는 무속사적 의의를 망각하여 결국 시대의 끝에 이 자료를 건져 올릴 수 있었다고 생각한다.

3. 〈죽엄의 말〉 사설의 특징과 의미

〈죽엄의 말〉은 매우 특징적인 사설로 구성되어 있으며, 이 굿거리는 전적으로 이 사설에 의존하고 있으므로 이를 중심으로 일단 이 굿거리의 특징을 분석하지 않을 수 없다. 이 사설은 대체로 다음과 같은 구성을 하고 있다.

> 가) 전생
> > 가)1 축원덕담: 천금새남 – 시왕으로 가시옵소서
> > 가)2 초압말: 어야 영가시오 – 섭채 근치 사천왕을 외여가소사
> > 가)3 문풀이(오방초조풀이): 동방초조는 태호복희씨요
> > 가)4 시왕풀이
> > 가)5 십종장엄 · 천수경 · 신묘장구대다라니
> 나) 후생
> > 나)1 사방찬 · 도량찬 · 참회게 · 참회진언 · 준제주 – 만사전
> > 나)2 사십팔원 외우기
> > 나)3 길 · 고개 · 다리 건너기: 법성게

　　나)4 극락가기: 상생진언
　　나)5 극락노정기 환생

〈죽엄의 말〉은 전생과 후생으로 갈라났는데 이는 타당성이 있다고
판단된다. 그러나 우리가 아는 전생과 후생으로 나눌 경우에 문제는
현생이 모호하다. 이는 아마도 망자인 영가의 삶을 기준삼아 말하므로
이러한 구성이 제기된 것으로 보인다. 그러나 굿판이 기준이 되어야
하므로 전생과 후생은 현생을 개입하지 않고서는 아무런 의미를 가지
지 않는다고 생각한다.

일단 내용상 구분을 할 때에 이를 갈라서 전생과 후생으로 나누어
논의를 할 필요가 있다. 전생에서 세 부분으로 갈라진다. 그것은 영가
의 죽음에 해당하는 과정을 재체험하고 이를 발현하는 과정이 개입해
있다. 전생에서 세 가지 말이 나누어져 있다. 하나는 새남굿의 참여한
것에 대한 망자에게 말하고 굿판의 사람에게 말하는 이 굿을 받고서
결국 사람들에게 축원하고 덕담하는 것이 요점이다.

초압말은 영가의 죽음을 다시 보여주는 것이다. 상주들에게 죽음의
과정을 재체험시키면서 망자의 죽음을 애통해하고 죽음이라고 하는
것은 불가피한 것임을 누누이 강조하고 있다. 사자가 와서 망자를 데
려간다고 하는 죽음의 과정에 대한 재래의 관념을 환기하지만 이는
불교에서 비롯되었을 가능성이 있으며 이것이 보편화되고 세속화되면
서 재체험의 수단으로 활용되는 것을 알 수가 있다.

초압말은 그 자체로는 명확하게 이해되지 않는데, 다른 고장의 유사
한 사례와 연계하면 쉽사리 이해할 수 있는 길이 열릴 수도 있다. 가령
놀이로 된 〈사재삼성〉〈사재성방〉이나 본풀이로 된 〈시무염불〉과 같

은 것은 이 과정에서 매우 소중한 잣대가 될 것이다. 그러나 여기에서
는 그러한 사실을 강림도령의 사자와 아울러서 영가의 관점에서 죽음
의 애통함을 길게 기술하고 있는 점에서 서정적인 장치가 훨씬 확대되
었다고 하겠다.

초압말은 놀이, 본풀이 등의 사자 중심에 따른 일정한 내용을 단순
한 말로 푸는 형태로 창안한 결과임을 알게 된다. 말이라고 한 것은
이 이해의 단서로 되는 것을 알 수 있다. 초압말은 그러한 점에서 다른
것과 유형적으로 구분되는 것임을 절감하게 된다. 이 사재삼성의 내용
과 영가의 슬픔을 길게 말하는 것은 다른 고장에서 찾을 수 없는 특이
한 변형으로 판단된다.

시왕을 말하기에 앞서 이승과 저승의 연계를 이루는 독자적인 관념
의 문에 대한 내력 서술이 있어서 주목된다. 그것은 매우 이례적인
현상이며 중국의 오제에 대한 내력과 불보살의 세계를 결합한 특정한
내력이 서술된다. 이것은 그간 주목되지 않은 산이들의 독창적인 창조
를 알 수 있는 대목이다. 동방초조에 대한 내력을 기술하고 있는 부분
을 보면 이 창조의 내용이 무엇인지 명확하게 알 수가 있다.

1) 동방초조(東方初祖)는 채호복히씨(太昊伏羲氏)요
2) 문(門)은 원도문(願道門)이요 갑은삼팔목(甲乙三八木)이요
3) 텬왕(天王)님이 삼만약사열애(三万藥師如來)님이/ 팔천보살(八
   千普薩)을 거날이시고
4) 청긔(靑旗)를 정중(庭中)에 립표(立標)하시고
5) 대왕님전 정진보살(精進普薩) 정진설법(精進說法) 하시는데/
   청류리 화장세계 보감철죽상중설법 도제중생 일심봉참이미타

불(一心奉讚阿彌陀佛)이요

6) 그 왕의 차지는 춘삼삭(春三朔)을 차지하시고/ 목생(木生) 잡
수신 망재씨는 동문(東門)으로 드섯는가/ 문을 열어노와 보내
소서[4]

오행에 입각해서 방위를 연 존재를 말한다. 이 존재는 다른 인물이
아니라 오제 가운데 한 인물이다. 문은 특정하게 원도문이라고 했다.
다시 여기에 오행상생과 방위관념을 합쳐서 문의 성격을 규정했다.
원시의 방위관념을 가지고 문에 배분했다. 여기에 사천왕의 불교신
관념과 불보살을 가져다가 이 문안에 있는 존재를 합쳐서 배분했다.

원래의 방위관념으로 환원하여 청기 관념으로 동방임을 분명하게
했다. 이곳에 정진보살이 등장해서 불교적 장엄의 세계를 구현했다.
다시 여기에 시간관념의 하나인 봄을 보태서 여기에 들어있는 망자를
석방하라고 말하고 있다. 망자가 처하고 있는 곳이 어떠한 곳인지 방
위와 관련지어 묘사하고 있다.

중국의 전통적인 재래 신앙과 불교의 천왕 불보살 신앙이 합쳐지면
서 망자를 제도하고 구원하고자 하는 관념을 분명하게 하고 있다. 이
러한 결합 원리를 다시 오방위로 나누어서 이를 중심으로 같은 구절,
묘사, 방위 등을 재래의 신앙과 불교의 불보살과 장엄으로 합쳐서 기
술하고 있는 점이 명확하게 드러나 있다. 동·서·남·북·중앙 등에 이
러한 과정이 합쳐져 있는 것을 확인하게 된다.

시왕풀이는 지옥의 명칭과 육갑에 매인 망자와의 상관성을 말하고

4) 赤松智城·秋葉隆, 『朝鮮巫俗の研究』 上卷, 屋號書店, 1937.
김헌선 역주, 『일반무가』, 고려대학교 민족문화연구원, 1995, 269면.

있는 대목이다. 갑자에 매인 망자가 어느 지옥에 속하고 있으며, 그곳
에서 특정한 일을 하는 내력을 구체적으로 서술하고 있다. 이를 흔히
시왕에 대한 풀이라고 다른 고장에서 말하고 있으므로 이를 시왕풀이
라고 하지만 지옥풀이라고 해도 무방하리라고 생각한다. 망자와 지옥
의 상관성을 보여주는 것이 이 대목의 요점이라고 하겠다. 망자뿐만
아니라 상주에게 이를 소개하는 것은 당연하다.

다른 고장에서도 이 시왕의 내력에 관한 서술이 흔하게 보인다. 가
령 〈중디박산〉과 같은 사례에서, 달리 〈말명풀이〉와 같은 자료에서,
〈시왕풀이〉와 같은 자료에서 시왕의 내력에 관한 서술이 이루어지지
만 〈죽엄의 말〉에서처럼 긴요하게 쓰이는 것을 쉽사리 찾아볼 수 없다
고 생각한다. 그런 점에서 매우 이례적인 현상이라고 하겠다. 사례는
여러 자료에서 다양하게 더 찾을 수 있다.

십종장엄은 극락세계를 장엄하는 열 가지의 장엄을 열거하는 것으
로 여러 가지 무가에 공통적으로 등장하는 것이다.[5] 극락세계를 장엄
하는 이것이 왜 전생의 후반부에 등장해야 하는지 알기 어렵다. 그러
므로 이 자료가 분명한 의의를 가지면서 이루어지는 것이라고 보기
어려운 실정이다. 천수경 안에 신묘장구대다라니가 소속되지만 이를
분리했다. 이것이 전생의 주요 내용이다.

전생은 사자가 죽음을 맞이한 망자 또는 영가를 데려가는 것이 한
축이고, 망자가 매여 있는 지옥의 세계를 묘사하는 것이 다른 세계이

---

5) 십종장엄의 원문과 역문을 병기하면 다음과 같다. 십종장엄은 달리 極樂世界十種莊
  嚴라고도 한다. 法藏誓願修因莊嚴 四十八願願力莊嚴 彌陀名號壽光莊嚴 三大土觀寶像
  莊嚴 彌陀國土安樂莊嚴 寶河淸淨德水莊嚴 / 寶殿如意樓閣莊嚴 晝夜長遠時分莊嚴 二
  十四樂淨土莊嚴 三十種益功德莊嚴

기도 하다. 망자가 죽음에 임하는 과정과 저승에 갇혀 있는 형국을
묘사하는 것이 전반부인 전생에서 주로 보여준다고 하겠다. 전생의
핵심은 이러한 과정이라고 하겠다.

후생은 망자의 극락왕생에 의한 극락가기가 초점이라고 하겠다. 먼
저 후생의 시작되는 징표는 사방찬이다. 사방찬은 일종의 도량을 청정
하게 하는 것인데, 이 무가는 여러 자료에 널리 사용된다. 사방찬의
핵심은 간단하다.[6] 그러나 문제는 전생과 후생을 나누는 근거가 명확
하지 않다는 뜻이다. 전체적으로 보면 불교의례에서 나눌 수 없는 것
인데, 이를 구분해서 전생과 후생으로 분간하는 것이 과연 의의가 있
는지 의문이 든다. 더구나 차례대로 되어 있는 것을 합쳐서 하는 것은
더구나 납득하기 어려운 처사이다. 불교의례를 정확하게 이해하지 못
해서 생긴 혼란이 아닌가 한다.

만사전은 색다른 것으로 삽입되어 있다. 사자에게 잡혀간 망자를
중심으로 내용 서술이 바뀐다. 망자가 잡혀와서 죽은 뒤의 과정을 서
술하고 있다. 그래서 앞에서 보여준 것과 같으면서도 다른 내용을 서
술하게 된다. 인생이 허무한 과정을 되새기면서 극락의 연화대로 나아
가야 하는 의지를 표명하고 있다.

시왕으로 들어가는데 다시 사십팔원을 말하고 있다.[7] 사십팔원 역

---

6) 四方讚: 一灑東方潔道場 二灑南方得淸凉 三灑西方求淨土 四灑北方永安康/ 道場讚:
道場淸淨無瑕穢 三寶天龍降此地 我今持誦妙眞言 願賜慈悲密加護/ 懺悔偈: 我昔所造
諸惡業 皆有無始貪嗔癡 終身口意之所生 一切我今皆懺悔/ 懺悔眞言: 옴 살바 못자모지
사다야 사바하 (세 번) 准提功德聚 寂靜心常誦 一切諸大難 無能侵是人 天上及人間 受
福如佛等 遇此如意珠 定獲無等等 南無七俱祉佛母大准提菩薩
7) 〈四十八願〉의 내용은 다음과 같다. 惡趣無名願南無阿彌陀佛) 無墮惡道願南無阿彌陀
佛 同眞金色願南無阿彌陀佛 形貌無差願南無阿彌陀佛 成就宿命願南無阿彌陀佛 生獲
天眼願南無阿彌陀佛 獲天耳願南無阿彌陀佛 普知心行願南無阿彌陀佛 神足超越願南無

시 인간의 바람을 말하는 것으로 되어 있는데 이 내용은 불교에서 유래
되었지만 간절하게 바람을 비는 것이 요점이라고 하겠다. 그것을 무가
로 가져다가 이를 무가로 구송하면서 망자가 시왕으로 가는 과정에서
필요한 것임을 거듭 일깨우고 있다.

시왕으로 들어갈 때에 여러 길고개다리 등을 넘어가게 되는데 그
과정의 험난함을 말하면서 이 과정에서 생기는 다양한 고난을 넘어서
는 것을 말하게 된다. 그렇게 해서 결국 시왕으로 무사히 도달할 수
있도록 하는 과정을 축원하면서 그렇게 하는데 긴요한 여러 가지 축원
과 덕담을 하면서 결정적으로 〈법성게〉를 외우면서 넘어가도록 하고
있다. 〈법성게〉 역시 불교에서 유래된 것이다.[8]

저승의 지옥에서 벗어나서 극락으로 가는 과정이 상세하게 소개되

阿彌陀佛 淨無我想願南無阿彌陀佛 決定正覺願南無阿彌陀佛 光明普照願南無阿彌陀佛
壽量無窮願南無阿彌陀佛 聲聞無數願南無阿彌陀佛 衆生長壽願南無阿彌陀佛 皆獲善名
願南無阿彌陀佛 諸佛稱讚願南無阿彌陀佛 十念往生願南無阿彌陀佛 臨終現前願南無阿
彌陀佛 回向皆生願南無阿彌陀佛 具足妙相願南無阿彌陀佛 咸皆補處願南無阿彌陀佛
善入本智願南無阿彌陀佛 那羅延力願南無阿彌陀佛 莊嚴無量願南無阿彌陀佛 寶樹悉知
願南無阿彌陀佛 圓淨普照願南無阿彌陀佛 無量勝音願南無阿彌陀佛 蒙光安樂願南無阿
彌陀佛 成就摠持願南無阿彌陀佛 永離女身願南無阿彌陀佛 聞名至果願南無阿彌陀佛
天人敬禮願南無阿彌陀佛 須衣隨念願南無阿彌陀佛 纔生心淨願南無阿彌陀佛 樹現佛
刹願南無阿彌陀佛 無諸根缺願南無阿彌陀佛 現證等持願南無阿彌陀佛 聞生豪貴願南無
阿彌陀佛 俱足善根願南無阿彌陀佛 供佛堅固願南無阿彌陀佛 欲聞自聞願南無阿彌陀佛
菩提無退願南無阿彌陀佛 現獲忍地願南無阿彌陀佛

8) 〈法性偈〉는 본디 〈華嚴一乘法界圖〉라는 이름으로 된 것인데, 의상의 저작이다. 원문
을 소개한다. 法性圓融無二相 諸法不動本來寂 無名無相絕一切 證智所知非餘境 眞性
甚深極微妙不守自性隨緣成 一中一切多中一 一卽一切多卽一 一微塵中含十方一切塵中
亦如是 無量遠劫卽一念 一念卽是無量劫 九世十世互相卽 仍不雜亂隔別成 初發心時便
正覺生死涅槃常共和 理事冥然無分別 十佛普賢大人境 能仁海印三昧中 繁出如意不思
議 / 雨寶益生滿虛空 衆生隨器得利益 是故行者還本際 叵息妄想必不得 無緣善巧捉如
意 歸家隨分得資糧 以陀羅尼無盡寶 莊嚴法界實寶殿 窮座實際中道床 舊來不動名爲佛

어 있다. 이 과정에서 긴요한 것은 극락에 이르는 과정에 필요한 상세한 묘사와 가는 길의 묘사 등을 이룩하고 있는 점을 확인하게 된다. 이러한 면모가 필요한 것은 다른 것이 아니라 지옥의 시왕을 부정하고 극락으로 가서 그곳에서 환생을 하는 것이 필요하므로 이러한 과정을 묘사하는 것이라고 판단된다.

극락에 가는 노정을 상세하게 소개하면서 일종의 노정기를 묘사하고 있는데 이는 매우 주목을 요하는 것이라고 하겠다. 묘사와 노정기의 적절한 배합이 이루어지는 것이다. 새남노정기라고 하는 것은 바로 이 대목을 두고 말하는 것일 수도 있으며 극락의 아름다운 모습이 상세하게 드러나서 그곳이 별도의 세계임을 분명하게 하고 있다. 인간의 욕망을 극치로 이루면서 예사 세계와는 다른 극락의 아름다움이 드러나도록 묘사하고 있다. 그래서 지옥의 시왕을 벗어나서 인간의 세계에 욕망이 극대화된 면모를 구현하고 있다.

〈죽엄의 말〉은 내용을 정리한 결과 두 가지 의미를 부여할 수 있을 것이라고 생각된다.

첫째, 이 〈죽엄의 말〉은 망자의 천도의례에서 사용되는 것인데도 불구하고 불교의례에서 유래된 것과 무속 고유의 의례에서 사용하는 것이 적절하게 복합되어 있음이 확인된다. 불교의례에서 차입된 것은 대체로 〈천수경〉을 중심으로 하는 의례적 내용의 경전이 주축을 이룬다. 〈천수경〉은 이른바 관음신앙의 경전적 근거를 실현하는 의례의 요체인데, 이를 중심으로 하는 여러 가지 진언이 염불 등이 주축이 되어서 이룩된 것이 바로 〈죽엄의 말〉에 체계적으로 들어와 있다.

특히 〈죽엄의 말〉에서 전생과 후생의 구분 준거가 〈천수경〉의 신묘장구대다라니를 중심으로 하고 있음을 명확하게 알 수가 있다. 실제로 불교의례에서도 신묘장구대다라니를 준거로 해서 전반부와 후반부를 구분하는 전례가 있는데, 놀랍게도 〈죽엄의 말〉에서도 이러한 분리 근거에 입각해서 전반부와 후반부가 구분된다고 하겠다.

가령 현행 천수경의례에서 다라니를 중심으로 해서 앞뒤가 갈라지는데, 이를 다음과 같이 구분할 수 있다. 淨口業眞言과 開經偈·大陀羅尼啓請·四方讚·道場讚·懺悔偈·准提呪·如來十大發願文·四弘誓願·歸命三寶 등이 배열되어 의례화되어 있는 것과 깊은 관련이 있다고 판단된다. 〈죽엄의 말〉은 그러한 것을 존중하면 〈죽엄의 말〉이 이같은 천수경의 의례를 가져와서 복합하고 있음이 분명하게 확인된다.

그러나 온전하게 불교에 의존해서 이 〈죽엄의 말〉이 구성된 것은 아니다. 무가의 고유한 면모가 있어서 이를 중심으로 하는 〈죽엄의 말〉 구성에 유념해야 할 것이다. 가령 축원하고 덕담하는 대목, 초압말, 경전의 주요 염불이나 진언의 사이와 사이에 지속적으로 산이가 개입하면서 장면을 해설하고 이를 중심으로 어떠한 일이 영가에게 일어나고 있는지 이를 알 수 있는 대목이 수시로 등장하면서 경전과 해설의 묘한 복합이 이루어지고 있음이 확인된다.

불교의 경전과 이 경전에 대한 해설이 적절하게 배합되는 방식은 이 〈죽엄의 말〉을 새로운 차원에서 이해할 수 있는 소중한 단서일 수 있다. 〈죽엄의 말〉은 경전과 이 경전에 대한 해설이 내용의 요점을 이룩한다. 그런 점에서 이 〈죽엄의 말〉은 경기도 남부의 새남굿에서 유일하게 전승되는 산이들의 독창적인 창조물임을 알게 된다. 자신들의 연행을 도모하면서 이를 중심으로 하는 특정한 의례적 절차를 구성하는 것이 이 무가에서 확인된다.

둘째, 경전과 경전의 해설이 서로 배합하도록 하는 것은 그 자체로 이해되지 않는 것일 수 있지만, 경전의 말과 경전의 이해에 관한 말이 서로 결합하면서 한문진언이나 경전의 말이 어떠한 용도로 사용되는지 알아볼 수 있도록 해설하는 것은 경전과 경전의 해설이라는 해묵은 전례를 환기하게 한다. 음악적으로도 산만하고 난삽한 말과 이를 풀어 말하는 이중적인 구성과 연행이 〈죽엄의 말〉에 공존하고 있음이 확인된다.

게다가 더욱 소중한 것은 서두에서 축원과 덕담을 먼저 하고 이어서 초압말을 한 것에 이어서 이러한 경전의 진언과 염불―해설―경전의 진언과 염불―해설 등이 엄격하게 맞물리도록 하면서 굿이 진행되도록 하는 것은 경기도 남부의 독창적인 성과이다. 불교의 재례에서처럼 음악적으로 하는 짓소리나 홋소리를 하고서 나중에 이에 대한 우리말 해설을 곁들이는 것과 전혀 다른 운용체계임을 알 수가 있다.

우리말로 하는 대목에서는 이에 대한 장단이 우리식의 장단이 쓰이지만 염불이나 진언에서는 전혀 다른 말이 사용되고 이상한 장단이 쓰이는 것을 알 수가 있다. 그러한 점에서 이 대목은 매우 인상적이라고 하겠다. 진언이나 염불에 해당하는 것은 흔히 허튼타령 장단에 하고, 이에 대한 해설이나 사건의 진행은 말과 징을 섞어서 하는 것이 특징이라고 하겠다.

〈죽엄의 말〉 사설로 본다면 이러한 과정이 명확하게 드러나지 않지만 실제의 이용우가 연행한 사례를 본다면 이것이 명확하게 구분되어서 연행된다. 경기도 새남굿을 1981년 11월 6일에서 7일까지 한 굿에서 〈죽엄의 말〉을 이러한 방식으로 연행한다.[9] 상세한 것은 뒤의 연행

---

9) 이 자료는 한국문화예술진흥위원회의 자료에서 녹화한 테이프에 근거한다. 이 굿은

에서 다루겠지만 적어도 이러한 사례를 본다면 말로 하는 것과 경이나 진언을 외는 것은 전혀 다르게 연행되고 구연되는 점을 알 수가 있다.

말로 하는 것와 소리로 하는 것이 일정한 배분의 법칙이 있는 것은 아니지만 자의적인 구분 속에서도 판소리의 아니리와 창처럼 서로 구분하면서 분간하는 점을 어느 정도 확인할 수가 있다. 그러한 특징은 〈죽엄의 말〉 또는 〈새남노정기〉의 구분을 나눌 수 있는 중요한 준거이고 새로운 의미를 부여할 수 있는 것이라고 판단된다.

4. 경기도 새남굿의 구조와 〈죽엄의 말〉

경기도 남부의 산이들이 하는 새남굿의 내용에 있어서 특정한 무가가 불교의 의례적인 것을 차용하고 이를 복합화하면서 새남굿을 구성하는 것이 확인되었다. 새남굿뿐만 아니라 실제 다른 굿에서 이러한 성향이 매우 두드러지는 것이므로 이는 전반적인 각도에서 재론하지 않을 수 없을 것이다. 그런데 유난스럽게 죽음의례에서 이러한 성향이 두드러지게 드러나는 것임을 알게 된다.

그것은 새남굿이 죽음의례에 근거해서 이를 형성하고 있으며 이를 중점적으로 드러내는데 불교의 저승관을 물론하고 세계관을 집중적으로 가져왔음을 말한다. 〈죽엄의 말〉에서 이러한 성향이 너무나 농후하여 이러한 특징은 부인할 수 없을 것이다. 그런데 문제는 일방적으로

1981년 11월 6일에서 7일까지 인천 율목동의 집에서 한 굿인데 새남굿을 붙여서 한 굿으로 판별된다. 이른바 안안팎굿이라고 하겠다. 그런데 이 굿이 소중한 이유는 당대의 산이들이 모두 참여하였음에 소중한 근거를 가지고 있다.

이를 가져온 것만은 아니다. 가지고 왔지만 이를 적극적으로 창조하여 무가나 무속의례로서 성격을 재창조한 점을 잊지 말아야 한다.

창조는 적극적인 경우와 소극적인 것으로 나누어서 말할 수 있으며 불교를 일방적으로 가져다주는 특징과 이를 다르게 원용하면서 창안하는 것이 필요한 경우도 있었다. 이를 체계적으로 정리해야만 이 문제가 해명될 수 있을 것이라고 생각한다. 창조의 양상에 대해서 이를 정리할 필요가 있다.

그렇게 하는데 있어서 다음의 그림을 그리고 나서 이를 통해서 문제의 양상을 정리하는 것이 긴요한 단서를 제공할 수가 있다.

무속에서 고유한 세계관은 일단 평면적인 상태를 유지하는 것이 있다. 이승과 저승이 갈라져서 삶과 죽음이 갈라져 있는 것으로 산 사람의 세계와 죽음의 세계를 나누는 것이 있다. 이승과 저승에 중요한 분기점이 생겨났다. 죽음의 세계가 다시 지옥과 극락으로 갈라지면서 한층 입체화되었다고 하겠다. 이승이 밀려나고 저승이 갈라져서 이러한 세계관의 변형이 이루어진 것은 매우 놀라운 변화일 수 있다.

저승의 세계를 구성하는 것이 무속 자체에서 빈약하기 이를 데 없었으므로 이를 구성하는데 필요한 것이 곧 불교의 세계관을 대변하는 세계를 창조하는 것이었다. 그러한 사례로 긴요한 것이 곧 불교의 염불이나 진언이 매우 중요한 구실을 했다. 이러한 변화를 검증할 수 있는 것이 수평적 세계에서 수직적 세계로 변화하는 근본적인 주체들이 있다. 이를 정리하면 사자, 바리공주, 시왕 등이 이러한 변별 요소이다.

사자는 시왕의 심부름을 수행하는 존재이다. 이 사자는 여러 명칭으로 되어 있으며, 사자는 매우 특별한 존재인데, 이 존재에 대한 놀이와 본풀이에 대한 다양한 근거를 창조하였다. 단순한 명칭이 있는 것과 다르게 특정한 기능을 부과하면서 연행예술의 성격으로 바꾸어나간 것이 매우 긴요하다.

바리공주는 본풀이의 주인공인데 이 주인공은 망자를 극락으로 인도하는 기능을 수행하는 무속의 고유한 인물이다. 이승과 저승의 관련을 문제삼으면서 망자를 저승에서 꺼내어서 이 망자를 다른 곳으로 옮겨 가는 것이 매우 중요한 차원의 기능을 수행한다. 바리공주는 망자의 극락왕생을 할 수 있도록 실질적으로 수행하는 존재이다.

시왕은 저승의 지옥을 관장하는 존재이다. 이 시왕이 육갑에 매여 있는 망자를 관장하는 구실을 하게 된다. 이 망자의 속한 지옥에서 벗어나서 이를 극락으로 옮겨 가게 하는 것이 곧 특정한 인물로 부여하는 경우도 있고, 그렇지 않은 경우도 있어서 일률적이지 않다. 단지 평범하게 이룬 존재가 아니라, 망자와 깊은 관련이 있는 존재라는 점에서 부인할 수 없는 경우이다.

또한 이 무가들에서 긴요한 구실을 하는 것이 불교에서 유래한 염불과 진언이라고 생각한다. 이 염불과 진언의 상관성을 가지고 이를 정리하는 것이 긴요하다고 하겠다. 이 역시 위의 요소에서 비교 검토에서 항상 문제가 되는 것이라고 생각하며, 사자, 바리공주, 시왕, 염불진언 등을 가지고 비교하여 지역적인 특징을 찾아볼 수 있다.

지역	사자	바리공주	시왕	염불진언
황해도	○(사제풀이)	×	○	×
서울 경기 북부	○(사재삼성)	○	○	○(도령돌기)
경기도 남부	△(초압말)	×	○	○(전생/후생)
전라도	×	○	○	△
경상도	○(시무염불)	○	○	○(판념불)
제주도	○(체사)	×	○	×

○: 있음 △: 있을 수 있음 ×: 없음

황해도의 진오기굿에서는 사제풀이가 있다.[10] 이 사제풀이를 흔히 사제어룸이라고도 한다. 바리공주와 염불진언이 없는 것이 특징이다. 바리공주가 없는 것은 이상한 일이고 황해도에 서사무가 없는 것과 일치한다. 시왕에 대한 내력을 상세하게 푸는 것은 따로 없다. 세왕가름과 같은 데서 이것이 발견된다. 염불진언은 없다. 그러므로 황해도의 진오귀굿은 죽음의례의 불교적 영향과 독자적 창조가 온전하게 되어 있는 것으로 보기 어렵다. 이것은 굿의 실상을 현장에서 관찰한 전례가 없기 때문이기도 하므로 본격적 탐구가 필요하다.

서울의 진오기굿은 온전한 구성을 모두 갖추고 있으므로 주목된다.

---

10) 황해도 진오기굿의 실상에 대해서는 다음과 같은 연구가 있다.
  이선주, 『내림굿·고창굿·진오귀굿·병굿』, 미문출판사, 1988.
  김덕묵, 「황해도 진오귀굿 연구」, 한국정신문화연구원 대학원 석사학위논문, 1999.

사자는 사재삼성이라고 하는 데서 찾아진다. 사재에 관한 놀이를 개척하였으며, 〈바리공주〉는 본풀이로 따로 존재한다. 시왕에 대한 내력은 곳곳에서 풀이한다. 실제 굿판에서도 시왕상을 차리기도 한다. 시왕이 굿판의 구성 요소이기는 해도 주도적인 노릇을 하지 않는다. 염불진언은 사방찬, 도량찬 등을 한다. 그러나 고유한 요소가 많으며 불교적 의례의 요소는 수용하면서 변형한다. 그러나 큰굿일 경우에 승려와의 합작은 불가피하게 이루어진다.

경기도의 새남굿에서는 사자에 대한 내력을 풀이한다. 그것은 초압말에 있다고 생각한다. 사재의 명칭도 분명하다. 강림도령이라고 되어 있다. 바리공주는 본풀이로 행하지 않는다. 시왕에 대한 내력을 풀이한다. 염불진언이 상세하게 있으며, 대체로 〈천수경〉의 구성을 거의 그대로 활용한다.

전라도의 씻김굿에서는 사자가 등장하지 않는다. 바리공주의 본풀이를 푸는 곳도 있고, 풀지 않는 곳도 있어서 제각각이다. 시왕풀이는 있다. 염불진언은 불교적인 것은 아니고 달리 염불진언이 있다. 이 염불진언은 다른 고장에서와 같은 것을 가져다 쓰지 않는다. 전라도의 씻김굿이 매우 이상한 구성으로 되어 있으며 본질적인 면모를 확인할 수 없음을 확인하게 된다.

경상도에서는 시무염불이라고 해서 독자적인 본풀이가 발달해 있다. 이 본풀이는 고유한 요소로 되어 있음이 확인된다. 바리공주 역시 존재한다. 시왕에 대한 내력을 따로 푼다. 염불진언을 하는 굿거리가 따로 있다. 이 굿거리가 곧 판염불이다. 판염불은 철저하게 불교적인 의례인 〈천수경〉의 근간 구조에 입각하고 있음이 확인된다.

제주도에서는 사자에 대한 본풀이가 있다. 그러나 경상도의 자료와 다르고 서울의 놀이인 사재삼성과도 전혀 다르다. 바리공주는 존재하지 않는다. 시왕의 내력을 푸는 대목은 있다. 염불과 진언은 존재하지 않는다. 제주도에 바리공주의 본풀이가 없는 것은 다른 고장에서도 있지 않으므로 특이한 현상이 아니다.

위의 결과가 무엇을 이해하는 데 도움이 되는지 추론하기로 한다. 무속에서 불교의 저승관을 받아들여서 무속의 고유한 요소와 합쳐서 저승굿을 창조하였다. 소재를 가져와서 이를 새롭게 만들어내는 것은 당연한 현상이다. 그런데 경우에 따라서 완전한 복합을 이룬 지역도 있고, 그렇지 못하고 불교적인 것을 거의 그대로 가져와서 이를 원용하고 있는 경우도 있다.

무속과 불교가 복합하기 위해서는 몇 가지 원칙이 있다. 그것은 원래 무속에서 가지고 있던 것을 융합하는 근거로 삼으면서 불교의 것과 적절하게 조화를 이룩하는 것이 있다는 점이다. 그렇게 하는데 있어서 고유한 본풀이가 있는가 하는 점은 중요한 전거가 된다.

〈바리공주〉의 본풀이를 갖고 있지 못한 곳에서 독자적인 창조를 가지고 있는 것은 이상한 일이다. 황해도와 제주도, 그리고 경기도가 그러한 고장이다. 황해도와 경기도를 제외하게 되면 독자적인 곳은 제주도이다. 제주도에서는 시왕의 의례를 행위로 하는 것이 예사이다.

불교의 외면적 영향을 입으면서도 이를 극복하려는 창조가 있는 곳도 있으며, 이와는 다르게 불교의 외면적 영향에 머물러 있는 곳도 있음이 확인된다. 창조가 과연 언제 어떠한 경로를 통해서 이룩되었는지도 증명하는 것이 간단하지 않다. 가령 바리공주의 본풀이가 풍성한 고장에서 이에 대한 본풀이가 없는 것도 이상한 일이라고 생각한다. 현재 나타난 결과만을 가지고 이 모든 것을 증명하기 어렵다.

　　그러나 경기도의 새남굿은 불교의 의례인 〈천수경〉에 근거해서 의례적 특성을 구성하고 있는 점은 아주 각별한 현상이다. 그러나 엄격한 의미에서 이 경전을 의거해서 불교의 의례를 거행하는 것은 이치상 서로 맞물려 있는 것이라고 보기 어렵다. 더구나 이 경전은 본디 의식경전이 아니었는데 이를 일방적으로 의식경전으로 탈바꿈한 것도 문제이다. 불교와 무속의례의 복합에서 해결해야 할 문제가 한두 가지가 아니다.

　　이 경전의 요체는 관음신앙이며 관음신앙이 죽음의례에서 어떠한 기능을 하는지 알아보기 어려운 사정이다. 일방적인 관습적 의례를 가져다가 무속의례에 겹쳤음이 확인된다. 불교의례의 세속화과정에서 발생한 불교와 무속의 의례적 복합 정도로 이해해야 할 것으로 보인다.

　　그러나 놀라운 사실은 불교의례를 그대로 가져와서 써먹는 것은 아니다. 오히려 전승의 실제나 연행의 관점에서 보면 불교의례와 관계없이 독창적인 연행을 창조하고 있으며 불교의례의 방법과 전혀 다른 무속 고유의 연행방식을 선택한 것이 확인된다는 점이다. 이 점을 인정하지 않으면 무속의 창조력을 전혀 이해되지 않을 것으로 판단된다.

　　갖다가 그대로 써먹지 않고 무속의례의 관습대로 이를 바꾸어서 보여준다는 점이 매우 소중하다. 경기도 새남굿에서 이 점이 뚜렷하게 확인된다. 밋밋하게 읽는 것이 아니라, 이용우가 전혀 다른 각도에서 이를 바꾸었으며 무속의 장단과 판패개제 성음으로 이를 부르는 것은 매우 이례적인 일이다.

5. 〈죽엄의 말〉 연행방식의 특징

경기도 새남굿에서 하는 〈죽엄의 말〉은 몇 가지 연행의 형식을 갖추어서 한다. 그것의 전반적인 절차는 다음과 같다.

　　1) 부정놀이－춤
　　2) 올림채－춤
　　3) 섭채－죽엄의 말
　　4) 타령－십종장엄, 사십팔원 등
　　5) 자진굿거리: 쇠를 치면서 마무리

1)에서 2)까지는 서두에 하는 것으로 요식적인 절차이다. 춤을 추면서 굿의 서두를 장식하는 것인데 부정놀이와 올림채로 춤사위를 보이면서 망자의 넋전이 놓인 상을 도는 것을 말한다. 실제로 연행을 어떻게 해야 하는지 이용우의 필사본은 세부적으로 이러한 사실에 대해서 기록하고 있지만 전체를 모두 알아볼 수 있게 한 것은 아니다.[11] 3)과 4)가 〈죽엄의 말〉을 하는 긴요한 대목이다. 대체로 이 무가는 세 가지 방식으로 진행한다. 이것이 구연의 근간을 이룬다.

　　말로 하는 구연(판소리의 도섭에 가까운 것과 아니리로 하는 것)
　　징을 치면서 하는 구연: 섭채(도살풀이)
　　허튼타령으로 하는 구연: 염불이나 진언(남무아미타불)

---

11) 이용우 필사 〈죽엄의 말〉에서 이러한 사실을 상세하게 말하고 있으며 몇 대목이 긴요한 정보를 말하고 있다.

산이가 징을 치면서 하는것이 인상적이다. 징을 들고 하는 것은 거북한데, 이른바 범패를 하는 승려가 징에다 장단을 맞추는 전례를 기억하면 어색한 것은 아니다. 말로 하는 구연은 판소리와 일치한다. 도섭에 가까운 대목도 많다. 징을 치면서 하는 것은 자유리듬도 있지만 달리 보면 섭채가 우선한다. 타령 장단으로 하는 것에 염불이나 진언이 대부분이다. 그러므로 산이들이 하는 여느 굿거리와 흡사한 대목도 있고 다른 대목도 있어서 주목된다.

이상의 분절은 실제로 텍스트(text)를 구성하는 텍스쳐(texture)의 구성을 따져본 것이다. 문제는 이것이 도달점이 아니고, 달리 보면 텍스트를 구성하는 연행에 대해서는 아직 말하지 않은 것이다. 구체적인 〈죽엄의 말〉을 어떻게 구현하는지 내용만을 알아보는 것이 필요했으므로 이러한 분절을 한 것이다. 이제 차원을 달리해서 연행자와 컨텍스트(context)의 관련을 살펴보기고 한다.

경기도 남부 굿의 여성과 남성이 서로 이어서 하는 굿의 연행과 밀접한 관련을 갖는 것이 곧 〈죽엄의 말〉이다. 이 굿의 연행은 미지와 산이가 각기 저마다의 독자적 구실을 하면서 이를 이어받아 하는 특징이 있다. 그것은 일반적인 다른 굿의 연행과 밀접한 관련을 지니며 실제로 유사한 굿거리를 개작해서 확대하는 형식을 취하고 있다.

마을굿 가운데 근접한 사례를 들 수 있는 것이 곧 〈군웅굿〉이다. 〈군웅굿〉은 마을굿에서 가장 긴요하게 취급하는 굿거리 가운데 하나로 미지와 산이가 각기 적극적인 구실을 하면서 〈군웅굿〉을 매개로 산이의 참여를 유도하고 산이 혼자서 〈군웅노정기〉를 할 수 있도록 돕는 연행의 방식을 선택한다. 그러한 굿거리로 〈손님굿〉 역시 동일한 형태를 지닌 굿거리라고 하겠다.

〈죽엄의 말〉을 이해하기 위해서 반드시 전제되어야 하는 것은 아니지만 〈군웅굿〉의 진행방식을 이해하지 않을 수 없다. 일단 〈죽엄의 말〉을 어떻게 진행하는지 미지와 산이의 행위를 기준으로 정리하고 논의의 단서로 삼고자 한다.

> 가) 미지 혼자서 〈조상굿〉을 연행한다.
>   가)1 섭채 – 청배(강남은 홍씨군웅)
>   가)2 부정놀이 – 춤
>   가)3 올림채 – 춤사위
>   가)4 부정놀이 – 올림채 – 겹마치기
>   가)5 징을 치면서 – '영가시오'
> 나) 미지와 산이가 〈맞군웅〉을 연행한다.
>   나)1 반설음 – 겹마치기 장단으로 맞군웅춤
>   나)2 같은 방식으로 넋전이 놓인 상을 돌다
>   다) 산이가 혼자서 〈죽엄의 말〉을 연행한다.
>   다)1 부정놀이 – 춤
>   다)2 올림채 – 춤
>   다)3 섭채 – 죽엄의 말
>   다)4 타령 – 십종장엄, 사십팔원 등
>   다)5 자진굿거리: 쇠를 치면서 마무리

〈죽엄의 말〉 연행은 미지가 시작한 굿거리를 산이와 함께 연행하고, 마지막으로는 산이가 굿거리를 마무리하는 방식으로 되어 있다. 미지가 굿거리의 서두를 장식하고 미지와 산이가 함께 연행하면서 임무 교대를 하고, 마지막으로 산이가 독자적인 굿거리를 도맡아 하도록

하는 구실을 하는 전형적인 미지와 산이의 조화에 의해서 굿을 하는
형식을 선택하고 있으며 이를 구현하고 있음이 확인된다.

〈죽엄의 말〉은 개인의 죽음을 위로하는 새남굿에서 하는 절차이고
이 굿거리의 요점을 드러내는 것인데, 이러한 연행방식이 필요한 것은
매우 의문스러운 일이 아닐 수 없다. 예사 마을굿의 굿거리라고 한다
면 이는 어느 정도 이해되는 현상이다. 산이들이 자신들의 굿거리를
독자적으로 확장하면서 이 굿거리를 매개로 해서 마을굿의 특징을 구
현하고 자신들의 기능을 발휘한다고 할 수 있겠으나, 분명하게 이 굿
은 새남굿이고 죽은 망자를 천도하는 굿인데 과연 이러한 연행이 필요
한 이유가 무엇이었는지 의문이 생긴다.

그러나 자료들이 이미 분명하게 존재하고 이 자료를 중심으로 본다
면 새남노정기의 형식으로 산이가 굿에 개입해서 자신들의 입지점을
확보하고, 굿거리를 확장하는 방식이 곧 산이의 창조력을 입증하는
방식에 해당하므로 이러한 굿거리 동참의 확대 방식은 경기도 남부의
굿에서 흔하게 있는 일이다. 경기도 남부의 세습남무들이 참여해서
굿거리를 개작하고 자신들의 연행력을 확보하고 창조적인 구연능력을
발휘하는 것은 흔하게 있는 현상이다.

〈죽엄의 말〉을 새남굿에서 연행하는 것은 이러한 각도에서 여느
마을굿에서 하는 산이들의 개입에 의한 굿거리 창조 형식이라고 하는
점에서 충분하게 비교가 되는 굿거리라고 하겠다. 앞에서 이 굿거리의
진행이 마을굿인 도당굿에서 하는 것과 유사한 사례임을 말한 바 있다.
이 때문에 두 가지 굿거리의 비교는 불가피하다.

연행요소	손님굿	군웅굿	죽엄의 말
청배	미지	미지	미지
맞서서 춤추기	미지·산이	미지·산이	미지·산이
깨낌	산이·산이	×(방수밟기)	×(방수밟기)
공수답	산이·산이	산이·산이	×
장편구비시 연행	산이·산이	산이·산이	산이

미지와 산이가 서로 협조하면서 독자적인 굿거리를 확보하는 점에서 세 가지 굿거리는 예외적인 것이 아님을 알 수가 있으며, 상당 부분 동질성을 가지고 있음을 부인할 수 없다. 다만 청배에서는 미지가 구실을 하고 맞서서 춤을 추는 과정에서는 미지와 산이가 협조하고, 연행을 할 때에는 산이가 혼자서 징을 치면서 연행하는 것이 확인된다. 근간의 구성이 연행방식으로 일치하지만 동시에 굿거리마다 차이점이 있다.

〈손님굿〉은 얼개는 같은데 다른 점이 있다면 깨낌을 한다는 사실이다. 깨낌은 토박이와 떠돌이가 서로 힘자랑과 춤 자랑을 하는 대목인데 신화적 의미가 있는 굿거리를 연행하면서 둘이서 시새움으로 씨름을 하는 절차가 들어가 있다. 공수답을 하면서 새로운 굿의 시작을 알리는 절차 역시 있다. 이것이 특징적으로 들어가 있으며 실제 손님 노정기를 할 때에는 산이의 북 반주에 맞추어서 이 산이가 연행한다. 그 점이 차이가 있을 따름이다.

〈군웅굿〉의 얼개는 동일하다. 다만 차이가 있다면 깨낌을 하지 않고 대신에 산이가 꽹과리를 들고서 방수밟기를 하는 것이 특징적이라고 하겠다. 방수밟기는 이른바 굿터의 주변부를 정리하는 절차이다. 이 굿의 방식에 의해서 〈군웅굿〉의 시작을 알리는 중요한 표점이 된다. 그런데 이 절차에 이어서 공수답이라고 하는 천지조판의 내력을 말하는 굿의 절차가 있다. 이 절차에 입각해서 새로운 굿이 시작되고 굿의 특징이 구현되는 점을 알리고 판패개제의 성음으로 본격적인 굿을 한다.

〈죽엄의 말〉 역시 동일하지만 실제로 상당한 차이가 있다. 〈죽엄의 말〉에서는 유사하지만 결정적인 것은 깨낌과 공수답이 없는 것이다. 이 두 가지 과정에 있어서 차이가 있는 것은 절차상 당연한 결과이다. 이 굿은 축제적인 고사의 성격일 수 없으므로 당연히 생략될 것으로 인지되고, 특히 후반부에서 이루어지는 〈죽엄의 말〉 역시 산이들이 동참하지 않고 산이 혼자서 징과 꽹과리를 가지고서 연행하는 것이 특징이라고 하겠다. 산이가 달리 있어서 북 반주를 하지 않는 것도 특징이다. 그런 점에서 위의 연행과는 결정적인 차이를 가진다고 하겠다.

이에 따라서 〈죽엄의 말〉은 연행방식에서 공통점과 차이점을 가지고 있음이 확인된다. 전체적으로 연행담당자가 차이가 있는 것은 아니고 차이점 가운데 결정적인 부분이 차이가 있다. 그것은 곧 〈손님노정기〉 〈군웅노정기〉 〈새남노정기〉라고 할 수 있는 산이 개인의 개별적 연행에 있어서 발견되는 특징인데 결정적인 사실은 장단에 있어서 차별성이 있다는 점이다.

장단이 이른바 각이 있거나 생사맥이 있는 것이 아니고 여느 장단이 소용되며, 그러한 장단으로 적절한 것이 곧 섭채, 타령, 자진굿거리와 같은 것이고 악기 역시 징만을 사용한다는 점에서 이 굿거리의 구성에서 장단이 제한점을 가지는 것을 확인하게 된다. 판소리의 장단이 아니라 굿에서 사용하는 장단으로 이를 구성하고 있으며 그러한 점에서 장편구비시의 구연에 차이를 지니고 있음이 확인된다. 판패개제 성음을 쓰는 것과 쓰지 않는 것에도 차이가 있다.

6. 마무리

〈죽엄의 말〉은 경기도 진오기 새남굿에서 불리는 무가로 그 핵심 복판에 놓여 있는 것임을 명확하게 인지할 수 있다. 비유적으로 말한다면 〈죽엄의 말〉은 이집트의 『사자의 서』(Book of the Dead)나 티벳의 『사자의 서』(Bardo Thödol, Tibetan Book of the Dead) 등과 견주어질 수 있다. 인간이 죽음을 극복하고 새로운 삶을 살아가는 존재로 거듭 날 때에 이 책들이 필요했다.

이 가운데 더욱 근접하는 것은 바로 『바르도 퇴돌』이다. 이 책은 카마 링파의 전승 속에 남아 있는 것으로 파드마삼마바(Padmasambhava)의 정리본으로 알려져 있다. 사람이 죽어서 한 번만 들으면 해탈에 이를 수 있다는 책인데, 이 책의 내용과 〈죽엄의 말〉는 경계면에서 해방을 추구하는 점에서 거의 일치되는 기능을 한다.

진오기 새남굿에서 구연되는 〈죽엄의 말〉은 결국 이승의 존재가 저승의 존재로 바뀌는 전환점에서 이룩되는 계기를 부여하는 무가이다. 그러한 기능은 〈바리공주〉에서 바리공주가 지옥에서 꺼낸 망자를 극락이라고 하는 좋은 곳으로 인도하는 것과 거의 같은 기능을 하는 무가이다. 〈죽엄의 말〉을 듣고 새로운 존재로 탄생하는 것이나, 〈바리공주〉의 연불을 듣고 새로운 존재로 거듭 나는 것이나 거의 같은 작용이라고 하지 않을 수 없다.

〈죽엄의 말〉은 전생과 후생으로 구분되었다. 이것은 존재의 전환을 알리는 매우 중요한 구분에 근거해서 나온 불교적 세계관의 반영이라고 하겠다. 망자에게 저승의 세계에서 이 경문을 듣고 새로운 존재로 거듭 나도록 하는데, 불교적 세계관에 입각한 경문이 필요했다. 그러나 경문을 들려주는 방법과 실제 연행은 불교식으로 한 것은 아니다.

이용우 산이가 범패승들이 범패를 할 때에 징을 치는 것과 같은 방식으로 구연하여 일치되는 면모를 보이고 있지만 그것과 다른 독자적인 무속의 법칙에 의해서 굿하는 것을 창안한 점에서 일치하는 면모를 보이고 있다. 문서는 불교의 경전과 근접하지만 이를 구연하고 연행하는 방법에서는 전통적인 산이제 굿을 활용하고 있음이 확인된다.

산이들의 굿은 경기도 남부의 굿을 결정하는 주요한 특징을 가지고 있다. 산이들이 했던 굿 가운데 도당굿만이 일단의 면모를 보이고 있을 따름이고 연구되었다. 집굿 가운데 재수굿과 진오기 새남굿이 어떻게 진행되었는지 우리가 가지고 있는 정보는 턱없이 부족하다. 현재의 전승을 보더라도 이 점이 선명하게 부각되는 것은 아니다. 그런데도 불구하고 면밀하게 따지고 보니 새남굿의 진행에서 우리는 소중한 공통점을 의례와 무가로 확인할 수 익게 되었다.

이 글에서 〈죽엄의 말〉이 어떠한 의미를 가지고 있으며, 굿의 구조와 어떻게 맞물리고, 굿의 연행과 어떠한 관계를 가지는지 개괄적인 의미만을 다루었다. 〈죽엄의 말〉이 무가로서 어떠한 의의가 있는지 상세하게 의미를 따지지 않았다. 그 작업은 별도로 진행하였으므로 그쪽으로 미루기로 한다.

우리는 이 자료로 말미암아서 앞으로 무엇을 어떻게 해야 하는가에 대한 지침을 얻을 수 있었다. 구체적으로 소멸된 굿의 실태를 거듭 찾는 것은 매우 유용한 작업이 될 수 있다고 하는 점을 새삼스럽게 깨우칠 수 있다. 하나의 자료가 얼굴을 보인다고 하는 것은 그 방향으로 계속 파면 분명한 무엇이 나올 수 있다는 기대감을 가지게 하는 것임을 분명하게 알 수가 있다. 사라진 전통이 인도하는 깊은 통찰이 우리 굿과 무속 연구를 풍부하게 할 수 있다는 점을 잊지 말 일이다.

자료가 있는 점에 매몰되지 말아야 하겠다는 생각이다. 자료가 전부가 아니라, 자료 이상의 깊은 이론 구성이 핵심적인 방안이 될 수 있다는 점을 알아야 하겠다. 무가에 염불이 많은 것은 진오기 새남굿의 일반적 현상인데, 이 현상을 납득할 수 있게 전개하기 위해서는 여러 지역의 무가에 나타나는 불경의 일반적 현상과 비교해야 한다. 가령 동해안 오구굿의 판념불, 서울새남굿의 오구새남굿 장면 등과 견주어 비교 연구를 해야 할 것으로 보인다.

더구나 더욱 큰 과제를 인식할 수 있다. 이른바 새남굿이라고 하는 용어를 사용하고 있는 전국의 굿에 대한 비교 역시 중요한 과제이다. 서울의 새남굿, 경기도의 진오기 새남굿, 통영의 오귀새남굿, 함경도 북청의 오귀새남굿 등은 분명한 공통점을 가지고 있다. 그점에서 새남굿은 분명한 공통점을 전제로 하고 있다. 그러나 이 굿에 대한 통괄적 구조 분석에 입각한 공통점과 차이점은 아직 밝혀져 있지 않다.

경기도의 새남굿에서 복판에 〈죽엄의 말〉이 있는 것은 매우 유용한 준거이다. 이와 다르게 다른 지역의 굿에서 복판에서 핵심적인 구실을 하는 것이 서울의 〈바리공주〉, 남해안의 〈방안오귀〉, 함경도 북청의 〈도량선비 청정각시〉 등이다. 이들과 같고 다른 점이 확인되는데, 이 역시 굿의 방법과 절차라는 준거에 입각해서 새로운 연구를 해야 할 것으로 보인다. 굿 연구에서 이와 같은 문제는 비교 연구로 담당해야 할 문제이다.

경기남부 산이제
새남 마달 〈죽엄의 말〉의 특징과 의의

1. 머리말

경기도 남부의 산이제 새남굿의 정체에 대한 연구가 필요하다. 이 굿은 두 가지 각도에서 의의가 있다. 하나는 우리나라 새남굿의 일환으로 연구될 수 있는 가치를 지닌다. 전국적으로 새남굿 연구가 포괄적으로 이루어지지 않았으므로 이에 대한 총괄적 연구가 가능할 수 있기 때문이다.

다른 하나는 경기도 남부의 산이제 굿 연구에 일정하게 기여할 수 있다고 사료된다. 지금까지 산이제 굿 연구는 도당굿을 위주로 연구했기 때문에 다양성에 대한 연구와 일관된 통일성에 대한 연구가 이루어지지 않았다. 산이제 굿의 연구에 많은 의문이 있는데, 이를 연구하는 것으로 이 굿만큼 소중한 것이 없을 것이다.

산이제 굿 연구 가운데 가장 중핵이 바로 〈죽엄의 말〉이다. 이 자료는 산이제 새남굿의 복판에 가로놓여 있으므로 이에 대한 연구를 게을

리 하지 않을 수 없을 것이다. 이 굿은 특정하게 새남굿을 하는 과정에서 미지와 산이가 서로 복합적인 관계를 유지하면서 서로 연행을 이어가는 굿거리이면서 무가임을 알 수가 있겠다.

이글은 〈죽엄의 말〉의 내용적 실체를 분석하고 이 무가의 의의와 가치를 규명하고자 하는 것이 근본적 목적이다. 이 무가를 분석해야만 이 굿의 실질적 의의가 입증된다. 이 연구에 앞서서 이 굿에 대한 의의를 해명한 논문을 여러 차례 규명한 바 있다.[1] 이 점에서 이 글은 실제적인 무가의 분석을 목표로 한다.

〈죽엄의 말〉은 바리공주가 있는 진오기 새남굿의 대용품이다. 이 굿의 무가를 보면 같은 내용의 굿을 전혀 다른 방식으로 하는 것이 이 굿의 〈죽엄의 말〉이다. 그러므로 이 무가를 근본적 성격을 규정하고, 이 굿의 근본적 내용을 증명하는 것이 이 글의 목표라고 할 수가 있겠다.

이 무가의 성격이 밝혀짐으로써 이 연구를 통해서 새남굿의 산이제로 하는 특징이 무엇인지 명확하게 알 수가 있음이 확인된다. 이 연구의 목적은 일단 세 편의 자료를 대상으로 전반적인 성격을 분석하는 것이 기본적인 방향이다. 세 편의 각편과 한 편의 자료를 통해서 여러 가지 각편을 모두 분석할 수 있는 것은 아니다.

각편은 모두 두 산이 가계에 전승되는 것으로 모두 필사본과 구연본이 네 편이다. 이 네 가지 자료를 모두 비교해야 마땅하나, 사정이 그렇게 상세하게 진행되는 것은 아니다. 그러한 점에서 각편 네 가지

---

1) 김헌선, 우리나라 새남굿의 전국적 사례와 의의 연구, 미발표 원고.
  김헌선, 경기도 남부 산이제 굿의 특징과 의미 연구, 미발표 원고.
  김헌선, 경기도 남부 산이제 새남굿의 〈죽엄의 말〉 연구, 미발표 원고.

를 차후에 일단 비교하기로 하고, 여기에서는 개괄적인 특징을 규명하
기로 한다.

〈죽엄의 말〉은 새남굿의 요체를 기록하고 있는 것이므로 이 점에
대한 연구를 본질적으로 잘 하는 것은 불가능하다. 왜냐하면 이 굿의
실제가 무엇인지 명확하게 알 수가 없기 때문이다. 그런 점에서 이
연구는 현장에서 연행하는 굿을 통해서 검증을 받아야 마땅하나, 이에
대한 자료가 많지 않다. 게다가 이 굿의 절차를 온전하게 기록하고
있는 것은 한 편뿐이므로 한계를 가지고 있다.

2. 산이의 새남 마달 〈죽엄의 말〉

〈죽엄의 말〉은 망자의 넋을 천도하는데 쓰는 무가이다. 경기도 남
부의 산이들은 무가를 마달이라고 하는 변을 사용한다. 따라서 새남굿
의 산이들의 마달은 새남굿에서 사용하는 마달이라고 할 수가 있겠다.
마달은 일종의 무가로 도당굿, 재수굿, 새남굿 등에서 산이들이 부르
는 무가를 마달이라고 한다.

이 무가는 새남굿에서 산이가 도맡아서 연행하는 특징이 있는데,
넋상에 넋전을 얹고 그 상을 중심으로 해서 망자를 맞이하는 춤을 한
차례 구현한다. 망자의 넋을 위무하는 죽엄의 춤을 춘 뒤에 그 과정에
서 무가를 구연하면서 망자의 넋을 천도하는 굿거리에서 불리는 무가
이다.

산이가 구연하는 무가는 문서의 내력이 깊고, 장단 변화가 풍부하
고, 다양한 굿거리의 연행을 보여주는 특징을 갖추고 있다. 산이들은

경기도 남부의 지역적 한정성을 벗어나지 않는다. 경기도 북부와 한강 이북의 지역에서는 세습무들의 존재가 확인되지만 그 정체가 불분명하다. 그러나 예전의 기록에서는 이들이 있었음이 분명하다.

그 사실은 두 가지로 증명이 가능하다. 하나는 문헌적인 자료에 의해서 그 근거를 추론할 수 있다. 가령 이옥(李鈺, 1760~1812)의 『俚諺引』과 『珍本靑丘永言』 같은 시에서 남자세습무와 여자세습무의 명칭에 대한 기록이 확연하게 나타난다. 시에 있는 자료이지만 그 의의는 자못 중요하다. 두 편을 동시에 보기로 한다.

聽儂靈山曲　　내가 흉내낸 영산곡 소리를 듣고
譏儂半巫堂　　반무당 다 되었다고 놀려대지만
座中諸令監　　이 자리에 있는 영감님네들
豈皆是花郞　　어찌 모두가 화랭이이실까요

章有後庭花　　장에는 후정화가 있고
篇有金剛山　　편에는 금강산이 있네
儂豈桂隊女　　내가 어찌 계대녀가 되랴
不曾解魂還　　넋을 풀어서 돌아온 것을 만나지 못했네
　　　　　　　　　　　　　　　　－ 李鈺, 宕調, 『俚諺引』

靑개고리 腹疾ᄒ여 주근 날 밤의
金두텁 花郞이 즌호고 새남 갈ᄉᆡ 靑묍독 겨대는 杖鼓 던더러쿵 ᄒ는듸 黑묍독 典樂이 져 힐니리 흔다
어듸셔 돌진 가재는 舞鼓를 둥둥 치ᄂ니
　　　　　　　　　　　　　　　－ 『珍本靑丘永言』

이 시들은 여러 모로 함축하는 바가 많다. 특히 조선 후기 무속의 현상을 요해하는데 일정한 기여를 하고 있기 때문이다. 이 시가에서 무당을 지칭하는 용어가 분명하게 존재하고 있으며, 무당과 화랭이, 계대녀와 화랭이 등이 서로 차별화되면서 운용되는 것임을 이로써 알 수가 있다.

탕조는 본디 기녀들의 세계를 읊은 노래이다. 기녀가 한양 중심의 무녀들이 하는 영산곡을 흉내내었을 것으로 보인다. 양산곡은 성격이 불분명한 곡인데, 무당들의 넋두리나 영실과 같은 것을 소리로 흉내내었을 가능성이 있으며, 노랫가락과 같은 것일 수도 있겠다. 그러자 그러한 기녀의 무당 흉내를 빗대서 기생더러 반무당이라고 놀리자 이에 기녀가 그 자리에 모인 사람들을 무당과 함께 있으니 영감들이 바로 화랭이가 아니겠느냐고 응대하는 과정을 시에서 보여주고 있다.

다음 한시는 더욱 알기 어렵다. 그러나 대목에서 보이는 특징은 분명하게 드러난다. 후정화와 금강산의 노래를 하게 되었으며, 계대녀가 되었음을 꾸미는 대목이 분명하게 드러난다. 계대녀가 되었다고 하는 것은 서울 지역의 장구잽이 노릇을 하는 전통적인 세습 무녀들을 이렇게 지칭하고 있는 개념이다. 이 기대들은 현재의 구대인들에 의하면 기대만신이 해방이전부터 사라지고 있었다는 말을 하고 있다.[2]

시조에서도 동일한 사실이 증명되고 있다. 화랭이라는 성격을 가진 인물이 등장하고 이 존재의 진오기-새남을 하기 위해서 전악과 무당들이 모이는 과정을 구현하고 있다. 겨대가 장고를 치는 대목도 일치

---

2) 이 사실은 무네미 꽃방과 같은 구대인 만신들에 의해서 증언된 바이다. 2004년 4월 30일에 있었던 무네미 꽃방집인 김명석의 증언에 의해서 이러한 사실을 확인할 수가 있다.

하고 전악과 만신 등이 서로 갈라져서 자신의 임무를 다하는 과정이 선명하게 드러나고 있다.

화랭이는 남자 무당을 지칭하는 것이고, 기대 또는 계대는 반주하는 무당으로 세습무의 성격을 가지고 있다. 모두 이들은 세습무당임을 알 수가 있다. 이들이 서울을 중심으로 존재했다는 역사적 사실에 근거하여 이들의 분포에 대한 조심스러운 추론이 불가피하다. 현재 구전으로 전하는 사실보다 더욱 광범위하고 다양한 지역에서 특정한 고장을 중심으로 넓게 분포했었음이 해명 가능한 사실이다. 그러므로 이러한 분포와 존재에 대해서 현재의 기준을 가지고 말하는 것은 부적절하리라고 본다.

산이는 화랭이와 같은 말인데, 이 말은 경기도 남부의 남자 무당을 지칭하는 은어이다. 산이는 아마도 추론컨대, 선증애꾼, 선굿꾼 등에서 비롯된 내력이 있는 용어라고 보인다. 이 산이들이 죽은 사람의 굿을 하는 과정에서 독자적인 굿거리를 진행하는데 이것이 바로 선굿꾼인 산이의 〈죽엄의 말〉이다. 이 산이들이 구연하는 무가가 필사본의 형태로 세 가지가 전하고, 한편은 구전의 형태로 전하고 있음이 확인된다.

산이들이 구전하였던 〈죽엄의 말〉의 어떠한 성격을 가진 무가이고, 그 구체적인 내용이 무엇인지 증명할 필요가 있다. 이 글에서 〈죽엄의 말〉을 중심으로 하는 무가를 핵심적으로 검토하고 그 무가와 산이의 굿 전통을 연관지어서 재론하기로 한다. 이 글에 앞서서 〈죽엄의 말〉의 연행 형태와 특징을 한 차례 논한 바 있으므로 여기에서는 무가를 중심으로 하는 논의를 집약하기로 한다.

이 무가는 여러 가지 내용으로 구성되어 있는데, 일단 그 말뜻이 소중한 의미를 담고 있음이 확인된다. 이 말은 여러 가지 뜻이 있지만, 하나는 죽엄의 말이라고 하는 것으로 죽은 사람의 넋을 천도하는 과정에서 부르는 말이라고 할 수 있다.[3] 죽엄은 죽음을 의미하는 것이고, 말은 죽은 망자에게 들려주는 말일 것이므로 죽엄의 말은 죽은 망자에게 들려주는 말이라고 하는 뜻으로 이해해도 무방하리라고 판단된다.

이용우가 필사한 대목에서 이를 두 가지로 병기하여 놓았다. 그 하나가 바로 "새남굿에서 넋을 맞이하여 드리는 법의 말"이라고 하는 것이고, 이 말은 죽은 사람의 새남굿에서 하는 넋을 맞아들이는 법식의 말이라고 하는 것으로 해석된다. 이와 달리 "넉 마져 듸리은 법 말"이라고 하였으니 이 것은 같은 말인데 축약해서 한 말로 이해된다. 두 가지 모두 같은 말이라고 하겠으며, 새남굿에서 죽은 넋을 맞이하여 이를 천도하는 말로 표현한 것으로 보인다.

게다가 전통적인 산이인 이용우가 이에 대한 보충적인 언급을 한 대목이 있어서 주목된다.

> "人生別 인간이 세상을 하직하고 세왕을 가는 길 만사젼 사쳔왕 열세왕 십장암 사십팔원 법성기 후싱 일편 법 先後片 分路現者 西江主에 白先主에 人道王 敬戊 花西 千歲力國 東西南北方卒로 入 넉 마 져 듸리은 법말"[4]

---

3) 赤松智城·秋葉隆, 『朝鮮巫俗の硏究』 上卷, 大阪屋號書店, 1937, 280면. "「死の語」は 散陰と稱する最も大規模なる招魂の巫祭に於て唱ふる巫歌であつて, 前生·後生の二部 に分れ, 初前語·四天王·十大王·十莊嚴·千手經·輓詞傳·四十八願·道令歌·陰中經及 十王歌より成る. 佛敎の影響の顯著なるを特徵となし, 十王への祈願が主である." 이 가 운데 道令歌는 道場歌의 잘못으로 판단된다.
4) 이용우가 필사한 자료인 죽엄의 말에 이와 같은 기록이 있다. 이용우필사, 〈죽엄의

이 말은 죽엄의 말에 대한 개괄적인 이해를 전제로 하는 기록으로
사람이 죽어서 하는 말로, 하직하고 시왕으로 가는 길에 하는 여러
가지 말이 있으니, 그것이 바로 만사전, 사천왕, 열시왕, 십장엄, 사십
팔원, 법성게 등이 있으며, 후생 일편 법이라고 하는 것이 있음을 말하
고 있다. 선후편이 나누어져 있으며, 선후편은 바로 길이 나누어져서
여러 가지 말을 하는 것으로 되어 있다.

〈죽엄의 말〉에서 부르는 여러 가지 염불이나 내용을 말하는 것으로
볼 수가 있겠다. 초압말의 하직 인사하는 대목이나, 세왕 가는 길은
죽엄의 세계로 들어가는 길을 말하는 것이다. 이 과정을 소리로 하는
데 이를 흔히 새남노정기라고 말하기도 하는 것 같다. 내용이 장엄하
고 공간적 분포와 함께 다루고 있다.

만사전은 만사로 전하는 말이라고 할 수 있으며, 사천왕은 저승의
입구를 지키거나 절 입구를 관장하는 사천왕의 내력에 대해서 말하는
것이고, 이와 달리 열시왕은 십대왕의 내력과 지옥, 망자 등을 함께
말하는 대목이라고 할 수가 있겠다. 십장엄은 십종장엄을 말하는 것
이고, 사십팔원은 사십팔대원을 말하는 것이다. 이와 달리 '법성기'는
의상(義湘)의 〈화엄일승법계도(華嚴一乘法界圖)〉를 말하는 것으로 달리
〈법성게(法性偈)〉라고도 한다.

이용우의 이 말은 일리가 있는 증언이자 기록이다. 아카마쓰 지조와
아키바 다카시의 기록에 의하면 거의 같은 결과가 나오는 점을 알 수가
있다. 두 일본인 학자들이 경기도 시흥의 무부(巫夫)인 하영운(河永云)의
자료를 소개하면서 이를 해설하는 대목에서 이렇게 말하고 있다.[5]

말〉, 37면.

"前生·後生의 두 부분으로 나누어져 있으며, 이 죽엄의 말은 初前語·四天王·十大王·十莊嚴·千手經·輓詞傳·四十八願·道令歌·陰中經及十王歌 등으로 이루어져 있음이 확인된다."

〈죽엄의 말〉의 내용 구성이 일치하고 전체적인 무가의 구성이 구체적으로 대응하는 것을 확인하게 된다. 그러므로 이 〈죽엄의 말〉은 죽은 사람의 넋을 천도하는 기본적 내용에 있어서 일치점을 보여주는 자료이다. 이 내용의 구성에 있어서 이 무가 자료의 성격과 특징을 논하는 것이 기본적인 과제로 된다. 〈죽엄의 말〉이 산이들의 아주 각별한 문서이며, 이 자료의 한 축이 전승되는 것이며, 경기도 남부의 산이제 진오기 새남굿을 확실하게 알 수 있는 자료가 된다.

3. 〈죽엄의 말〉의 구성과 내용, 그리고 특징

〈죽엄의 말〉은 그 자체의 구성으로 본다면, 이중적 구성을 취하고 있으며 이는 일반적 의의가 있는 것으로 볼 수가 있겠다. 일단 〈죽엄의 말〉을 구성하고 있는 내용에 근거한다면 이 말이 어떠한 의의가 있는지 확연하게 알 수가 있다. 이 내용에 의한 분류는 중요한 것이므로 이를 중심으로 보기로 한다.

---

5) 시흥의 무부인 하영운의 존재는 매우 의문스러운 부분이 있다. 시흥의 무부인 하영운의 후손이 하대봉으로 현재 그 가계가 있는 것을 확인할 수가 있다. 이 가계는 전통적으로 세습무계로 추정된다.

[전승]

(1) 망자에게 사천문을 배설하고 그곳으로 들어오는 과정의 청배가 있다.

(2) 망자가 임종을 하면서 잡혀온 내력과 과정을 서술한다.

(3) 초압말 : 사자가 영가를 잡아가는 과정을 자세하게 말하고, 사자가 죽음의 과정을 상주들에게 이른다.

(4) 망자가 죽는 과정에서 진언과 입관 시에 있던 문서를 전하라는 말을 한다.

(5) 망자의 이승 근본을 다시금 설파하면서 죽은 존재의 근원을 환기한다.

(6) 사천 시왕 세계로 가는데, 사천문의 내력을 다시금 열거한다. *(1)의 반복적 구현으로 보아도 될 대목이 있다.

(7) 저승의 지옥을 관장하고 있는 시왕의 내력, 지옥의 열거, 지옥에 매인 망자의 육십갑자, 그곳의 원불 등이 누구인지 서술한다.

(8) 망자에게 십종장엄을 외워서 가라고 한다.

(9) 지옥으로 가는 도중에 잡귀잡신을 물리칠 수 있는 천수경, 신묘장구대다라니 등을 외워서 가라고 하면서 이를 일러준다.

[후승]

(10) 사방도량찬, 준제주 등을 외우게 한다.

(11) 망자에게 輓詞傳을 외워서 가게 한다.

(12) 망자에게 四十八願을 외워서 가게 한다.

(13) 망자에게 다리와 고개를 넘어서 가라고 한다.

(14) 망자에게 念佛과 講을 받을 것이므로 法性偈를 외워서 가라고 한다.

(15) 망자가 세왕을 거쳐서 극락으로 들어가게 되다.

(16) 극락으로 가는 과정에서 음식, 꽃, 배 타기 등을 하면서 건너 가라고 한다.

(17) 삼문을 들어서서 마침내 극락으로 도달하고 그곳에서 여러 불보살을 만나게 된다.

이렇게 분절된 결과를 보면 〈죽엄의 말〉은 두 대목으로 되어 있다. 제목에 구분되어 있듯이 이 대목은 전생과 후생으로 갈라진다. 이 두 부분은 굿의 절차에서 소용되면서 내용상으로도 명확하게 갈라진다. 망자의 죽음과 시왕의 지옥에 이르는 것이 전반부라고 한다면, 망자가 저승의 지옥에서 벗어나서 극락으로 천도되는 과정을 보여주는 것이 바로 후반부라고 할 수 있다.

전생에서 망자가 죽음에 이르고 시왕의 지옥에 이르는 대목은 불교에서 제시한 죽음의 과정과 다르지 않다. 죽음을 맞이한 인물은 대체로 사자가 와서 망자를 잡아간다고 관념하는데 그 과정이 제시된다. 그것이 바로 초압말의 주된 내용이다. 그렇게 잡혀간 망자의 넋은 일반적인 장례 절차에서 보여지듯이 주검 처리 방식으로 구현되는 것과 일치된다.

초압말에서 구현되는 망자의 죽음과 주검의 처리과정은 일종의 죽음에 대한 재체험과정이라고 할 수 있으며, 망자와 사자, 사자와 상주, 망자와 상주 사이에 벌어지는 다면적 시점의 죽음 체험에 기초한다. 이 과정의 다양한 시점은 죽음에 대한 보편적인 면모를 보여주기에 적절하다고 하겠다. 산이의 구연에 의해서 죽음을 공유하고 죽음을 맞이한 망자의 넋이 상주와 이별하는 면모를 보여준다.

망자는 이승에 존재했던 인물이므로 이에 대한 근본 내력을 다시 환기하지 않을 수 없다. 근본 내력이 환기되면서 이승의 삶을 반추하고 인간의 생성과 소멸에 대한 기억을 하게 된다. 망자의 내력이 단순한 것이 아니라 존재의 소멸에 대한 근본 내력을 일깨우는 과정이 있었음을 우리는 기억하게 된다. 망자의 근본 내력이면서 망자의 일종으로 본풀이라고 하는 점을 인식하게 된다.

망자의 넋은 이승의 상주와 결별하고 망자의 주검으로 처리되고, 결과적으로 망자는 넋이 되어서 저승의 지옥 그 가운데서 시왕의 직분에 의한 망자의 공간으로 전환되어 그곳에 도달하는 과정을 겪게 된다. 시왕에 매인 갑자에 따라서 망자는 저승에 도달하는 일이 벌어진다. 망자의 넋은 홀로 사자의 인도에 의해서 시왕의 지옥에 이르게 된다.

망자가 죽은 넋으로 저승의 지옥에까지 오는 과정에서 망자에게 필요한 잡귀잡신에 대한 유혹을 버리고 온전한 존재로 전환하는 과정에서 일정한 보호하는 염불이 있는데, 그것이 바로 망자의 근본을 보호하는 불교의 염불이다. 두 가지가 중요하게 부각된다. 하나가 십종장엄이고, 다른 하나가 천수경과 신묘장구대다라니이다.

두 가지 장엄과 경전 등은 죽음 이후 경이로운 세계에 대한 장엄을 말하는데 불교의 세계관에 기초한 정보(正報)와 의보(依報)에 의한 인과론에 기초한 것으로 아미타여래를 친견하는 장엄의 세계를 보여주는 것이 바로 장엄의 경이로움을 보여주는 것이라고 할 수가 있겠다. 극락세계의 장엄과 불교적 지옥관이 병렬되는 것은 의미가 있지만 단계적 전환을 위한 포치로 보인다. 이십사락과 삼십이종의 요익은 장엄의 결말 부분에서 제시되는 것이다.

경전 가운데 천수경과 신묘장구대다라니는 이 문맥에서는 잡귀잡신을 범접하지 못하도록 하는 경전이다. 우리나라에서 독자적으로 창안한 위경과 같은 것으로 여러 가지 진언이 있으며, 그 가운데서도 신묘장구대다라니는 이에 의거한 특징적인 진언이라고 할 수가 있어서 잡귀잡신을 축출하는 진언이라고 할 수가 있겠다.

후생은 망자의 넋이 새로운 존재로 전환되는 과정을 보여주는 것이다. 지옥에서 벗어나서 극락으로 천도되는 핵심적인 부분이라고 할 수가 있다. 그렇게 하는데 갖가지 중요한 대목이 불교적 경전에 의거해서 이룩된다. 가령 도량찬이나 준제주와 같은 구절을 외우면서 망자의 극락왕생을 기원하는 내용이 이어진다.

특히 만사전이라고 하는 대목에서는 만장으로 이끄는 여러 가지 좋은 말을 기록해놓고 있어서 매우 주목되는 말을 써 놓았다. 망자의 죽음 이후 새로운 존재로 전환하는 내용의 말보다는 망자의 인생무상을 고하고 새로운 존재로 태어날 수 있음을 기약하는 말이다. 망자가 어떻게 죽었는지 다시 보여주는 면모이다.

그러나 엄격하게 말한다면, 이 대목은 망자의 죽음 대목을 다시 환기하는 의미의 속성이 강하다. 사자가 망자를 잡아가는 대목이 반복되지만 더욱 좋은 곳으로 옮겨가고 극락으로 갈 수 있음을 환기하는 대목의 반복으로 보아도 무방할 것으로 판단된다. 지옥으로 가기 위해서가 아니라 더욱 좋은 존재로 나기 위해서 저승으로 왔으며, 극락으로 전환하는 과정을 보여준다.

사십팔원을 외우고, 다리와 고개를 넘어서 법성게를 외우면서 새로운 존재로 전환하는 과정이 흥미롭게도 이어진다. 망자가 시왕을 거쳐서 극락으로 가는 면모가 거듭 이어진다. 극락으로 가는 과정에서 여러 인물을 만나게 되는데, 음식과 장식, 배타기 등을 거듭 이룩하면서 새로운 존재로 전환되는 것을 보여주게 된다. 이 점에 있어서 매우 각별한 의미의 전환을 이룩하는 것을 볼 수가 있다. 삼문을 들어서서 극락이 불보살을 만나서 극락으로 이어지는 것을 볼 수가 있다.

〈죽엄의 말〉은 공간적 전환에 기초하여 저승을 이중적으로 분할하고 있음이 드러난다. 이승과 저승의 분할이 기본적인 것이지만, 여기에서 저승에서 이승의 존재가 전환되는지 두 단계에 걸쳐서 보여준다. 저승은 지옥과 극락으로 양분되어 있으며, 이승과 저승은 지속적으로 이 공간의 구도 속에서 이어지는 것을 볼 수가 있다.

저승의 지옥과 극락이 망자의 산 공간인 이승과의 연계 속에 놓여 있음을 두 대목에서 명시한다. 하나는 초압말에서 그 점이 확인된다. 다른 하나는 만사전에서 드러난다. 초압말은 전생에서 환기되는 지옥으로 끌려가는 망자의 면모를 보여주는 것이라고 한다면, 만사전에서는 다시 망자가 저승으로 끌려가면서 극락으로 전환하는 대목의 예시이다.

이승과 저승은 서로 지속적 관계를 유지하는 것이고, 이승의 상주에게 저승의 형상을 보여주고 동의를 구하면서 저승의 지옥과 극락의 전환을 단계적으로 보여주려는 심산에서 이러한 변환이 이룩되는 과정을 구현하는 것임을 알 수가 있겠다. 망자는 그러한 관계에 놓여 있으면서도 중요한 전환이 이루어지는데, 그것이 바로 저승에서 지옥에서 극락으로 옮겨가는 것이다.

우리는 공간적 변화가 어떻게 이루어지는가 주목할 필요가 있다. 〈죽엄의 말〉에서 그러한 과정이 시간적으로 그리고 수평적으로 이루어지는 것을 볼 수가 있는데, 분명한 인과관계가 있으면서도 뚜렷한 구분이 이루어지는 것은 아니다. 특히 지옥에서 극락으로 연계되는 대목에서도 천수경과 신묘장구대다라니, 그리고 도량찬, 준제주 등의 연속적 불교의례 관점에서 기초하고 있다.

지옥에서 극락으로 이동하는 과정에서 불보살이 있는 곳까지 이르는 과정 역시도 거의 단순한 공간적 분할 속에서 지옥의 장소를 건너서 극락으로 이르는 배타기가 요점이 된다. 이 배타기는 반야용선을 타고서 시왕을 건너서 극락으로 가는 것이라고만 되어 있어서 전통적인 공간 전환의 관념에 기초하고 있음이 확인된다.

〈죽엄의 말〉은 평면적이고 수평적이고, 이 과정에서 구현되는 면모를 본다면 지옥과 극락의 공간 구성은 매우 모호하다. 그러나 다른 조형예술을 본다면, 지옥과 극락은 수직적인 구성을 하고 있으며, 공간적 전환이 매우 그럴 듯한 구성을 하고 있다. 지옥과 극락의 구성은 매우 이례적이면서 수평적 공간 구성을 명확하게 하고 있음이 뚜렷하다.

언어예술로 된 것이 한계여서인지는 몰라도 조형예술의 구성과 차별성이 생기는 이유는 장차 증명해야 할 문제이다. 시간적 예술 구성과 공간적 예술 구성에서 보이는 차별성을 우리는 새롭게 알 수 있겠기 때문이다. 매우 흥미롭게도 배를 타고 극락에 이른다고 하는 관념은 불교의 관념이나 무속의 관념에서도 동일하게 발견되는 면모이다.

저승에 가면서 새로운 곳으로 가는 과정에서 반야용선을 타야 한다든지 배를 타야만 넘어갈 수 있다고 하는 관념은 전국적으로 공통된 발상으로 발견된다. 그러한 과정이 매우 도식적으로 구현되고 있으면서 이 과정에 구현되는 이승과 저승의 관념은 이례적인 일이라고 할 수가 있겠다. 저승의 관념과 이승관념이 느슨하게 지속적으로 연계되는 것도 역시 특별한 설정이다.

〈죽엄의 말〉은 경기도 남부지역의 세습남무들인 산이들이 하는 진오기 새남굿에서 쓰이는 특정한 무가임을 이로써 알 수가 있다. 죽음의 말이라고 하는 명칭이 암시하고 있듯이 망자의 넋을 위무하고 극락으로 천도하는 무가임은 부인할 수 없다. 무가의 특징을 규명하는 일이 필요하다.

〈죽엄의 말〉은 구비교술율문으로 보는 편이 적절한 갈래 규정일 수 있다. 비록 이 무가가 모두 필사본으로 발견되었지만 구전을 위한 기록의 수단이었으므로 이 무가를 구비갈래로 보는 것은 적절한 규정일 수 있다. 필사본은 구비전승의 보조적인 수단이다. 시흥의 무부인 하영운과 이종만의 필사본은 이러한 점에서 가치가 있는 무가자료이다.

다음으로 이 무가는 서사적인 내용으로 되어 있지 않다. 서사가 되기 위해서는 특정한 주체가 있어야 하고, 사건의 서두, 중간, 결말 등이 있어야 하는데, 이 두 가지 요소를 결하고 있다. 주체는 망자이기는 하지만 망자는 사건의 주도적인 기능을 하지 않고, 오히려 천도의 대상이라는 점에서 주체는 아니다.

이 무가의 사건은 존재하지 않는다. 사건이라고 하기 보다는 불교적 관념에 근거한 불교적인 세계관을 구현하는 점에서 차별성이 있다. 그런 점에서 공간구성과 시간구성의 순서는 있지만 뚜렷한 인과관계의 구성을 하고 있지 않은 점에서 서사무가로 보기 어려운 면모가 있다.

게다가 무가의 기본적 속성이 그러한 것처럼 이 자료는 구비전승되면서 특정한 의례인 진오기 새남굿에서 사용된다. 징을 들고 춤과 소리를 곁들여서 하는 무가인 점을 알 수가 있겠다. 그러므로 율문적인 구송방식을 가진다. 말로 읊조리는 대목은 물론하거니와, 특정한 무가를 구연하면서 장단에 맞추어서 하는 특징을 가지고 있다. 도살풀이인 섭채, 풍류장단 등에 입각해서 무가를 구연하는 특징을 있다.

따라서 〈죽엄의 말〉은 구비교술율문이므로 교술시인 점이 부각된다. 그런 점에서 특정하게 공유되는 다른 교술시와 비교가 가능하다. 가장 적절한 사례가 바로 〈화청〉, 〈불교가사〉, 〈회심곡〉 등과 견주어질 수 있을 것으로 보인다. 〈화청〉은 재받이 승려들이 재에서 범패를 드리고 난 뒤에 하는 일반인을 위한 우리말로 하는 설법의 방식으로 불교적 생사관에 기초한 삶의 허무와 이를 극복하는 불심에의 귀의를 강조하는 소리이다.

〈불교가사〉역시 이와 같은 것의 범주에 드는 것이지만, 기본적으로 특정한 작자가 있으며, 불교적 세계관에 근거한 불심을 강조하는 노래들임을 알 수가 있겠다. 특히 바른 수행을 강조하는 발원문의 성격이 강한 노래들이 불리는 점에서 이들 자료는 매우 중요한 의의가 있겠다.

〈회심곡〉은 화청과 같은 소리가 세속화된 소리이지만 기본적으로 죽음의 과정과 이의 허무를 극복하는 과정이 예시되는 기본적 속성이 있겠다. 그런 점에서 〈회심곡〉은 매우 강력한 호소력이 있는 무가임을 알 수가 있겠다. 〈회심곡〉의 특징이 불교적 허무관념에 근거하여 이 생각을 보여주는 것이 이 소리이다.

〈죽엄의 말〉은 구비교술율문으로 교술시의 속성을 가지고 있는 인접하고 있는 갈래와 매우 유사한 사실을 알 수 있고, 그 가운데 불교의 의례적 속성을 모방하면서 망자를 천도하는 기능을 가지고 있는 점에서 다른 갈래와 차별되는 특징을 지닌다. 상세한 과정에서 구연되고 여러 가지 불교의 경전에 근거하고 있으므로 이들과 달라지는 점을 가지고 있겠다.

〈죽엄의 말〉은 철저하게 불교적 세계관과 불교의례의 절차가 구체적으로 실현되면서 나온 교술시임을 강조할 필요가 있겠다. 불교의례인 상주권공재나 영산재 등과 같은 자료에서 나오는 특징을 보여주는 것이 바로 이 〈죽엄의 말〉이다. 불교의례의 법요집을 체험하는 것과 같은 착상을 보여주는 것이 이 무가이다.

이 무가에 사용되는 여러 가지 불교의례의 경전과 염송되는 게 등은 이 무가의 근본적인 특징이 어디에 있는 지 말하는 증거물이다. 구체적으로 구송되는 경전의 대체적인 윤곽은 불교의례의 그것에서 사용되는 것과 전혀 다르지 않다.

가령 初前語·四天王·十大王·十莊嚴·千手經·輓詞傳·四十八願·道令歌·陰中經·十王歌 등을 비롯해서 천수경과 신묘장구대다라니 등의 구성을 본다면, 이러한 구성을 하고 있는 여러 경전의 내용은 시사하는 바가 매우 크다고 하겠다. 이런 점에서 이 무가의 내용은 전적으로 무가와 불교의 복합에 의한 산물임을 부인할 길이 없다. 불교와 무속의 세계관적 복합이라고 하는 용어를 사용한다면 이 점이 이 무가의 기본적 면모를 보여주는 것이라고 하겠다.

사실이 이렇다면 기본적으로 이 대목에 대한 반성적 사유가 필요하다. 무가의 죽음의례에 대한 기본적 속성을 반추해야만 한다. 이 무가는 무속의 죽음관념과 세계관을 보여주는 것도 있지만, 오히려 얼마나 무속의 죽음의례가 철저하게 불교적 세계관에 기초하고 있는지 정확하게 보여주고 있다. 불교를 받아들이면서 불교의 기본적 속성을 변형하여 무속의례로 승화했음이 드러난다.

무속의례인 새남굿은 철저하게 불교의례에 빚을 지고 있다. 그러나 그러한 특징을 몰주체적이거나 전적으로 모방과 복사를 했다는 점을 말하는 것은 아니다. 실제적인 의례 내용을 보면 그 경전과 게송을 반복하는 것이 아니다. 무가의 고유한 장단에다 이를 활용하고 있는 것을 볼 수가 있겠다. 그러므로 불교의 염불이나 독송은 전혀 아니다. 오히려 굿의 음악적 우수성을 구현하는 점을 볼 수가 있다.

가져와서 융합하고 변형하여 새로운 굿의 구조적 창조에 이르는 점을 본다면 산이나 무당들이 가지고 있는 창조력이 대단한 것임을 절감하게 된다. 죽음의례의 기본적 골격을 가지고 왔으면서도 이 점을 선명하게 집약하고 구조적인 변형을 하면서 불교의례와 차별화되는 면모를 보여주고 있는 점은 매우 흥미로운 현상이다.

〈죽엄의 말〉 무가의 창조적인 면모를 인정하면서 이 무가의 특징을 이해하는 데, 인접하고 있는 지역의 동일한 계통의 무가와 비교해야만 이 대목을 이해할 수가 있겠다. 그것은 바로 서울지역의 진오기굿이나 새남굿의 그것과 비교함으로써 명확하게 알 수가 있다. 이 무가의 면모를 확인하는데 있어서 이러한 무가는 매우 중요한 특징을 가지고 있겠다.

서울굿에서 일련의 특징을 보여주는 특성을 정리하자면 우리가 현재 살피고 있는 자료인 〈죽엄의 말〉과 비교할 수 있는 단서를 열게 된다. 이 무가를 보여주는 특징은 명확하게 드러난다.

서울 진오기굿 : 사재삼성·말미·도령돌기
경기 새남굿 : 전생 — 초압말·후생 — 만사전

사재삼성과 전생의 초압말은 명확하게 대응한다. 사재삼성에서 망자를 잡으러 오는 과정이 초압말에서 망자가 사자에 의해서 잡혀 가는 점이 일치한다. 사자가 망자를 잡으러 온다는 관념은 초압말의 핵심적인 내용인데, 하나는 놀이로 구현되고, 다른 하나는 말로 구현되는 점이 다르다.

말미에서 지옥을 벗어나서 극락으로 천도되는 과정이 바로 후생과 일치한다. 말미와 후생의 일치점은 여기에서 발견된다. 이 둘의 비교에서 우리는 무속의 고유성을 가지고 있는 말미의 서사시적 면모와 〈죽엄의 말〉의 전생과 후생 속에 근본 구조로 자리잡고 있음을 절감하게 된다.

바리공주가 자라나서 무장승에게 양유수와 꽃을 구해서 죽은 부모를 살리는 과정에서 지옥과 극락으로 전환하는 과정의 일정한 내용이 〈말미〉에 들어 있고, 그것의 기본적 뼈대를 보여주고 있는 점에서 〈죽엄의 말〉의 고유성이 있음이 확인된다. 바리공주를 거세하면 바로 〈죽엄의 말〉이 곧 〈말미〉로 된다.

서울굿의 〈말미〉 뒤에 도령돌기는 망자를 극락으로 천도하는 과정을 실제적으로 행위와 연출을 통해서 구현하고 있는 점을 볼 수가 있겠다. 그러나 이에 대한 내용은 말로 되어 있을 뿐이고, 행위와 의례로는 이루어지지 않고 있음을 볼 수가 있겠다. 이 점에서 서울굿과 경기도 남부의 새남굿은 차별성을 가지고 있다.

우리는 〈죽엄의 말〉이 허망한 자료가 아님을 이로써 명확하게 알 수가 있다. 경기 새남굿의 무가에 왜 바리공주가 구연되지 않는지 많은 의문이 있다. 바리공주의 전국적 분포를 본다면 마땅히 이러한 구성 속에서 죽음의례에 있어야 마땅한데, 본풀이가 사라지고 〈죽엄의 말〉이 구연되는지 이해하기 어렵다.[6]

참고로 대비하여 본다면 서울 성주굿에서 보이는『황제풀이』와 경
기도 남부의 새성주굿에 구연되는『황제풀이』와 견주어질 수 있는 대
응하는 쌍으로 보인다. 죽음의례가 아닌 삶의 찬양과 집을 짓는 내력
을 서울 성주굿에서는 구비교술율문으로 구연하는 것과 달리 경기도
남부의 새성주굿에서는 이를 본풀이의 형태로『성주풀이』또는『황제
풀이』라고 해서 구연하고 있다. 황우양씨와 부인, 그리고 소진뜰의 소
진랑 등이 벌이는 삼각갈등에 기초하고 있는 본풀이이다.[7]

   이러한 선택이 어떠한 경로를 통해서 이루어지는지 현재로서는 알
기 어렵거니와, 그만한 정보를 현재 가지고 있지 않다. 다만 본풀이가
없이 경기도 남부의 새남굿에서 독자적인 무가인 〈죽엄의 말〉이 구연
되는 점을 이로써 알 수가 있을 뿐이다. 무가의 구연이 가지고 있는
연행적 특징은 다른 글에서 이미 밝혔으므로 그쪽으로 미루게 된다.

   산이들이 자신들의 독자적인 죽음의례를 창안하면서 무당들의 조
종인 만신의 몸주인 바리공주에 대해서 인정할 수 없었던 특징을 가지
고 있었을 개연성도 배제할 수 없다. 세습남무들인 산이들의 세계관적
인식이 이들과 다르기 때문에 자신들만의 독자적인 예술적 창조의 결
과가 이러한 구성 속에서 구체화되었을 개연성이 있다.

   본풀이 가운데 바리공주는 어떠한 의미에서 본다면 무당 자신들의
내력담이라고 하겠다. 그러므로 이 공주의 정체가 강신무권이 아닌
다른 고장에서 구현되는 것은 이해하기 어려운 특징이 있겠다. 세습무

---

6) 김진영·홍태한외,『바리공주전집』1–4, 민속원, 1996~2004. 이 전집에 바리공주의
    전국적 자료가 집결되어 있다.
 7) 서대석, 성주풀이,『한국민족문화대백과대백』, 한국정신문화연구원, 1990.
    서대석,『한국신화의 연구』, 집문당, 1999.

권에서 바리공주가 구연되는 사례도 있으므로 이들을 일반화하기는 어렵지만 산이의 새남굿에서 자신들만의 독자적인 굿거리로 확립하는 과정에서 이 무가인 〈죽엄의 말〉이 생성되었을 개연성을 배제할 수 없을 것이다.

4. 마무리

이 글은 경기도 남부 지역의 산이들에 의해서 죽음의례인 새남굿에서 연행되는 〈죽엄의 말〉을 분석하고 의의를 논한 결과이다. 논의된 결과를 요약하고, 그 의의가 무엇인지 밝히면서 이 무가의 가치를 말하기로 한다. 이에 대한 미해결의 과제를 제시하는 것으로 마무리를 삼고자 한다.

일단 이 무가는 남성세습무에 의해서 연행되는 무가이다. 역사적인 소종래가 비교적 분명하고 일제강점기인 1937년에 간행된 아카마쓰 지죠와 아키바 다카시의 『조선무속연구』에서도 이 무가가 경기도 시흥 무부인 하영운의 자료로 소개되어 있다. 이 문서를 검토하면 문서임이 분명하다. 그러나 이보다 앞선 필사본 무가로 1912년의 이종하 소장본으로 〈죽엄의 말〉임을 확인하였다.

이 자료는 역사적 성격이 분명하고 뚜렷해서 무가자료적 가치가 높은 자료임이 확인되었다. 〈죽엄의 말〉은 전생과 후생의 두 부분으로 되어 있으며, 망자의 죽음과 넋을 기준으로 하면서 저승의 지옥과 극락으로 도달하는 대목을 구현하고 있다. 이 지점에서 가지고 있는 무가로서의 의의가 분명하게 되어 있다. 이승과 저승의 구분에 입각해서 망자의 지옥과 극락에 도달하는 면모를 구성 내용으로 하고 있다.

이 무가는 구비교술율문적인 성격이 있는 무가로, 다른 교술시인 불교가사와 화청 등에 의해서 구현되는 면모를 가지고 있다. 동시에 불교적 세계관과 무속의례의 복합적 파생물이지만, 무속의 고유한 장단과 조로 연행하는 무가임을 알 수가 있다. 게다가 서울지역의 진오기굿 제차와 비교하면 특징이 구현되는 비교의 근거를 보이고 있다.

이상의 논의에서 〈죽엄의 말〉은 산이에 의해서 구연되는 무가임이 분명하다. 그런데 이 자료는 설득력을 더욱 가지려면 산이들이 맡아서 하는 굿거리들과 일정 비교가 이루어져야 한다. 가령 산이들이 길게 마달로 연행하는 〈군웅노정기〉〈뒷전〉의 무가와 비교하지 않을 수 없다. 산이의 연행물인 점에서 일정하게 비교될 수 있겠기 때문이다.

차이점이 있다면 도당굿에서 산이들이 하는 무가인 〈군웅노정기〉와 〈뒷전〉의 경우와 달리 이 무가들은 균등하게 다른 점이 있다. 장단의 구성이 다르고, 북반주와 더불어서 진행되는 도당굿의 마달과 다르게 이는 산이 혼자서 징을 들고 연행하는 것이 기본적인 특징으로 된다. 이 점에서 서로 비교가 필요한 대목이라고 하겠다.

다음으로 경기도 이외의 다른 고장에서 행하는 죽음의례의 굿에서 불리는 무가와 공통적인 견주기를 해야 한다. 그 점이 분명하게 논의된다면 이 자료의 성격이 한층 명확하게 규명될 가능성이 있다. 더구나 불교의 49재나 영산재와 견줌으로써 불교적 세계관을 가진 의례와 본질적인 비교가 논의될 수 있을 것으로 보인다.

〈죽엄의 말〉은 새남굿의 핵심적인 대목에서 연행되는 무가임이 분명하고, 이 무가는 그 존재의 의의가 분명한데도 불구하고 이에 대한 연구가 미흡한 형편이다. 이 무가를 통해서 연구를 새롭게 함으로써 산이들의 존재 의의를 입증할 수 있을 뿐만 아니라, 이들을 통해서 무속과 무가 연구에 일정한 기여를 할 수 있을 것으로 기대된다.

〈죽엄의 말〉에 대한 많은 의문이 있지만 실제로 해결된 것이 적은 이유는 이 자료의 의의를 통한 논의가 미흡하기 때문이다. 이 자료를 구실삼아 논의가 활발하게 개진되었으면 하는 소망이 있다.

경기 산이제『죽엄의 말』『티벳 사자의 서』 『이집트 사자의 서』의 비교

1. 세 가지 텍스트의 비교 방향과 준거

사람이 죽으면 어떻게 되는가? 사람에게 죽은 뒤의 영혼이 있는가? 사람이 죽으면 영혼이 부활하고 이승보다 더 좋은 곳인 저승으로 갈 수 있는가? 등등의 숱한 존재론적 의문이 있다. 이에 대한 확신과 믿음은 없지만, 적어도 인간의 내면 역사 속에 죽음에 대한 공통적 사고가 있으며, 영혼에 대한 비슷한 사고가 존재하므로 이를 비교하고 증명하는 것은 죽음만큼 헛된 생각은 아닐 것이다. 신이 있는가 있지 않은가 하는 등의 질문보다 중요한 문제이지만 이에 대한 본격적 언급은 그간에 없었던 것을 인정할 수 있다. 신앙의 양대 구성 요소 가운데 이 문제에 대한 접근을 새롭게 하고자 해서 이 문제를 다루고자 한다.

그렇다면 이 문제를 어떻게 접근할 것인가? 그것은 사람이 죽었을 때 하는 특별한 의례 속의 관념적 표현을 중심으로 논란을 하는 것이 바람직할 것으로 이해된다. 그러한 사고를 적절하게 드러내는 것은 여러 가지가 있지만 가장 강력하고 영향력이 있는 예증이 필요한데, 그것이 바로 위의 제목을 표방한 세 가지 죽음의례에서 표현된 말과 글이다. 말과 글을 합쳐서 우리가 텍스트라고 한다면, 이는 죽음의 텍스트들이 있으므로 이를 중심으로 비교하는 것이 이상적이다. 비교는 공통점과 차이점이 있을 때 구체적인 가치와 의의가 있다고 판단된다.

인류 역사 속에 이룩한 죽음의 문화 가운데 죽음과 영혼의 부활에 대한 본질적인 문제를 제기한 여러 신화와 자료가 존재하지만 죽은 뒤에 행해지는 의례나 문서 속에서 죽음에 대한 관념을 기록한 여러 가지 텍스트들이 존재한다. 이 텍스트 가운데 위의 질문에 답을 마련한 자료는 여러 가지가 있다. 그것이 바로 세 가지인데, 이 『죽엄의 말』 『티벳 사자의 서』『이집트 사자의 서』 등은 독특한 기록으로 남아 있으며, 이 문서는 일정한 죽음의 관념과 사후 인간의 근본적 사고를 보여주는 자료이므로 소중한 의의가 있는 것으로 평가된다. 이 기록의 소중한 의의를 이러한 각도에서 재론할 수 있을 것으로 본다.

세 텍스트는 각기 일정한 시차를 가지고 있으므로 이들에 대한 개괄적인 면모를 일단 유념하면서 무엇을 어떻게 비교할 것인가 하는 논란을 벌일 수 있을 것으로 본다. 『이집트 사자의 서』(*Egyptian Book of the Dead*)는 이집트 신왕국시대인 기원전 1552년에서 기원전 1070년경에 이룩된 것으로 지금으로부터 3500년경부터 3000년경에 이룩된 문서이다.

『티벳 사자의 서』(བར་དོ་ཐོས་གྲོལ, Bardo Tödröl, *Tibetan Book of the Dead*)는 기원후 8세기경에 이룩된 경전으로 위대한 인도인 승려였던 파드마삼바바(Padmasambhava)가 설한 것을 그의 수제자인 예세 초갈(Yeshe Tsogyal)이 받아 적었으며, 이것이 티벳 중부의 감포 언덕(Gampo hills)에

문혔다가 티벳의 후대 승려인 19세기의 카마 링파(Karma Lingpa)에 의해서 발견된 문서이다.

『죽엄의 말』은 경기도 세습남무들인 산이들이 전승하는 구전하던 것을 기록한 문헌으로 일제강점기인 20세기 초엽에 발견된 것으로 시흥의 하영운과 오산의 이종하-이종만 산이 계열의 문헌으로 확인된다. 산이들의 새남굿에서 이를 구전하던 것인데, 이를 기억의 편의를 위해서 기록으로 정착한 것이 현재 전승되고 있다. 두 문서는 각기 구두로 전승되고 문자로 정착된 것으로 매우 중요한 의의가 있는 문서이고, 이를 제목으로 죽엄의 말이라고 하는 것은 이 문헌의 중요성 자체를 보여주는 구체적 증거이다.

세 텍스트를 각기 서로 비교하면 대략 이집트 문헌을 기준으로 후대 2300년과 3000년의 시차가 있어서 균질감은 없지만 대체로 비슷한 사상을 가지고 있으므로 이에 대한 본격적인 비교가 불가피하다. 그렇게 한다면 인류의 내면 역사 속에서 발현된 죽음에 대한 의례적 공통점과 함께 영혼, 영혼의 처리방식 등에 대한 깊은 이해를 도모하면서 인간의 특정한 죽음 관념을 규명할 수 있을 것으로 판단된다. 오히려 역사적인 시차가 큰 자료를 비교하면서 깊은 차이점에도 불구하고 인류의 영혼과 부활을 믿는 특별한 면모를 일관되게 규명할 수 있을 것으로 본다. 그러한 점에서 이 세 텍스트는 본질적인 논의가 필요하다.

두 텍스트에 대한 비교는 적지 않게 이루어졌으며, 이미 일정한 성과에 대한 비교 결과를 낳았다고 생각한다.[1] 텍스트의 비교가 전제된

---

1) W. Y. Evans-Wentz, ed. *The Tibetan Book of the Dead*, Oxford University Press, 1957. 개괄적인 비교가 이 저작에 의해서 이루어졌는데, 이 저작에서 이집트의 사자의 서와 티벳의 사자의 서를 비교하면서 근본적인 관념적 유사성이 내재해 있음을 밝혔다.

비교였지만, 대체로 인상적인 비교가 전부이고 본질적인 비교는 이루어지지 않았다고 생각한다. 이를 위해서 필요한 것은 학문적 구조의 비교가 요청되는데 이 방법을 선택하면서 이를 집중적으로 논하는 지혜가 필요하다고 하겠다. 이제 세 가지 문서를 비교하게 되면 단순한 공통점보다 본질적인 비교가 가능하게 되며, 아울러서 이에 대한 구조적 공통점을 논할 수 있으리라 기대된다.

가장 핵심적인 비교 준거는 죽음 이후의 세계 구성에 관한 요체이다. 죽음을 자연적인 소멸이라고 보는 것과 달리 특정한 세계로 이동하고, 그곳의 신과 관련된다고 하는 것이 기본적 관점이다. 이에 대한 구조적 고찰이 이 비교의 핵심 관건이 된다. 그러나 이 관념은 매우 복잡하고, 단순한 고찰로 그칠 수 없으며 신들에 의해서 구성되는 저승의 관념을 견주는 작업이 요구된다. 신에게 찬양을 바치고 새로운 존재로 거듭나는 것이 이 관념의 핵심적 도달점이 된다. 이를 비교하는 작업이 가장 긴요한 과제로 된다.

이 글에서 시론적이기는 하지만 개괄적 소개를 하고 장차 본격적인 비교를 하기 위한 서론격에 해당하는 작업을 하고자 한다. 글의 순서는 각각의 문헌에 대해서 고찰하고, 나중에 종합적인 비교를 하기로 한다. 죽음의 신화, 죽음의 종교적인 신학, 죽음에 대한 인류 전체의 통찰 등을 통해서 인간이 직면하고 있는 기본적인 실상을 알고, 이에 따라서 죽음에 대한 인식보다 인간의 근본적 사유를 이해하는 데 목적이 있으며, 죽음보다는 삶의 진정성을 이해하는 것이 궁극적인 도달점이라고 할 수 있다. 삶의 진실한 자각과 명확한 인식을 기초로 해서 이를 근거로 마땅한 삶을 살아가는 것이 근본적 도달점이라고 믿으면서 이 글을 서술하고자 한다.

　이집트에 대해서는 상세하게 서술하고, 티벳은 그 다음으로 서술하고, 우리에 대해서는 소략하게 서술하는 방법을 선택하기로 한다. 그 이유는 원근법적으로 시간상으로 오래되었으며, 공간적으로 멀리 떨어진 곳은 생소하고 잘 알지 못하므로 이를 상세하게 서술하는 것이 바람직하다. 아울러서 우리 것은 비교적 간단하게 알 수가 있으므로 우리의 텍스트는 간략하게 언급하고 이에 대한 해석 위주의 기술을 하기로 한다. 우리를 중심으로 서술해야 마땅하지만 다른 각도에서 보면 모르는 것을 위주로 해서 서술하면서 뒤로 가면서 우리를 언급하는 것이 효과적일 수 있다.

　세 곳의 텍스트는 철저하게 기록된 문서이다. 그것이 상형문자로 되었든 그림과 함께 제시되었든 그 자체로 긴요한 의미가 있으므로 이를 중심으로 논의하는 것이 바람직하며, 문서를 중심으로 말하면서 여기에 관련된 의례와 신에 대하여 서술하는 것이 아주 중요한 서술의 순서이다. 신과 인간의 관계를 서술하고 인간의 영혼에 대한 문제 등을 서술하는 것도 하나의 방법이다. 이 글에서 이를 주안점으로 서술한다.

2. 『이집트 사자의 서』(Egyptian Book of the Dead)

　고대의 이집트인들은 사람이 죽어서 미라로 만들어져 매장되면 오시리스(Osirs) 앞에 서게 되어서 마침내 부활할 수 있다고 믿었다. 고왕국시대에는 왕만이 이러한 특권을 누릴 수 있다고 관념했으나, 중왕국시대와 신왕국시대에는 일반인들도 이러한 권능을 모두 믿을 수 있다고 하면서 이 관념이 보편화되는 과정을 겪게 된다. 시대적 변화와 함께 그러한 과정에서 텍스트에 이러한 관념이 적힌 상형문자 기록들이 출현하게 된다. 『이집트 사자의 서』는 고왕국시대에는 피라미드의 문서(Pyramid Texts), 중왕국시대에는 관의 덮개인 관에 적힌 텍스트 또는 코핀 텍스트(Coffin Texts), 신왕국시대에는 사자의 서(Book of the Dead) 등에서 이러한 문서 등이 나오게 된다. 이 글에서 다루고자 하는 것은 바로 신왕국시대의 문서인 『이집트 사자의 서』를 말하는 것이다.

고대 이집트인들의 사후세계를 가장 잘 보여주는 문헌은 기원전 16세기에 등장해 이집트가 멸망할 때까지 지속적으로 사용된 소위 『이집트 사자의 서』(기원전 1550~50년)라는 장례에서 쓰이는 관에 적힌 문서이다. 『이집트 사자의 서』의 원래 이집트 명칭은 '루 누 페레트 엄 헤루 (rw nw prt m hrw, ⸻)'로 그 의미는 '빛으로 나오기 위한 책' '빛을 찾아 나서는 책'이라는 뜻이다. 『이집트 사자의 서』는 죽음을 맞이한 자가 '두아트(Duat, ⸻)'라는 가장 깊은 지하세계를 지나 사후세계로 여행하면서 다음 세계로 진입하기 위해 필요한 반드시 외워야 할 주문을 모아둔 책자로 결국에는 이러한 것들을 가능하게 하는 주문을 총괄적으로 모은 문서 모음집이다. 이 저작의 중요성은 부활을 위한 필수적인 교과서인 셈이다. 지하세계와 저승 세계를 통과하는 데 있어서 가장 필수적인 것으로서의 의미를 가능하게 하는 것이 바로 사자를 위한 책자인 셈이다.

『이집트 사자의 서』는 단일한 판본으로 되어 있지 않다. 여러 가지 문서가 존재하지만 이 가운데 기본적인 저작을 왕조별로 분할하여 말하는 것이 일반적인 구분 방법이다. 이를 흔히 헬리오폴리스 텍스트, 테베 텍스트, 사이테 텍스트 등으로 구분한다.[2] 헬리오폴리스 텍스트는 기원전 2494년에서 2181년경인 제5왕조와 제6왕조 시대에 사용된 것으로 사카라의 피라미드 벽과 무덤의 현실 내에서 발견된 것으로 상형문자로 기록되어 있는 판본이다. 두 번째 테베 텍스트는 기원전 1568년부터 1085년경인 제18왕조로부터 제20왕조까지 관과 파피루스에 기록된 것을 모은 것으로 가장 널리 알려진 문헌들이 이 시기의 것으로 널리 알려져 있다. 세 번째 사이테 텍스트는 기원전 664년 제26왕조 이후 상형문자, 신성문자, 민중문자로 파피루스나 관, 기타 상징물에 기록된 것을 집대성한 것으로 프톨레미 시대의 것이 가장 널리 알려져 있는 판본들이다.

　이 가운데 중심적인 구성으로 완벽한 체계를 보여주고 있는 것이 윌리스 벗지(Ernest Alfred Wallis Budge, 1857~1934)의 판본이다. 아니의 파피루스는 전체 길이가 78피트로 되어 있으며, 여섯 개의 파피루스로 구성되어 있다. 1888년 테베에서 발견되었으며, 현재는 대영박물관에

---

2) Ernest Alfred Wallis Budge, *The Book of the Dead: The Papyrus of Ani,* ―Scribe and Treasurer of the Temples of Egypt, about B.C. 1450. In Two Volumes. A Reproduction in Facsimile Edited, with Hieroglyphic Transcript, Translation and Introduction, Philip Lee Warner; G. P. Putnams Sons; Elibron Classics edition, 1913.

　E. A. Wallis Budge, *Amulets and superstitions:: The original texts with translations and descriptions of a long series of Egyptian, Sumerian, Assyrian, Hebrew, Christian, … astrology, etc.*, Oxford University Press, H. Milford, 1930.

　E. A. Wallis Budge, *The Egyptian Book of the Dead,(The Papyrus of Ani)*―*Egyptian Text, Transliteration, and Translation,* 1968.

　Dr. Raymond Faulkner, *The Egyptian Book of the Dead*: The Book of Going Forth by Day ― The Complete Papyrus of Ani Featuring Integrated Text and Full―Color Images, Chronicle Books, 2008.

소장되어 있으며, 여러 파피루스 문헌 가운데 가장 아름답고 내용이 풍부한 것이며,『이집트 사자의 서』가운데 전형적인 범례에 해당한다고 평가된다. 아니는 제18왕조의 투트모스 3세시대인 기원전 1450년에서 1440년경에 살았던 인물로 테베와 아비도스에서 신전에 공납하는 곡물과 가축을 관리하는 궁정의 서기였다. 주문과 삽화에 등장하는 그의 부인 투투는 아몬 신전의 신악을 연주하는 시스트럼을 들고 있는 것으로 보아서 악사이거나 악기 연주자였을 가능성이 있다.

『이집트 사자의 서』는 모두 190장으로 구성된다. 아니가 명계로 가는 사자의 모델로 나오는 것으로 주된 내용은 전반부와 후반부로 구성되는 것이 일반적이다. 전반부에는 장례식 때에 외우는 여러 가지 주문, 사자로 무덤에 자유롭게 출입하는 주문, 사자와 함께 묻는 작은 인형인 유샤브타를 사자의 명령대로 움직이게 하는 주문 등이 있으며, 태양의 일출과 일몰에 따르는 태양신 라에 대한 찬가, 죽음의 신인 오시리스에 대한 애도의 노래, 천지와 신들의 기원에 관한 노래 등을 집중적으로 불러주는 것을 볼 수가 있겠다. 사자에게 생명을 주는 의례, 사자에게 심장을 주는 의례, 악어·뱀·산고양이 등이 사자를 해치지 못하게 하는 주문, 무덤 속에서 공기와 물을 얻는 주문, 무덤에서 떠나는 방법, 테베의 수호신 프타와 오시리스로 변신하는 주문, 무덤에서 떠나는 방법, 영혼과 육체를 합치시키는 주문, 무덤에서 영혼을 탈출시키는 주문 등이 주된 구성으로 되어 있다.

『이집트 사자의 서』후반부에는 배를 타고 오시리스가 사는 섬으로 가기 위한 주문, 태양신 라가 타는 배, 사자가 사는 서방의 낙원 아멘티와 그곳에 있는 도시 등에 대해서 말한 뒤에 제125장에서 영혼의 심판이 이루어지게 된다. 그곳에서 오시리스와 이집트 각지에서 온 42주의 신들 앞에서 생전에 학대·모독·폭행·살인·부정 등의 나쁜 짓을 하지 않았다는 것을 선언하게 된다. 개 형상의 신 아누비스가 아니의 영혼을 나타내는 심장과 진리의 여신 마트를 나타내는 새의 깃털의 무게를 천칭으로 비교하여 균형이 맞으면 아니의 무죄가 인정된다. 비교 결과는 서기의 신인 토트가 기록한다. 그 뒤에는 괴물 아만(아메미트)가 물러 서 있다가 유죄로 판결된 영혼을 먹어치운다. 이것이 바로 제2의 죽음이다. 심판을 무사히 통과한 아니는 호루스의 인도로 오시리스 앞으로 간다. 마지막에는 아니와 오시리스를 찬양한다. 육체적인 죽음과 영혼의 죽음을 고려하면 제1의 죽음과 제2의 죽음을 이해할 수가 있을 것이다.

『이집트 사자의 서』에서 가장 중요한 대목은 오시리스가 지켜보는 가운데 사자의 부정을 고백하고 이어서 자신의 죄악을 심판받는 대목이라고 할 수 있다. 인간이 살아생전에 저지른 죄를 모두 고백하고 합당한 평가에 의해서 새로운 존재로 부활할 수 있다고 하는 것이 근본적 면모이다. 죽음, 무덤에서의 벗어나기 위한 것과 함께 오시리스에게 가서 그곳에서 새로운 존재로 전환하는 것이 기본적인 사고 발상이라고 할 수가 있겠다. 그런데 이곳에서 존재의 전환은 반드시 부활을 말하는 것이고 오시리스와 같은 존재가 되어야만 새로운 존재로 전환할 수 있다고 관념한다.

『이집트 사자의 서』 가운데 죄인이 심판을 받는 것을 핵심적으로 보여주는 제125장의 한 대목을 보면 다음과 같다. 사후 세계가 존재하고 사후의 심판을 받을 수가 있다고 하는 관념을 보이면서 이러한 과정의 자신의 죄에 대한 진실 고백을 하고자 하는 대목의 놀라운 면모가 있는 것을 우리는 심각하게 인식해야 할 것으로 보인다. 이 대목에서 마트(Ma'at)의 법정에서 진실을 말하겠다고 하는 찬양을 하고 부정을 고백하는 것을 볼 수가 있겠다.

1. Hail, Usekh-nemmt, who comest forth from Anu, I have not committed sin. (찬양, 아누의 장차 먹을 수 있는 우스케 넴트시여, 저는 죄를 짓지 않았습니다.)

2. Hail, Hept-khet, who comest forth from Kher-aha, I have not committed robbery with violence. (찬양, 아누의 케라하의 장차 먹을 수 있는 헵트케트시여, 저는 폭력으로 남의 것을 강탈하지 않았습니다.)

3. Hail, Fenti, who comest forth from Khemenu, I have not stolen. (찬양, 케메누의 장차 먹을 수 있는 펜티시여, 저는 남의 것을 훔치지 않았습니다.)

4. Hail, Am-khaibit, who comest forth from Qernet, I have not slain men and women. (찬양, 퀘르테의 장차 먹을 수 있는 암카이비트시여, 저는 남자와 여자를 살해하지 않았습니다.)

5. Hail, Neha-her, who comest forth from Rasta, I have not stolen grain. (찬양, 라스타의 장차 먹을 수 있는 네하헤르시여, 저는 남의 곡식을 훔치지 않았습니다.)

6. Hail, Ruruti, who comest forth from heaven, I have not purloined offerings. (찬양, 하늘로부터의 장차 먹을 수 있는 루루티여, 저는 신의 봉납물을 훔치지 않았습니다.)

7. Hail, Arfi-em-khet, who comest forth from Suat, I have not stolen the property of God. (찬양, 수아트의 장차 먹을 수 있는 아르피 엠 켓트시여, 저는 신의 소유물을 훔치지 않았습니다.)

8. Hail, Neba, who comest and goest, I have not uttered lies. (찬양, 먹을 수 있고 계실 수 있는 네바시여, 저는 거짓말을 하지 않았습니다.)

9. Hail, Set-qesu, who comest forth from Hensu, I have not carried away food. (찬양, 헨수로부터 장차 먹을 수 있는 세트케스시여, 저는 음식을 옮기지 않았습니다.)

10. Hail, Utu-nesert, who comest forth from Het-ka-Ptah, I have not uttered curses. (찬양, 헷카푸타의 장차 먹을 수 있는 우투네세르트시여, 저는 모독하지 않았습니다.)3)

『이집트 사자의 서』를 온전하게 이해하기 위해서 필요한 것은 바로 이집트 신화와 문화를 이해하는 것이다. 이 이해가 전제되지 않는다면 『이집트 사자의 서』에 대한 타당한 이해를 도모할 수 없다고 판단된다. 그러므로 개괄적으로나마 이집트 신화의 특징과 성격을 알아보는 작업이 필요하다고 할 수가 있겠다. 자료에 대한 이해가 전제되기 위해서도 이러한 이해는 불가피하다고 하겠다. 고대 이집트에 대한 선이해나 전이해의 과정이 필요하다.

이집트 텍스트를 이해하는 데 있어서 전제되는 신화와 신에 대한 이해는 간단한 것은 아니지만, 대체로 본다면 일차적으로 신, 인간, 인간의 문화와 사회를 관장하는 신격이 있다. 이것이 서로 긴요한 것이라고 할 수가 있다. 신은 일단 거칠게 말하자면 다신론의 성격을 가지고 있지만, 다른 각도에서 본다면 여러 신격을 혼합하여 계통이나 소종래를 달리하는 것들을 모두 연결하고 있음이 확인된다.

세상이나 세계의 구성요소 모든 것을 신으로 상정하고 있는 형국이라고 해도 과언이 아니다. 통일적인 작용을 하는 신격도 존재하지 않으면서 여러 분야의 신들을 모두 구성하고 있음이 확인된다. 신과 함

---

3) Ernest Alfred Wallis Budge, *The Book of the Dead*, pp.576~577

께 인간의 구성요소도 매우 중요하다. 왜냐하면 인간의 영생을 위해서
는 바로 인간의 몸 구성이 긴요하게 파악되기 때문이다. 따라서 이집
트 신의 성격 파악, 인간의 구성요소에 대해서 알아보아야 하고, 다음
으로 인간의 문화와 사회적 특징을 결정하는 여러 가지 문화적 신격에
대해서도 알아보아야 할 것으로 추정된다.

이집트 신화의 신앙과 문화적 특징을 이해할 수 있는 세 가지 요소
에 대한 이해를 도모하기 위해서 세 가지 측면의 접근을 하고자 한다.
이집트 신의 특징을 살펴보고, 다음으로 인간의 육신을 구성하고 있는
다섯 가지 요소에 대해서 알아보고, 마지막으로 인간 사회의 근간이
되는 마아트에 대해서 살펴보고자 한다. 이와 같은 것은 이집트 죽음
관을 이해하는 데 필수적인 요소가 되기 때문이다. 그렇기 때문에 이
에 대하여 기존의 연구 업적에 의해서 이를 재서술하기로 한다.[4]

1) 이집트 신의 특징

신이 있는가 하는 의문과 의심이 있다면 인류의 전체적 역사는 황당
하기 그지없다. 신에 대한 일반적 특징을 가장 정치하게 보여주는 지

---

4) Siegfried Morenz/Ann E. Keep(Translator), *Egyptian Relgion* (Routledge Library Editions:
Anthropology & Ethnography), Routledge, 2004.

E. A. Wallis Budge, *Egyptian Religion,* Book Tree, 2009.

배철현, 이집트 문화와 신화, 『신화와 역사』 서울대학교 2009학년도 강의 자료. 그
이전에 있었던 신화 아카데미의 세미나 자료에서도 발표한 바 있으므로 이를 활용한다.
이동규, 「고대 이집트인의 사후 세계와 영혼 이해」, 『중앙사론』 31집, 중앙대학교
중앙사학연구소, 2010, 197~227면.

네 저작에 의거해서 이하의 내용을 축약하고 정리하면서 소개하기로 한다. 대부분
배철현 교수의 저작을 근거로 하여 이를 다시 서술한다. 이집트인의 사후 관념에 대한
총괄론이 있어서 도움이 된다.

역의 신화가 이집트 신화이고, 이집트 신화의 신은 매우 복잡하면서도 자연주의적 성격을 갈무리하여 가지고 있는 점을 보여준다. 자연의 구성 요소로 작용하면서 다신전을 구성하고 만신전에 신을 모시고 있기 때문이다. 이집트 신의 특성은 각별하고 이를 밝혀서 우리는 인간의 삶에 대한 이해를 도모해야만 한다. 이집트 신의 일반적 특성을 지향하면서 어떠한 특징이 있는지 신의 일반론을 살피는 것이 필요하다. 도시를 중심으로 이룩한 신들의 특징을 일일이 예거할 수 없고, 일반적인 특성을 중심으로 서술하지 않을 수 없을 것이다.

이집트 신은 하나의 신이 아니라 여러 가지로 나뉘어져 있는 다신론이나 만신전의 특성을 가지고 있다.[5] 단일한 신이 아니라 직능에 의해서 구분되는 여러 신들을 가지고 있는 점에서 다신론이나 만신론의 특성을 가지고 있다고 할 수 있다. 특히 주목할 만한 것은 신이 이 우주를 구성하는 하나의 요소나 일정하게 기능을 하는 힘에 지나지 않는다고 관념한다. 이를테면 이집트의 신들과 여신들은 세상의 요소이자 힘에 지나지 않는 것이었을 말하고 있다. 이집트의 신들은 구성력을 가지고 있을 뿐이고, 세상사에 직접 개입하면서 이들을 다스리거나 인간의 세계에 개입하는 특징을 가지고 있다고 간주되지 않았다.

자연의 존재 구성 요소들이 하나하나 요소에 해당하고, 이들이 일정하게 작용하면서 힘을 발휘하는 것을 특징으로 한다. 그렇기 때문에 우리는 하나의 요소와 힘에 대한 해명은 인정되지만 그것들이 총괄적으로 상호작용을 어떻게 하는가 하는 점에 대해서는 의문을 가지지 않을 수 없다. 이들이 서로 연결되는 방식이 서로 유기적으로 구성되

---

5) 배철현, 이집트 문화와 신화,『신화와 역사』서울대학교 2009학년도 강의 자료.

고 아울러서 함께 일관된 계보를 구성하는 것이냐에 대해서는 일정한 의문이 생기기 때문이다. 그렇기 때문에 여러 가지 요소들이 혼합되는 혼합주의(syncretism)적 면모를 가지고 있음이 이따금씩 발견되는 것을 볼 수가 있다. 그러한 각도에서 인간에게 일정하게 간섭하거나 개입을 하지 않는다고 하는 것은 주목할 만한 것이라고 할 수 있다.

가령 그리스의 제우스신이 계보적인 구성을 통해서 여러 신들을 연결하고 이들이 인간과 총합적인 각도에서 일정한 관련성을 가지는 것을 흔히 볼 수가 있다. 가령 인간의 세계에 개입하여 번개로 세상을 다스리는 것은 그리스신화의 특징이다. 이처럼 고대 이집트의 신들은 세상의 현상들을 다스리거나 조절하지 못한다고 관념한다. 이집트의 신과 여신들은 단지 세상의 일부 구성 요소에 해당하고 이들의 관련을 주목할 만한 것들을 가지지 못하고 있다. 그렇기 때문에 이들의 신들을 우리는 자연신의 요소나 아직 본격화된 신인동형설과 같은 성격을 지닌 신이라고 하는 점을 볼 수 없다. 아울러서 우리는 이러한 특질들을 이집트 신들이 '자연 현상에 내재'한다고 이해를 하지 못하고 있다. 구체적인 예증을 들어서 말한다면, 바람은 슈(Shu)신이라고 관념한다. 이집트 고대의 한 문헌을 통해서 본다면, 슈신은 자신을 "나는 슈이다 … 나의 옷은 공기이다 … 나의 피부는 바람의 입력이다"라고 말하고 있다. 이집트인들이 얼굴에 바람이 부는 것을 느끼면, 슈신이 자신을 쓰다듬는다고 생각했다. 내재적 원리나 신성을 가진 존재로 여겨지지 않으면서 자연과 인간의 세계 구성요소로서만 작동하고 있음이 구체적으로 확인된다.

그러한 관점에서 이집트의 신들은 자연의 요소이고, 자연의 요소로서 이를 구현하는 존재로 간주되었음을 볼 수 있다.[6] 그렇기 때문에 이들에 대한 구성 요소를 감지하고 이들을 작동하는 것을 볼 수 있다면 이들의 신에 대한 일정한 구성 요소와 특징을 통해서 이들을 인식할 수 있는 자연의 요소들과 힘들이 수백 개가 존재하여 이에 대등하는 신들의 요소가 많음을 쉽사리 이해할 수 있다. 이집트 신들이 헤아릴 수 없는 신들의 종류가 많은 것은 이와 같은 데서 유래된다. 신들의 수가 많았을 뿐만 아니라 자연의 요소처럼 구성 요소에 대한 개체수가 많았음을 알게 된다. 신들 가운데 필연적으로 간주되는 중요한 신들이 존재한다. 이 신들의 가장 중요한 요소들이 필요하게 되는 것은 강력한 자연현상들이다. 만신전에 모셔진 여러 신들을 살펴보면 이러한 구성 요소에 입각한 주요한 신들의 정체를 파악할 수가 있다.

만신전에 모셔진 신들이 일정하게 신들 속에 관련을 가지면서 이들이 일정한 기능과 요소를 가지고 있으나 이들의 존재는 상호적인 특성을 가지고 있으며, 인간세계에 지속적으로 작용하지는 않는다. 자연의 요소에 해당하고 이를 기능하고 작동하도록 돕기 때문에 단지 이들의 존재를 구현하고 섬기는 것만을 핵심으로 하고 있음이 드러난다. 이집트신들을 매우 광범위하고 더욱 복잡한 만신전의 특성을 가진다고 하는 것이 이러한 사정 때문이다. 신과 여신들이 수백 가지이고, 이들이 역사적으로 숭배되었음을 말하고 있다. 특히 한 개인의 신격을 정확하게 서술하는 것은 불가능하다고 할 수 있다. 그만큼 이 신들은 다양하고 매우 이채롭고 복합적인 성격을 지니고 있기 때문이다.

고대 이집트 문화와 신화를 보고 있노라면, 이들의 전통적인 면모가 모두 피라미드와 같은 회화와 문서, 그리고 신전을 장식하고 있는 조

---

6) 배철현, 이집트 문화와 신화, 『신화와 역사』 서울대학교 2009학년도 강의 자료.

각과 문서, 그리고 파피루스의 텍스트로 남아 있는 다양한 모습들이 살아 있음을 우리는 느끼게 된다. 이들의 전통적인 면모가 특정한 도시를 중심으로 해서 살아 있었는데 헬리오폴리스, 멤피스, 그리고 헤르모폴리스의 만신전들을 통해서 구체적으로 구현되어 있음이 살펴진다. 이러한 전통적인 만신전과 이 신들의 하나 하나 신화가 있어서 이들의 신화에 있어서 가장 풍부한 예증을 과시하고 있는 점을 알아볼 수가 있다. 그러한 문화적 장식과 유산을 통해서 우리는 고대 이집트인들의 상상과 인상을 깊게 만나볼 수가 있음을 시인하지 않을 수 없다. 하나 하나의 신화는 그 자체로 완결되어 있으며, 깊은 울림을 우리에게 남겨준다. 신들을 체계적으로 알면서 이들의 신들에 대한 직능과 의미를 아는 것은 중요한 문제이다.

이집트의 주요 신격들을 보면 자연 요소와 함께 인간의 여러 가지 감정이나 신성한 원리마저도 신들이 배분되어 있음이 확인된다. 아툼(Atum)은 모든 물질의 원천이 되며, 게브(Geb)와 누트(Nut)는 땅과 하늘이다. 슈(Shu)는 대기이며, 레(Re)는 태양이다. 오시리스(Osiris)는 세대의 남성의 힘을 의미하며, 이시스(Isis)는 모성의 여성원리를 나타내는 존재이다. 인간행위의 추상적인 원리라고 생각하는 요소들에도 모두 신과 여신이 있었다고 간주한다. 예를 들면 질서와 조화는 타조의 깃털에서 유래되는 마아트(Maat), 무질서와 혼돈은 세트(Seth)이고, 이에 대응하는 것으로서의 창조는 프타(Ptah)이고, 이성은 토트(Thoth)이고, 분노는 세크메트(Sekhmet)이며, 사랑은 하토르(Hator)이다. 추상적인 원리를 신들로 보이고 이를 개념으로 발전시키지 못한 것으로 보아서 이집트 신들의 단계별로 보아서는 자연신화적 특성이 우세함을 보이고 있다.

파라오와 같은 이집트 왕권의 힘은 호루스(Horus)였다.7) 이것은 자연의 절대 지배력을 갖는 태양과 인간사회에서 절대 권력을 가지고 있는 것으로 이를 파라오(Pharaoh)에 의해 구현된 것이었다고 간주한다. 제정일치사회의 특성을 가장 강력하게 유지하고 있었으며, 신화적인 권능이나 능력에 의해서 왕조를 다스리는 특징을 거의 그대로 구현하는 점을 볼 수가 있다. 우리가 종교와 통치체제(정부)를 준별하는 것은 고대의 이집트인들에게 거의 있을 수 없는 일이었다. 이집트 사람들과 왕조의 권능을 가진 이들인 그들에게 왕권이라는 것 자체가 신성한 힘이라고 간주되었음을 알 수가 있겠다. 고대 이집트인들은 한 개인으로서의 왕을 몰아내고 죽일 수는 있었지만, 상대적으로 이들을 유지하고 있는 것의 이념이나 체계로서의 파라오 체계를 그 어떤 다른 통치체제로 전환하려는 시도나 생각을 아예 가질 수 없었음을 볼 수가 있겠다. 태양을 대신할 그 어떤 것을 생각할 수 없는 것과 같은 이치라고 할 수 있다.

더욱 주목되는 것은 일상생활에서도 신들의 의지를 구현하는 것을 볼 수가 있었다. 이집트인들은 일상생활의 현상 속에서도 아울러서 이들 신들이 어떻게 자신의 의지와 행위를 실현하고 달성하는지 하는 문제를 살펴볼 수가 있었다. 가령 레(Re)신은 매일 빛과 온기가 회귀하는 것에서 자신의 신성과 의지를 달성하고, 오시리스와 이시스는 탄생의 기적 속에서 사람의 삶과 죽음, 그리고 부활하는 것을 구현하고, 마아트와 세트는 인간관계속의 화합과 분열 속에서 신들의 의지를 드러내는 것이고, 프타와 토트는 건축물과 예술과 문학의 창조 속에서

---

7) 배철현, 이집트 문화와 신화, 『신화와 역사』 서울대학교 2009학년도 강의 자료.

신의 의지와 신성한 권능을 구현하고, 호루스는 삶 자체를 가능케 하는 왕권 속에서 신성한 의지와 신들의 질서나 원리를 드러내고자 한다.

아울러서 이 세계를 구성하고 있는 다양한 사례와 여러 가지 많은 경우에서 이집트인들은 그들이 믿고 따르면서 섬기기도 하는 신이 특정 동물의 형상으로 형상화되어 나타나는 것을 볼 수가 있었다. 호루스는 새매(falcon)로서 모든 생명체들의 위로 날아오르고, 세크메트는 사자의 사나움 속에서 자신의 형상을 드러낸다. 신들의 형상과 부조, 이들의 의지를 드러내는 것을 통해서 우리는 이집트의 무덤 예술들을 통해서 신들의 의지와 형상을 구현하는 구체적인 사례들이 이집트 예술작품 속에 나타는 동물의 두상을 가진 신의 그림을 이해하는 데 적절한 준거와 작품 이해의 근거를 제공하게 된다.

예컨대 이집트인들에게 사자머리를 한 여자의 그림은 두 가지의 의미를 환기하게 된다.8) 하나는 이는 인간 여자의 그림이 아니고 여신이라고 하는 의미를 환기하게 한다. 두 번째로 이 의문의 여신은 세크메트라는 것을 의미한다. 결과적으로 이러한 신의 형상에 의한 부조가 다른 의미를 가지게 되면서 성각문자의 기원을 이룩하게 된다. 이런 그림들은 그림에 그려진 것처럼 그들의 외모가 어떤지를 나타내려는 것이 아니라, 다른 각도에서 성각문자의 형태로 발전하면서 '큰 규모'를 뜻하는 표의문자로 전환되는 것을 볼 수 있다.

고대의 이집트인들은 신들이 모든 자연과 인간 행위 속에서 작용한다고 믿었기 때문에 그것들을 설명하고 다루기 위해서는 자연스럽게 신들에게 초점이 맞춰지게 되고 이들의 관계와 의미를 통해서 새로운

---

8) 배철현, 이집트 문화와 신화, 『신화와 역사』 서울대학교 2009학년도 강의 자료.

체계적 이해를 도모하게 되었다. 그러한 의미에서 고대의 이집트 신화들은 현대의 과학 교과서의 등가적인 상관물이 된다. 그 고대 이집트의 신화와 현대의 과학 교과서는 상대적이고 공통적으로 이 세계가 어떻게 구성되고 작용하면서 왜 그런 식으로 작용하는지를 해명하고 있다. 특히 고대의 이집트의 찬양가, 기도문, 제의식 등은 유전공학이나 핵발전소와 같은 공통적 해명의 방식이나 공유하는 목적을 지니고 있다. 그 두 가지 형태 이론적 해명의 목적은 자연의 영향력을 중재하여 인간에게 되도록 이익의 요소로 전환 시키는 공질성을 가지고 있음이 확인된다.

비록 이집트인들이 자연현상과 사회현상을 개별적으로 작동하고 있으며 이들의 작동 현상은 독립된 신성한 힘을 가지고 있는 것으로 보기는 하였으나, 이들은 서로 분리되지 않고 깊은 연관성을 가지면서 이들은 각각의 처지에서 그 중 많은 것들이 상호 연관되어 있음을 보이고 있음이 확인된다. 동일한 신성력의 다른 측면에서 공통된 요소와 작용하는 것을 이해할 수도 있다는 것도 알고 있었다. 이와 같은 자연현상과 사회현상에 대한 이해의 방식은 비유적으로 말한다면 여러 가지 혼합주의적 사고방식의 관습 속에서 찾아볼 수 있다. 구체적인 예증을 들러서 말한다면, 태양에 대한 다양한 면모를 살피면서 이러한 점을 이해할 수가 있을 것이다. 태양은 열과 빛의 물리적인 근원으로서 레(Re)신으로 나타나는 것을 흔히 설정하고 있다. 이와 달리 새벽녘에 아케트에서 나타나서 모든 생명체들을 살아나게 하는 자연의 지배력을 지닌 호루스(Horus)로 표현되기도 한다.

이와 같은 것을 결국 레-하라크티(Re, Horus of the Akhet)라는 혼합된 신들의 속에 구현되는 과정이고 이것이 혼합되어 나타나는 생각이라고 할 수 있다. 태양이 하나의 것이 아니라 하나의 태양 속에서 여러 신들의 현상이나 권능이 합쳐져서 나타나는 것을 볼 수가 있다. 이와 같은 여러 가지 가설의 혼합주의적 면모와 경향은 이집트 역사의 전반적 문화에 걸쳐 나타나는데 이는 다양한 이집트 신들의 혼합일 뿐만 아니라, 다른 지역의 신화에서도 이러한 면모가 구현되는 것을 볼 수 있다. 구체적으로 시리아의 바알(Baal)이나 아스타르테(Astarte)와 같은 외국 신도 이집트 신들의 세계를 구성하는 신화적 신계에 아무런 거리낌이 없이 이들이 쉽게 받아들인 점을 잘 설명해준다. 개방적이고 혼합주의적인 신의 관념을 이로써 확인할 수 있으며, 세계종교의 혼합주의를 이해하는 척도를 제공한다.

　　제18왕조까지 이집트의 신학자들은 모든 신성한 권능을 가진 신력들이 하나의 위대한 신 아문(Amun, 신들의 왕을 뜻한다)의 여러 측면으로 이해될 수 있다고 판단하고 사고하기 시작하였다. 구체적으로 아문이라고 하는 말은 '숨겨진'이란 뜻을 가진 말임이 확인된다.[9] 비록 아문신의 의지와 행위는 개별적인 자연현상 안에서만 찾아볼 수 있지만, 아문신은 사실 그 모든 것보다도 우위에 점하고 있다. '즉, 하늘보다 더 멀고, 두아트(Duat)보다도 더 깊고 … 너무 은밀해서 그 장엄함을 찾기 힘들며 … 너무 강력해서 알 수 없다.' 이집트 신들 중 아문신만이 자연으로부터 벗어나 있을 수 있고, 한편으로는 모든 생명 현상 속에서 그 존재가 지각될 수 있었다고 생각한다. 이러한 이중적인 특성은 아문-레의 혼합된 형태에서도 구체적인 예증으로서의 면모가 잘 드러나 있다. 아문-레 신은 숨겨져 있으며 동시에 모든 위대한 자연력

9) 배철현, 이집트 문화와 신화, 『신화와 역사』 서울대학교 2009학년도 강의 자료.

속에서 명백히 드러난 존재였다고 판단할 수 있다.

　그러나 이러한 혼합주의나 신성한 권능에 대한 일정한 생각들이 있었음에도 불구하고 고대 이집트인들은 다신에 대한 믿음을 한 번도 버린 적이 없었다. 다신론적 관점의 신관을 유지하면서 이들에 대한 일정한 의미를 구현하는 것을 일반화해서 다룰 수가 있을 것이다. 다신관의 저변에서 작동하고 있는 것으로서 이들 신에 대한 이해의 방식을 존중하여 볼 때에 이러한 점에서 이집트인들이 신성을 이해하는 방식은 후기 그리스도교의 독자적인 신관인 삼위일체에 대한 개념과 유사한 면모가 있다고 평가된다.10)

　이집트의 신들이 현대인들에게 이상하게 보이는 만큼 고대 이집트인들의 종교 그 자체가 우리가 잘 알고 있는 종교와 크게 다르지는 않았음을 확인하게 되었다. 이집트의 종교는 인류 역사 속의 고립되어 홀로 저만의 체계나 관념에서 비롯되어 나타난 것이 아니라, 분명히 신화과학의 흔적을 강력하게 견지하면서도 동시에 현대 지식의 물음과 그 발달의 시작 부분에 위치하고 있었음을 볼 수가 있을 것이다. 복잡하고 산만한 구성 속에서도 일정하게 여러 신들이 자연적으로 등장하면서도 동시에 이들의 면모가 자연의 요소와 힘으로 작동하고 있다는 점에서도 각별한 주의를 요하는 것이라고 하지 않을 수 없다.

---

10) 배철현, 이집트 문화와 신화,『신화와 역사』서울대학교 2009학년도 강의 자료.

2) 인간 심성의 다섯 가지 요소 : 신체(　, Ha)/심장(　, jb),
그림자(　, Swt), 바(ba, 　, bA), 카(ka, 　, kA), 이름(　, rn)

고대 이집트인들은 외적 원리를 총괄적으로 자연에서 구하고, 이를
내적 원리로 구현하는 것이 바로 인간 심성의 원리로 만들었다. 외적
원리와 내적 원리의 상관성에 대한 논의를 일관되게 연결한 것 같지
않지만 이를 구현하는 것으로 핵심적인 연관성은 죽음의 원리에서 찾
는 것을 볼 수 있다. 외적 원리와 내적 원리를 일관되게 해명하는 것은
고대 이집트인들의 사고에서는 마련되어 있지 않다. 이를테면 브라흐
마와 아트만의 관련성을 말하는 보편자와 총괄적 원리는 가지고 있지
않다고 하는 것을 볼 수 있다. 그러함에도 불구하고 둘 사이의 일반적
원리를 각기 추구하면서 매우 흥미로운 특징을 구현하는 원리를 보여
주고 있는 점은 인정된다.

인간의 심성을 구성하는 것이 신들의 그것과 함께 매우 복합적으로
구성된다. 그렇게 된 이유는 인간 이해를 고도로 구현하고 있었기 때
문이고, 특히 인간의 영혼과 육체에 대한 고도의 사유를 발전시킨 결
과이기 때문일 것으로 추정된다. 인간의 영혼과 육체를 나누고 관장하
는 요소를 여럿으로 상정하면서 우리들의 인간적인 속성을 보편화하
려는 관념은 가장 흥미로운 설정을 낳은 것으로 볼 수 있다. 인간의
육체와 인간의 영혼이 서로 분리되면서 사후에 이루어지는 심판이나
부활에 관련한 사고를 시대마다 진전시키면서 이러한 사고를 구현한
것이라고 할 수 있다. 그러한 점에서 인간의 심성에 대한 이해의 요소
를 구체적으로 살펴보는 것은 주목할 만한 과제 가운데 하나이다.

인간 본성과 신의 속성은 서로 깊은 관련이 있다. 인간 심성의 근간

을 말하는 것이 필요하다. 외재적인 본성과 인간의 삶과 죽음을 결정하는 것은 서로 깊은 관련이 있으면서도 준별되기 때문이다. 인간의 구성 요소를 상정하고 이를 구현하는 것 자체가 하나의 사회적 원리이면서 이를 뒷받침하는 신화적 질서에 의존하고 있는 것을 보여주는 적절한 예증이라고 할 수가 있다. 인간은 무엇인가? 정신인가 육체인가? 삶인가 죽음인가? 등등에 대한 질문을 하게 하는 것이 가장 소중한 구실을 하는 것이라고 할 수가 있을 것이다. 인간 심성의 구성 5원소를 말하는 것이 인간의 본질이나 인간의 실제적인 규정을 하는 것으로 가장 값진 구실을 하는 것이라고 할 수가 있다. 이에 대해서 알아보는 것이 필요하다.

　　고대의 이집트인들은 인간 심성에 대해 매우 각별하고도 고유한 관념이나 사유의 방식들을 가지고 있음이 확인된다. 그렇기 때문에 이집트인들의 관념 속에서 보이는 특별한 생각들을 간결하게 살피면서 무엇을 말하고 있는지 명백하게 살필 필요가 있다. 모든 인간에게는 서로 다른 다섯 가지의 요소들이 존재한다고 생각하였으며 이들의 구성 요소가 결국 인간을 구성한다고 믿었다.[11] 이러한 요소들에 대한 언급은 모든 이집트의 표의문자로 정립된 문헌에 걸쳐 발견이 되고 있으며 보편적 사유로서 관념하고 있는 인간 심성의 이해를 도모할 수가 있을 것이다. 이를 이해하기 위해서 우리는 이집트인들의 이 다섯 가지 요소들에 대한 생각과 그것이 이집트인들의 삶에서 어떻게 작용했는지를 살펴볼 필요가 있다.

　　우리가 기초적으로 이해하기 가장 쉬운 요소는 물리적인 구성 원소

---

11) 배철현, 이집트 문화와 신화,『신화와 역사』서울대학교 2009학년도 강의 자료.

로서 그것이 바로 신체(Ha)이다. 신체는 모든 인간이 그 안에 존재하는 물리적인 껍질이며, 인체를 구성하는 것이 필수 요소이다. 고대의 이집트인들은 신체가 아버지가 어머니의 뱃속에 뿌린 씨로부터 발생한 것으로서 각자의 부모로부터 나온 요소라고 이를 인식하였음이 확인된다. 이집트인들은 신체가 여러 부분들로 이루어져있다는 것을 알았기 때문에 단수가 아니라 '신체의 부분들'이라는 뜻으로서의 복수형태(Haw)로 표현하는 것을 중시하고 있었음이 확인된다.

이집트인들의 생각으로 우리의 신체에서 가장 중요한 부분은 심장(jb)이었다고 관념한다. 심장은 태어날 때에 어머니로부터 떨어져 나오는 것으로 생각한다. 심장을 잘 보존해야 하고, 동시에 저승에 가서 심판을 받을 때에도 심장을 가장 중요한 것으로 간주한다.12) 심장을 핵심적인 것으로 육체의 본질이라고 관념하였다. 심장을 그렇게 간주하였다. 심장을 마음으로 간주하기도 하였다.

이집트인들에게 심장은 육체적인 활동의 중심이었으며 생각과 감정의 근원이었다.(이집트인들은 두뇌의 기능을 이해하고 있었던 것 같지는 않다. 그 점은 심장을 형상한 동아시아 문명권에서 심장을 상형한 "心"의 상형문자에서도 동질적으로 발견되는 것을 볼 수가 있다.)13) 이것은 인간의 공통적인 믿음으로 우리는 아직도 영어의 관용구적 표현에 "상처난 마음, 낙담(broken-heart)"나 "진심어린 기원(heartfelt wishes)"과 같은 표현을 가지고 있음을 환기할 필요가 있다. 심장(jb)이라는 단어가 사용된 이집트 문

---

12) 이동규, 「고대 이집트인의 사후 세계와 영혼 이해」, 『중앙사론』 31집, 중앙대학교 중앙사학연구소, 2010, 197~227면.
13) 배철현, 이집트 문화와 신화, 『신화와 역사』 서울대학교 2009학년도 강의 자료.

헌을 보면 "심장"이라는 문자 그대로의 의미을 사용하는 것이기 보다
오히려 "생각"이라는 번역이 더욱 뜻이 잘 통하는 경우를 흔하게 발견
하게 된다. 단지 신체 기관으로서의 심장을 말하고자 할 때에는 심장
(jb)보다 흐아트즈(HAtj, HAt '앞'의 니스베, '앞의')를 썼음이 확인
된다. 이러함에도 불구하고 경우에 따라서는 이 두 가지 용어는 서로
바꿔가며 쓸 수 있었던 것도 또한 사실이었던 것 같다.

　이와 함께 더욱 중요한 요소로는 신체와 더불어 오는 것이 그림자를
스워트(Swt)이다.14) 그림자는 신체의 빼 놓을 수 없는 부속물이
며, 신앙적 관념 속에서 매우 중요한 구실을 하는 것을 볼 수가 있다.
왜냐하면 모든 신체는 그림자를 하나씩을 드리우고 있기 때문이다.
그림자는 신체로부터 나온 것이기 때문에 이집트인들은 그것 안에 신
체의, 신체의 소유자의 중요한 것이 있다고 생각했다. 이런 이유로 신
들을 나타내는데 그들의 "그림자들"이라는 표현을 쓰기도 했다. 사람
은 그의 그림자 없이 존재할 수 없고, 그림자도 사람없이는 존재할
수 없다고 여겨졌다. 그림자는 사람이나 신은 그림자로서 언급되기도
한다. 조선중기의 경우에 해당하지만 인간의 영혼을 그리는데 있어서
그림자를 그리는 것을 생각하여 볼 수가 있을 것이다. 가령 18세기의
죽은 영혼을 인물로 그리고 아울러서 여기에 그림자를 그려 넣는 것을
보이는데, 그림자를 그리는 것을 보면 이와 같은 관념의 유사성을 보
게 된다.15) 뿐만 아니라 피터 브뤼겔의 그림 속에서도 이러한 영혼의
그림자는 흔히 그려지는 것을 보게 된다.16)

---

14) 배철현, 이집트 문화와 신화,『신화와 역사』서울대학교 2009학년도 강의 자료.
15) 강우방·김승희, 운홍사 감로탱,『감로탱』, 경인출판사, 1996.
16) 피터 브뤼겔,『브뤼겔풍속화』, 열화당, 1990.

각 인간의 신체를 가진 개인은 바(ba, 🦩, bA)라는 요소를 가지고 있으며 인간의 핵심적인 것 가운데 하나이다.[17] 바라고 하는 것은 인간을 구성하는 것 가운데 아마도 이집트 사람들이 가지고 있는 인성에 대해서 구성 요소에 대하여 가지고 있는 생각 중에서 가장 이해하기 힘든 요소 가운데 하나이라고 판단된다. 바는 보통 망자의 머리를 가진 검은 머리 황새(Jabairu stork)의 형태로 되어 있으며, 무덤의 관 주위를 날아다니는 것으로 되어 있다.[18] 본질적으로 바(ba)는 신체를 제외하고, 그 사람을 가장 개성이 있는 한 개체로 만들어주는 가장 중요한 요소로 간주된다. 바는 또한 개인이 타자에게 가지는 것으로 대타적인 것으로서의 "인상"을 가리키기도 하는데, 이는 우리가 각개인의 "인격"에 대해서 가지는 개념과도 같은 것으로 이해되기도 한다.

다시 말해서 곧, 이 표현은 추상명사인 브아워(bAw, 🦩, "위복수")로부터 파생된 것으로 "인상"이라는 의미도 가지고 있기 때문이다.[19] 서양의 "영혼"과 (bA가 때로는 영혼으로 번역되기도 한다) 유사하게 바(ba)는 육체적인 것 이라기보다는 정신적인 의미를 가지고 있으며, 신체가 죽은 이후에도 계속 살아남는 그 사람의 일부라고 간주하기도 한다. 바는 가장 소중한 신체를 벗어나는 고유한 요소이다. 고대의 이집트인들은 그것이 무덤에 있는 미라의 몸에서 자유롭게 나와서 이승을 돌아다닐 수 있다고 생각하였다. 이런 이유로 이 바(ba)는 인간의 머리를 한 새의 모습(🦩)으로 나타나기도 한다. 바(ba)의 개념은 대부분 인간과

---

17) 배철현, 이집트 문화와 신화, 『신화와 역사』 서울대학교 2009학년도 강의 자료.
18) 이동규, 「고대 이집트인의 사후 세계와 영혼 이해」, 『중앙사론』 31집, 중앙대학교 중앙사학연구소, 2010, 197~227면.
19) 배철현, 이집트 문화와 신화, 『신화와 역사』 서울대학교 2009학년도 강의 자료.

신과 관련되어 있지만 '문'과 같은 사물 역시나 바(ba)를 가지고 있을 수 있다. 아마도 그러한 사물들도 비록 인간이나 신처럼 살이 있지는 않지만 특별한 "인격"을 가지고 있거나 독특한 인상을 가지고 있다고 생각했기 때문이다.

신체, 그림자, 바(ba)와 함께 모든 생명체는 카(ka, ⬜ kA)를 가지고 있으며 카는 생명체를 생명체답게 만드는 소인이 된다.[20] 그러므로 이 개념은 "생명력"을 의미한다. 카(ka)는 산자와 죽은 자를 구별해 주는 것이며, 죽음은 카(ka)가 신체를 떠날 때 발생하는 것이라고 관념한다. 카는 육체 안에 존재하는 영혼적 존재라고 할 수 있다.[21] 영혼과 육체가 분리되는 것을 중시하게 된다. 이집트인들은 창조자와 함께 생겨난 카(ka)라는 생명력이 보통은 그들의 조상들로부터 왕을 통해서 각 개인에게 전해진다고 믿는다. 왕이 전달하는 카의 개념이 소중한 것은 이 때문이며, 이를 뜻하는 근본적 의미는 매우 중요하다. 이러한 전달의 개념은 은유적으로 '포옹(껴안음)'으로 표현이 되었다. 카(ka, kA)라는 단어가 성각문자 "쭉 뻗은 팔"로 쓰는 것은 아마도 이런 연유에서 비롯된 것으로 보인다.

이집트인들은 카(ka)가 먹고 마시는 것에 의해서 생명체의 생명이 유지된다고 믿었을 것으로 추정된다.[22] − 결국 이것들이 없다면 인간은 죽기 때문에 이것은 납득할만한 이유라고 생각한다. 카(ka)는 특별히 음식과 음료수로부터 생기는 "힘, 에너지"라는 의미를 지닌 추상명

---

20) 배철현, 이집트 문화와 신화, 『신화와 역사』 서울대학교 2009학년도 강의 자료.
21) 이동규, 「고대 이집트인의 사후 세계와 영혼 이해」, 『중앙사론』 31집, 중앙대학교 중앙사학연구소, 2010, 197~227면.
22) 배철현, 이집트 문화와 신화, 『신화와 역사』 서울대학교 2009학년도 강의 자료.

사 "크아워(ᅟᅡ kAw, 위의 말에 대한 복수)"로부터 파생된다. 이집트 인들은 죽은 자들이 결코 그런 제물들을 물리적으로 먹을 수는 없다는 것을 알았기 때문이다. 그러나 그들에게 바쳐진 음식들은 눈에 보이는 그 음식 자체가 아니라 그 안에 있는 에너지(kAw)로서 죽은 사람의 영혼이 사용할 수 있는 것이었다고 생각한다. 살아 있는 동안 먹을 것이나 마실 것을 받게 되면 종종 "n kA.k, 너의 ka를 위해"라고 썼음을 환기할 필요가 있기 때문이다.

오직 인간과 신만이 카(ka)를 가지고 있었던 것 같으며 카가 있어야 진정한 생명체를 가지고 있는 것이라고 생각한다. 동물도 생명체이긴 했지만 이집트인들이 동물에게도 카(ka)가 있다고 생각했는지는 상세 하게 알 수 없다. 바(ba)와 마찬가지로 카(ka)도 영적인 존재(spiritual entity)였을 것으로 간주된다. 카(ka)가 실제로 묘사될 수는 없었지만 카(ka)를 나타내는데, 그렇기 때문에 이집트인들은 개인의 두 번째 이 미지(second image)를 썼다. 그래서 kA는 "두 배, 곱"(double)으로 번역되 기도 한다고 한다. 표의문자에서 이러한 의미를 생성하는 것은 이렇게 근본적인 이유가 있음을 다시 재인식할 수가 있다.

모든 사람이 가지고 있는 다섯 번째 요소로 거론할 수 있는 것이 결국 이름인 르느(ᅟᅳ rn)이었다.[23] 이름은 이집트인들에게 현대보다 훨씬 중요한 의미를 가졌기 때문이다. 이름은 개인을 상징하는 특별하 고도 특정한 것이었던 것으로 추정한다. 출생 시에 이름이 주어주듯이 영혼의 존재를 확인하는데 있어서도 이름이 가장 소중한 구실을 하였 다.[24] 이름은 다른 4개의 요소와 마찬가지로 그 소유자의 본질적인

---

23) 배철현, 이집트 문화와 신화, 『신화와 역사』 서울대학교 2009학년도 강의 자료.

부분으로 여겨졌기 때문에 고대의 이집트인들은 할 수만 있다면 그들의 무덤과 기념물에 개인의 이름들을 새겨 지속해서 살아남을 수 있도록 많은 노력을 쏟았던 것으로 간주되었다. 뒤집어서 말한다면, 이 때문에 어떤 사람의 이름은 사후에 그들의 적들에 의해서 그들의 이름이 새겨진 기념물로부터 훼손되기도 했으며, 구체적으로 관의 무덤에 다른 이들의 이름이 새겨지기도 하였다. 그러면 영혼이 나중에 와서 그곳을 찾을 수 없게 된다.

이집트인들은 가령 사람이 살아 있는 동안에도 사람들은 그들의 이름을 박탈함으로써 자신의 존재감을 근본적으로 잃을 수가 있었기 때문에 심각한 훼손으로 간주되는 점을 볼 수가 있다. 예컨대, 데두–아문(Dedu–Amun)이란 사람은 사회로부터 추방당했는데 "데무–아문이란 이름으로부터 떨어진 자"라고만 불렸다고 하는 점이 구체적인 증거가 되기 때문이다.

이집트인들은 이 다섯 개의 요소들을 개인이 가지고 있는 절대적인 구성요소라 생각했으며, 그것들이 없이는 인간은 존재할 수 없다고 믿었음을 확실하게 알 수가 있을 것이다.[25] 이 점은 왜 미라가 사후세계에 필요한지를 부분적으로나마 가능하게 설명해 주는 소인이 된다. 각 요소는 그 소유자의 중요한 것을 포함하고 있는데 특히 이름의 경우에는 이것이 더욱 분명하다고 하는 점을 깨달을 수가 있을 것으로 보인다.

개인의 이름에 대한 언급은 그 사람이 죽었을지라도 그 사람에 대한

---

24) 이동규, 「고대 이집트인의 사후 세계와 영혼 이해」, 『중앙사론』 31집, 중앙대학교 중앙사학연구소, 2010, 197~227면.

25) 배철현, 이집트 문화와 신화, 『신화와 역사』 서울대학교 2009학년도 강의 자료.

그림을 떠올릴 수 있게 해준다. 동상이나 새겨진 그림에 한사람의 이름을 적는 것은 그 사람의 모습을 확인시켜주고 신체가 아닌 또 다른 물리적인 형태를 가지게끔 해주기 때문이다. 때문에 이집트인들의 무덤에 죽은 사람의 동상과 부조를 무덤에 만들었다. 이와 같은 이유로 하여 종교적인 이집트인들은 언제나 신과 함께 존재하고자 자신을 조각한 동상을 신전에 놓기도 하였음을 환기할 필요가 있을 것이다. 같은 상징으로 한사람의 이름을 작은 진흙 상(像)에 쓰고 난후 그것을 때려 부수는 것은 그 이름의 소유자를 파괴하는 효과적인 수단으로 여겨졌으며 주술의 방자 원리를 이러한 점에서 확인할 수가 있을 것이다. 우리의 민속처럼 제웅을 만들어서 상대방을 효과적으로 파괴하는 점을 이러한 각도에서 이해할 수가 있다.

이름과 그 소유자를 동일한 것으로 여기는 경향이 너무나도 강하여 이름 고유한 것 자체가 하나의 사람으로 취급되기도 했음을 알 수가 있을 것이다.[26] 사실 이름(rn)을 "이름"보다 "정체, 신원"으로 번역하는 것이 더욱 뜻이 분명하게 되는 이유이기도 하다. 한 사람의 이름을 아는 것은 그 사람을 아는 것과 마찬가지였다. 그래서 신은 궁극적으로 너무나도 위대해서 조사할 수 없고, 너무도 강력해서 알 수 없는 존재로 아무도 모르며, 심지어 다른 신들도 "접근 불가능한" 또는 "비밀스러운" 이름을 가지고 있다고 생각했다.

---

26) 배철현, 이집트 문화와 신화, 『신화와 역사』 서울대학교 2009학년도 강의 자료.

3) 마아트(Ma'at, mAat, 　)

마아트는 피라미드를 만드는 중심축에 놓은 타조의 깃털에서 비롯
되었다고 한다. 오시리스 앞에서 심판을 받을 때에 아누비스 앞에서
놓은 천칭의 한 면에다 심장을 놓고 다른 한 면에 타조의 깃털을 놓은
것을 볼 수 있다. 이와 같은 기능에서 역시 마아트가 비롯되었음을
말한다. 이와 같은 것에 영원한 규범과 같은 것이 필요하였다. 고대의
이집트인들이 "영원한 동질성(Dt, eternal sameness)"이라고 부른 시간에
대한 관념은 이 시간 존재의 유형이 고정되어 있을 뿐만 아니라, 불변
하며 영속적이라는 생각을 가지고 있었다. 이러한 사고를 구체적으로
잘 드러내주는 것이 바로 마아트(Maat)이다.[27]

이러한 사고의 유형 자체를 마아트(mAat)라고 불렀는데, 이것은 동
사 마아(mAa, "가리키다, direct"라고 하는 것으로부터 파생된 추상명사임을 분명
하게 알 수가 있다. 마아트(mAat)의 개념은 우주의 자연적인 질서를 지칭하
는데 이것은 서양철학에서 말하는 자연법과 같은 의미를 가지는 것으
로 비교할 수가 있을 것이다. 본질적으로 이것의 의미는 "사물이 존재
하여야만 하는 방식"이다. 영어로는 정확히 번역해내기가 불가능하기
때문에 이집트학자들은 마아트(Maat)를 쓸 때 번역된 것보다는 음역된
표기를 그대로 쓴다.

마아트(Maat)는 일반적인 세상 전체와 인간사의 세계에 있어서 동시
에 작용하는 힘을 가졌다고 믿는다.[28] 우주적인 차원에서 그것은 우주
의 적절한 기능을 지배했다. 마아트(Maat)는 세상의 요소들이 제 자리

---

27) 배철현, 이집트 문화와 신화,『신화와 역사』서울대학교 2009학년도 강의 자료.
28) 배철현, 이집트 문화와 신화,『신화와 역사』서울대학교 2009학년도 강의 자료.

에 고정될 수 있도록 유지하며, 질서에 맞게 계절이 이어지게 하고, 낮과 밤이 번갈아가며 이어지며 각각의 세대들이 이어질 수 있게 하는 것이었다. 이집트인들의 관점에는 이러한 이상적인 질서가 자연 안에 있는 어떤 특정 우월한 요소가 덜 우월한 것들을 제거한다는 것을 의미하지는 않았다. 오히려 그것으로 인해 모든 자연의 요소들이 균형을 이루어 조화롭게 살 수 있었다고 관념한다. 예컨대, 이집트를 둘러싸고 있는 사막은 거칠고 위험한 곳이었지만 고대 이집트의 역사에 걸쳐 적들로부터 그들을 보호해주는 나름대로의 기능을 가지고 있었다고 믿는다. 같은 식으로 삶은 죽음보다 분명히 좋은 것이지만 죽음이라는 것도 후대(generation)도 조상들이 그랬던 것처럼 동등한 혜택과 기회를 즐길 수 있게 하기 위해서는 필수적인 것이었던 것으로 믿는다.

마아트(Maat)는 또한 인간사라는 좁은 의미의 세계도 관장을 했다고 보기도 한다.29) 그 안에서 마아트(Maat)는 이집트인들의 중요한 경험들 −사회적 가치, 인간관계, 자기 실체에 대한 인식과 같은 것들−을 측정하는 판단의 준거나 잣대로 쓰였음을 알 수가 있다. 어떤 인간 활동 영역에서 쓰이냐에 따라서 여러 가지 서로 다른 현대의 개념들로 번역이 될 수도 있을 것이다. "의무(right)", "올바른 행동", "질서", "정의", "진리"와 같은 것들이 그에 적절한 것이라고 할 수가 있다.

마아트(Maat)의 반대 개념은 자자파트(jzft, ⟨그림⟩)이다. 이 개념은 "그릇된, wrong", "나쁜 혹은 반사회적인 행동", "불의", "거짓" 등과 같은 개념들이다.30) 우리 사회에서도 이러한 반대 개념들의 구분은

---

29) 배철현, 이집트 문화와 신화, 『신화와 역사』 서울대학교 2009학년도 강의 자료.
30) 배철현, 이집트 문화와 신화, 『신화와 역사』 서울대학교 2009학년도 강의 자료.

종교적인 규율이나 사회법에 의해 결정이 된다. 고대의 이집트는 그러한 규약이 없었지만 그들에게 이러한 구분은 실제적인 경험에 의해 결정되었다. 균형 잡힌, 조화로운 인간관계를 형성하는 행동은 마아(mAa)는 "옳은, 정의로운, 질서 있는, 참된" 것들이었다. 이와 달리 이와 같은 의미의 반대적인 것들로서의 이것들은 자자파트(jzft)의 현현이 아니다.

 이상으로 하여 우리는 세 가지 측면에서 고대 이집트인들의 세계관과 함께 이 우주를 구성하는 것들에 대한 전반적이고 개괄적인 서술을 하였다. 그러한 생각의 이면에는 여러 가지 문건들이 동원되었으나 본질적으로 피라미드 문서, 관 문서, 사자의 서 등이 동원되었음을 볼 수가 있다. 선행 연구자들의 저작에서 보이는 일반적인 서술을 중심으로 특정하게 한정된 논의에 의존한 것이기는 하지만 이집트인들의 인식을 살펴보는 것에 일정한 의의를 부여할 수가 있었을 것으로 보인다.
 우리는 이집트의 신화와 문화를 체계적으로 이해하는 글의 안내를 구실삼아 신, 인간 심성의 구성 요소, 사회를 움직이는 정의의 면모를 가장 확실하게 아는 대목을 살펴보게 되었다. 신은 자연의 요소이고, 자신들의 추상적 원리를 구현하지 않은 것이라고 할 수 있다. 신들은 저마다 자연의 구성 일부로 직능을 담당하는 것을 볼 수 있다. 인간 심성의 구성 요소는 5원소로 되어 있지만 이들은 정감과 추상적인 부분까지도 모두 갖추고 있는 것을 볼 수 있다. 사회를 구성하는 것을 중심으로 이를 마아트(Ma'at)를 중심으로 원칙을 제시한다. 우주 전체의 원리와 인간의 개인 원리를 운행방식의 원리이면서 인간 개인의 절대적인 준거를 보여주는 것이라고 할 수 있다.

   고대 이집트에서 보여주는 세계관의 본질은 신의 특징, 인간 심성의 구성 요소, 인간의 삶에 대한 사후의 평가와 여행 등을 중심으로 대단히 정치하게 얽혀 있음을 볼 수 있다. 신의 특징은 자연 구성 요소와 함께 신들로 대표되는 특징을 구현한다. 고유한 요소를 자연적으로 세계적으로 갖추고 있어서 남다른 점을 보이고 있다. 자연주의적 신의 성격을 가지지만 이들이 일정하게 통괄하고 기능하면서 인간에게 제재를 하거나 구실을 하는 것은 아닌 것으로 판단된다. 자연의 힘을 상징하고 이들을 구현하는 존재이다.

   인간 심성이나 본질에서 가장 중요한 것은 인간의 여러 요소를 보이고 있으나, 그 핵심의 근저에 바로 영혼과 육체에 대한 생각을 가지고 있으며 이것들이 특정하게 중요한 준거를 제공하고 있다. 고대 이집트인의 생각을 가장 극명하게 볼 수가 있는 것이 피라미드 문서, 관문서, 사자의 서 등에서 인간의 영혼과 육체에 대한 일반적인 사실들을 파악할 수 있다. 피라미드 문서는 주로 왕에 대한 것이지만 관문서나 사자의 서에서는 일반적인 사람들의 생각을 파악하게 되는 면모가 있다. 그렇지만 그것도 특정한 지역, 시대, 계층에 대한 것이지만 일반화된 관념을 구현하고 있다.

   분명한 것은 영혼과 육체의 개별성을 가지면서 이들이 생전과 사후에 일관된 연속성을 가지고 있는 것을 강조하고 있다. 이들이 사후에 심판을 받고, 오시리스 신의 앞에서 부활을 하는 것을 목적으로 하고 있다는 점에서 이는 분명한 근거를 가지고 있는 죽음이나 죽은 사람이 넘어서야 하는 점을 강조하고 있다. 고개를 넘어서는데 필요한 영혼에 대한 것과 육체적인 고난을 이겨나가는 주문이 긴요한 구실을 하는 것도 인간의 정의와 관련되는 것을 볼 수가 있을 것이다. 그렇게 하는

데 있어서 가장 중요한 것이 살아 생전의 정의로운 실천인 마아트가 있었는지 심판하는 것이다. 심장의 무게와 마아트를 달아보는 것이 이를 말한다.

고대 이집트의 마아트는 원리, 정의 등이면서 동시에 이를 실현하는 여신을 의미하기도 한다. 마아트의 원리를 구현하는 신적인 형상이 여신으로 되어 있으면서 이들 신의 핵심적 소인은 바로 타조깃털이라 고 할 수가 있다. 이집트의 마아트가 결국 메소포타미아 수메르신화에 등장하는 메(me, ⊢)라고 할 수가 있을 것이다. 인간의 일상생활에서 발견되는 자신만의 원리와 기준 이것을 통해서 우주의 원리를 통괄하 는 개념으로 말하는 것을 볼 수가 있다.

『이집트 사자의 서』는 위와 같은 신 관념과 인간의 구성요소 위에서 성립하고 있는 작품이다. 인간의 몸을 소중하게 간주하는 것과 인간의 몸을 미라로 만드는 것은 이러한 각도에서 매우 중요한 의의가 있다고 하겠다. 신과 인간의 관계 속에서 영생할 수 있는 토대가 되는 것은 사자의 몸이다. 몸을 미라로 만드는 것은 신화적 기원에 의존하는데, 그것이 바로 인간의 몸을 중심으로 하는 세트와 오시리스, 그리고 아 비누스 신의 기능에 의하는 것임을 알 수가 있다. 신화적 질서를 통해 서 문화를 이룩하기 위해서 이룩한 것이 바로『이집트 사자의 서』이다.

3. 『티벳 사자의 서』(བར་དོ་ཐོས་གྲོལ, Bardo Tödröl, Tibetan Book of the Dead)

이 저작은 세 가지 바르도를 핵심적인 내용으로 하고 있다. 흔히 이것을 다양하게 다른 여섯 가지 바르도라고 하는데, 이것을 요약하자면 여섯 가지 바르도로 정리된다. 생처중음(生處中陰), 몽리중음(夢裡中陰), 선정중음(禪定中陰), 임종중음(臨終中陰), 실상중음(實相中陰), 투생중음(投生中陰) 등이 이와 관련된다. 이를 크게 간추리자면 생전 중음과 사후 중음으로 가를 수 있겠다. 생처중음은 일상생활에서 경험할 수 있는 것이고, 몽리중음은 수면의 단계에서 움직이는 중음이며, 나머지는 바로 죽음 이후에서부터 경험할 수 있는 중음들이다.

생전의 중음에 대한 이론적 근거와 경전은 이른 바 유식불교의 경전에 상세하게 전한다. 대체로 전육식과 칠식 및 팔식의 구성으로부터 이론적 근거를 구하고 있는 것이 바로 생전 중음에 대한 이론적 참구라고 할 수가 있다. 이에 대한 이론적 근거를 따지는 것은 매우 다양하지만 핵심을 간추리게 되면 다음과 같은 그림 속에서 정밀하게 논해질 수 있겠다. 생전중음의 핵심적 구도는 다음과 같다.

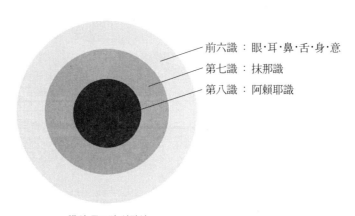

前六識 : 眼·耳·鼻·舌·身·意
第七識 : 抹那識
第八識 : 阿賴耶識

識의 구조적 상관성

감각과 감각에 의해 집적된 식을 우리는 육식불교에서 전육식이라고 하는 전례를 기억할 수 있다. 여섯 가지 식은 안·이·비설·신·의(眼·

耳·鼻·舌·身·意)의 것인 시각, 청각, 후각, 미각, 체감, 그리고 그 감각으로 집적되고 구성된 생각의 덩어리들이 있다. 이 감각들에 의해서 마련된 것이 잠들게 되면 휴지되지만 꿈을 꾸는 또 다른 자아가 있다. 이것이 활동하는 식을 우리는 말나식이라고 한다. 감각이 머물고, 다시 감각을 넘어서는 잠들면 나타나는 색다른 식이 있다. 이것을 제7식이라고 한다. 그러나 잠들면 꿈에도 나타나는 특별히 주목되는 것으로 바로 사람이 죽으면 움직이는 것이 있다. 이것은 전생하는 것으로 이른 바 아뢰야식이라고 하겠다.

『티벳 사자의 서』에서는 죽음부터 일어나는 중음에 대한 이론적 근거를 마련한 것으로 볼 수가 있겠다. 이 가운데『티벳 사자의 서』에서 특정하게 다루고 있는 것이 바로 세 가지 바르도이다. 세 가지 바르도는 다음과 같은 구성을 하고 있으므로 이를 중심으로 논의를 하는 것이 바람직하리라고 본다.

> 가) chikhai bardo(臨終中陰, "bardo of the moment of death")
> 나) chonyid bardo(實相中陰, "bardo of the experiencing of reality")
> 다) sidpa bardo(投生中陰, "bardo of rebirth")

가)는 매우 중요한 면모를 가지고 있는 것으로 보인다. 무의식의 경계에 처하고 있으며, 그 지속의 기간은 대략 3일반에서 4일간의 상태를 유지한다고 말한다. 이 과정에서 시신은 아직 부패하지 않았으며, 그 기간 동안에 정신은 혼미하지만 바로 빛과 해탈을 경험하면서 해탈에 이를 수도 있다고 가정한다. 업력이 적용되지 않으며, 중음신의 환영은 나타나지도 않는다고 말한다. 이때에 깊이 깨달아서 이것을 통해

해탈에 이를 수도 있을 것이다. 이 과정의 해탈에서 필요한 경과를 흔히 즉신성불(即身成佛)이라고 하는 말로 요약한다.

나)는 진정한 죽음을 체험하는 시간을 말한다. 이 과정은 대략 임종 중음이후로부터 18일간에 해당하는 것으로 시신은 이미 부패하기 시작했으며, 그러나 정신은 맑고 깨끗하며 새삼스러운 변화가 일어나는 때를 의미한다. 이 과정에서 진정한 자각과 변화가 맑은 상태로 지속된다. 업력을 이미 작동하기 시작하며, 중음의 환영이 갖가지로 나타나는데, 112명의 신, 빛과 소리 등으로 이 현상이 지속되어 나타난다. 이 과정에서 해탈은 죽음의 교법을 진정으로 열심히 들으면 바로 해탈에 이를 수 있다고 한다. 결과적으로 죽음의 세계에서 이룩한 진정한 『티벳 사자의 서』를 듣는다고 하는 것은 이 과정에서 의미하는 바를 말하는 것이라고 하겠다.

다)는 태에 들어갈 준비를 하고 새로운 생으로 전환하면서 바뀔 준비를 하는 과정이라고 할 수가 있다. 이 상태의 지속은 바로 21일 정도로 지속한다고 말한다. 의식은 각성되었으며, 의식이 맑게 깨어 있는 것을 볼 수가 있으며 때로는 신통력을 발휘하기도 하고, 업력은 강력하게 작용하기 시작한다. 환영은 육도의 환영을 보여주기 시작한다. 해탈의 길은 태의 문을 닫아서 벗어나거나 보다 나은 곳으로 태생할 수 있게 된다. 진정한 것은 육도의 윤회에서 벗어나는 길이다.

『티벳 사자의 서』는 죽음 이후의 존재적 전환에 기초한 것으로 저승 관념 속에서 중유라고 하는 존재가 해탈에 이를 수 있는가 하는 문제를 집중적으로 다룬 책이다. 생자의 서가 아니라, 사자의 서라고 하는 것은 이 때문이다. 사자가 중유 또는 중음의 존재로 무의식의 상태에서 자각하여 의식 상태를 유지하고, 이 과정에 이룩하는 특정한 변화 속에서 중유의 환영을 경험하면서 새로운 내생으로 준비하는 해명이 이 책의 전부이다. 이를 두고 흔히 칼 융이 죽음의 정신과학이라고 말했는데, 이것이 과연 적절한 말인지 의문이다.

집단 무의식이 곧 신들과 영들의 세계이다. 거기에는 어떤 지적인 곡예도 필요하지 않다. 다만 인간의 전생에 어쩌면 완성을 향해 한걸음씩 다가가는 무수히 많은 생들이 있을 따름이다. … 『티벳 사자의 서』는 그 책에 대해서 어떠한 해설을 쓴다고 하더라도 '닫힌' 책으로부터 시작하여 '닫힌' 책으로 남을 수밖에 없다. 왜냐하면 그것은 단지 영적인 이해력을 가진 사람에게만 '열릴 수 있는' 책이기 때문이다. 그러한 이해력은 누구의 경우이든 결코 타고나는 것이 아니라, 특별한 명상 수행과 특별한 체험을 통해서만 얻어진다. 어떠한 관점에서 보나 이런 쓸모없는 무용한 책들이 세상에 존재한다고 하는 것은 더 없이 좋은 일이다. 어차피 이런 책들은 현대문명의 의미와 목적과 쓸모에 더 이상 매달리지 않는 '유별난 사람들'을 위한 것이기 때문이다.[31]

집단무의식으로 보고자 하는 칼 융의 역설적인 문장의 힘에 우리는 압도된다. 그러나 외면적 유사성을 통찰하는 것을 인정한다고 하더라

---

31) W. Y. Evans-Wentz, *The Tibetan Book of the Dead*, Oxford University Pres, 1960, p. lii. "The Bardo Thödol [*Tibetan Book of the Dead*] began by being a 'closed' book, and so it has remained, no matter what kind of commentaries may be written upon it. For it is a book that will only open itself to spiritual understanding, and this is a capacity which no man is born with, but which he can only acquire through special training and special experience. It is good that such to all intents and purposes 'useless' books exist. They are meant for those 'queer folk' who no longer set much store by the uses, aims, and meaning of present-day 'civilisation'."

적정존자로부터 가르침을 얻어 해탈하는 탱화

분노존자로부터 가르침을
얻어 해탈하는 탱화

도 이것은 2500년 전에 우리에게 완성된 하나의 죽음에 대한 반성적
성찰이라는 점에서 매우 중요한 의미를 가지고 있으며, 진정한 죽음의
이해가 진정한 삶의 이해에 다르지 않는다고 하는 세계관을 보여주고
있는 점에 다시금 심오한 천착을 해야 할 것으로 본다. 꺼지지 않는
영원에 대한 갈망이 삶을 풍요롭게 하고 삶의 완성이 곧 죽음이라고
하는 생각을 한 차례 세차게 밀고 나간 위대한 저작이 바로『티벳 사자
의 서』임을 다시 절감할 필요가 있다.

　가장 중요한 것은 살아서나 죽어서나 모두 진정한 자유와 해탈에
이르고자 하면 자신이 스스로 자각에 이르러야 한다는 점을 강조하고
있는 점이다. 진정한 자아의 각성이 없다면 어떠한 것도 무의미한 일
이 될 것이라고 하는 점을 강조하고 있다. 해탈을 하고자 하면 바로
윤회의 억겁에서 벗어나야 한다. 윤회로부터 대해탈을 하는 것이 진정

한 것임을 거듭 강조하고 있다. 경전적인 근거와 가르침에 의존하는
삶을 살아야 하는 것은 바로 이 해탈에 진정한 길이 있겠기 때문이다.
『티벳 사자의 서』는 죽음에 대한 통찰을 필요로 하는 이들에게 진리의
길을 제시한 책이다. 복잡한 이면의 삶 속에 왜 우리가 업을 짓지 말아
야 하는지 분명하게 보여주고 있음이 확인된다. 길은 하나로 되어 있
지만 이 길을 통해서 이룩해야 할 자유는 무한 것임을 보여주고 있다고
보아도 틀리지 않는다. 어떠한 신도 자각을 대신할 수 없다고 말한다.
잘 듣고 잘 보아야만 진정한 자유에 이를 수 있다.

4. 경기도 산이제 『죽엄의 말』

『죽엄의 말』은 경기도 남부 지역의 산이들에 의해서 연행되는 진오
기–새남굿의 무가이다.[32] 망자의 넋을 천도하는 의례에서 불려지는
것으로 이 무가의 구성과 연행방식은 매우 중요한 의미를 가지는 것으
로 평가된다. 이 무가는 대체로 초압말, 전생, 후생 등의 삼부로 구성되
는데, 이 무가의 구성방식이 지니는 특성이 이 무가의 긴요한 의미를
말해주는 것이라고 할 수가 있다. 이 『죽엄의 말』의 구성에 의하면
망자가 죽는 임종과 임종이후의 내생으로 천도되는 것이 핵심적으로
드러나는 의례의 순서를 그대로 연행하면서 보여주고 있는 형국이다.

32) 김헌선, 우리나라 새남굿의 전국적 사례와 의의 연구, 미발표 원고.
    김헌선, 경기도 남부 산이제 굿의 특징과 의미 연구, 미발표 원고.
    김헌선, 경기도 남부 산이제 새남굿의 〈죽엄의 말〉 연구, 2009.5.
    김헌선, 『경기도 산이제 진오기–새남굿 연구』, 미발표 저작, 2009.

『죽엄의 말』의 근간 구성은 불교에서 유래되었을 것으로 추론된다. 그러나 불교에서 유래되었다고 하더라도 이 굿의 구성에서 발견되는 특징은 원래의 불교적 구성과 달리 다른 각도에서 대승불교와 중국의 도교나 민간신앙이 결합되면서 매우 특별한 방식으로 변형된 것임을 명심할 필요가 있다. 원래의 불교적 구성과 다르게 각각의 시왕이 등장하고 시왕의 지옥관념 등이 결부된 것은 매우 이례적인 변형의 결과이고, 불교에서 일정하게 달라진 거리를 유지하고 있음을 환기할 필요가 있다.

게다가 저승의 이원적 구성 역시 아주 특별한 구성 방식의 결과임을 잊지 말아야 할 것이다. 그것은 지옥과 극락 또는 지옥과 천당의 구성이 이에 근거한 결과이다. 지옥의 삶을 청산하고 극락으로 간다고 하는 것이 아주 긴요한 설정이라고 할 수 있으며, 이러한 관념은 본디 불교의 구성 속에서 발견되지 않으며, 여기에 지장보살과 인로왕보살 등이 첨가되면서 전혀 다른 신앙이 조장되고 있는 것을 부정할 수 없다. 이러한 점에서 이 저승의 구성은 매우 이례적인 면모로 확대되고 개편되었을 공산이 크다고 하겠다.

『죽엄의 말』에서 망자가 반야용선을 타고서 극락으로 천도되는 것은 이례적인 것이며, 이곳으로 가는 귀결점은 불보살이 있는 곳으로 간다고 하는 설정에서 비롯되었다. 망자가 내생으로 다시 태어난다든지 부활을 한다든지 하는 관념은 희박한 것으로 보인다. 부활이 아니라, 극락으로 천도되는 것을 이상적으로 생각한 것으로 알 수가 있다. 망자의 부활이나 윤회관념이 있을 만한데, 이 관념은 이 무가에서 발견되지 않는다. 다만 다른 지역의 굿에서 〈말미〉를 드릴 때에 말미쌀이나 오구시루 등에 남은 자욱이나 자취를 가지고 무엇으로 환생하였다고 하는 것은 존재한다.『죽엄의 말』에서는 그러한 관념이 존재하지 않는다.

『죽엄의 말』에 있는 사실에 근거해서 이 자료의 근본적 면모를 유추하는 것은 적절하지 않다. 다만 신격관념이 있는 사례와 자각 정도를 통해서 이룩되는 과정을 중시하는 경전의 면모를 가지고 있지 않으므로 이러한 신격관념과 특징을 가지고 있는 다른 자료를 동원하면서 무속의 고유한 세계관념과 구성을 근간으로 이를 논의하는 것이 바람직하지 않을까 하는 생각을 가지게 된다.

불보살과 지장보살, 인로왕보살 등에게 좌지우지는 되는 극락과 시왕, 무독귀왕, 야차 등의 구성 속에 이루어지는 지옥 등의 이원적 구성은 결과적으로 불교적인 것의 차용임을 거듭 알아차릴 수 있다. 그러나 이 과정에서 신에게 찬양을 드리고 신의 예찬 속에서 이승과 저승, 저승의 지옥과 극락 등의 이동이나 전환을 중시하는 과정이 매우 긴요한 관념이자 소산이라고 할 수가 있겠다.

그러한 구성 속에서 주된 기능을 하는 신의 본풀이가 무엇보다 소중하다고 하겠는데, 그러한 자료는『죽엄의 말』의 무가 속에 형해를 가지고 있지만 보다 정확한 자료는 바로 〈바리공주본풀이〉에서 발견된다. 진오기굿에서 이러한 무가의 면모를 명확하게 보여주고 있는 것이 바로 이 본풀이임을 부인할 수 없다. 그렇다면 〈바리공주본풀이〉는 무속의 독자적인 창안임이 분명하다. 그렇다면 무엇을 어떻게 창안하였는지『죽엄의 말』과 어떻게 같고 다른지 비교하지 않을 수 없다.

바리공주는 인로왕보살과 깊은 관련이 있다. 바리공주가 망자의 길을 인도하면서 지옥에 갇힌 망자를 꺼내서 극락으로 데려가는 길라잡이를 하는 것은 여기에서 보이는 기능이라고 할 수 있다. 그러나 다른 한편에서는 지옥을 무너뜨리고 망자를 해방하는 점에서는 지장보살과의 성격이 일부 중첩되고 있다. 바리공주가 남복을 하고 망자가 매어 있는 저승의 지옥을 깨뜨리는 것은 이러한 면모와 상통한다. 바리공주는 이승에서 망자를 저승으로 인도하고, 시왕에 매인 망자를 깨트리고 극락으로 천도하는 특별한 능력을 가지고 있는 존재이다. 그런 점에서 바리공주는 불교적인 존재들의 설정과도 일정한 의의가 있는 셈이다.

그러나 바리공주는 세계적으로 널리 알려지는 신화, 민담, 의례 등에서 공통적으로 나오는 이야기의 주인공이며, 그 이면에 존재하는 산물임을 알 수가 있겠다. 불교의 영향 이전에 재래적 방식으로 존재하는 바리공주의 본풀이와 이야기의 주인공임을 우리는 부인할 수 없는 것이다. 그런 점에서 이 이야기는 매우 중요한 의의가 있는 전통적이고 재래의 유산임을 결과적으로 알 수가 있겠다. 이러한 점에서 이 본풀이는 다층적이고 중층적인 특성을 가지고 있다. 바리공주의 기본적 기능이 내재적으로 존재하면서 여기에 불교적인 신격과 특징이 결합하면서 바리공주의 본풀이가 구조적으로 완성되었음을 알 수가 있겠다. 본디의 〈바리공주본풀이〉가 구조적으로 가다듬어지게 된 것은 불교의 신격과 세계관이 오면서 한층 정밀해졌다고 하는 것이 적절한 지적일 것이다.

『죽엄의 말』이 있다고 하는 것은 여러 모로 시사하는 바가 매우 크다. 특정한 주체가 생략된 채로 불교적인 경전과 재례에서 행하는 염불등으로 점철된 무가를 가져다가 쓰는 것이 구체적으로 확인된다. 그러나 이 『죽엄의 말』에서는 특정한 이야기가 흐르지 않는다. 서사적인 전개가 없으므로 이것은 의례적인 많은 상징적인 공간을 상정하고 있을 뿐이고, 어떠한 작용이나 기능이 이루어지지 않은 것을 볼 수가 있다. 이 점에서 이 『죽엄의 말』은 장차 의례적으로 가시화될 수 있는 단초를 그대로 가지고 있다고 하는 점이 시사적인 사실이라고 할 수가 있다.

⟨바리공주본풀이⟩는 서사적인 주체가 있으며, 이 구성 방식은 완전하게 진오기-새남굿의 공간적 설정에 의해서 망자의 임종, 망자의 업보 소진, 망자의 극락왕생 등을 골자로 하는 움직을 압축하고 있는 것을 볼 수가 있다. 그러한 공간적인 의례 구성 속에서 이를 집중적으로 의례적으로 재현하고 있는 것이 이 본풀이의 근본 설정이라고 할 수가 있다. ⟨바리공주본풀이⟩와 『죽엄의 말』이 합쳐진다고 보면, 이 본풀이와 의례의 구성이 완전하게 조화를 이루면서 이 본풀이의 근간을 형성하면서 의례적으로 완전무결하게 종합적인 특징을 완성할 수가 있겠다. 이 점에서 이 본풀이와 『죽엄의 말』이 서로 결합하지 않을 수 없는 특징을 가지고 있겠다.

망자의 존재론적 전환을 전제하고 이 과정에서 죽엄의 말을 들려주는가, 이를 특정한 주체가 있어서 천도하는가 하는 등의 문제는 매우 중요한 설정이라고 할 수 있다. 내생에서 다시 전환하는 것은 그러한 점에서 부활, 재탄생 등은 등장하지 않지만 좋은 곳으로 간다고 하는 관념만이 존재하는 것이다. 이승에 다시 나오거나 이승의 존재로 전환하는 관념은 실제로 존재하지 않는다. 좋은 곳으로 천도한다는 조상신의 관념만으로 『죽엄의 말』이나 ⟨바리공주본풀이⟩는 머물러 있는 것을 볼 수가 있다. 망자의 존재론적 전환은 그다지 긴요하지 않다. 이승에서 인간 중심의 현세적 결과만을 중시하는 것을 볼 수가 있다.

『죽엄의 말』과 ⟨바리공주본풀이⟩에서 텍스트를 넘어서서 의례적인 맥락과 견주어서 본다면, 이것은 매우 중요한 신격적 배분과 깊은 관

련이 있다. 인간의 임종과정에서 필요한 것은 신격적인 관념으로 사자
와 차사 등이 배분되어 있으며, 인간의 업보를 소멸하고 죄를 사하는
과정에서는 바로 시왕이 배분되어 있으며, 존재론적 전환을 이룩하는
데 있어서 이 과정에는 특정하게 본풀이가 주체가 없어서 막연하게
이동하고 전환하나, 구조적으로 본다면 이 과정에서는 바로 바리공주
가 필요하다고 할 수가 있겠다. 신격의 혼합주의적 면모가 이 과정에
서 구체적으로 노출되는데, 서로 영역을 침범하지 않으면서 자연스럽
게 결합하고 있다.

불교의 재례에서도 이와 같은 배분이 눈에 띄므로 이를 중시할 필요
가 있다. 임종에 이르는 것은 차사 또는 사자의 몫이다. 저승의 지옥에
가서는 시왕, 특히 염라대왕이 이 과정에서 중요한 구실을 하게 된다.
새로운 세계인 불보살의 해탈에 이르는 것은 바로 인로왕보살과 지장
보살의 구실이 매우 크다고 하겠다. 굿의 신격 구성과 불교 재례의
신격 구성이 서로 일치하는 것은 바로 특정한 것의 자료를 복사해서
따다 부쳤기 때문이다. 불교의 재례와 무속의 진오기새남굿은 이러한
각도에서 중요한 일치점을 가지고 있는 것을 볼 수가 있겠다. 그러한
점에서 이는 매우 중요한 의의가 있는 복합성이 존재한다. 그러나 『죽
엄의 말』과 〈바리공주본풀이〉에서 존재하는 근본적 세계관은 이에서
말미암았다고 하더라도 근본적인 설정은 남다른 것에 기원을 두고 있
다. 바리공주의 천도에 근간을 두고 이러한 분포와 변이가 이루어진
것을 볼 수가 있겠다.

『죽엄의 말』은 상징성이 높고 의례의 속성을 기초로 해서 성립한
것이라고 하지 않을 수 없다. 불교에서 말하는 해탈이나 각성보다는
많은 염불과 가무악희의 과정을 통해서 망자를 좋은 곳으로 천도한다

는 특별한 사유를 기초로 하고 있음을 우리는 알 수가 있겠다. 『죽엄의 말』의 여러 국면에서 다양하게 보이는 기본적 굿의 연행은 단순하게 염불을 들려주고 사람에게 깨달음을 유도하는 것과는 근본적으로 다른 것임을 알 수가 있다. 불교의 재례에서 보여주는 기본적 방식과도 다른 예술성에 기초하고 있는 것은 이례적인 현상이라고 하지 않을 수 없다.

5. 세 가지 텍스트의 죽음관과 세계관 비교

우리는 개괄적이기는 하지만 세 가지의 자료를 들어서 각기 시대가 다른 것들을 통해서 죽음관과 세계관을 비교하였다. 죽음과 죽음 이후의 세계관에 대한 역사적이고 사상사적인 변화를 통해서 종교적인 죽음관과 세계관을 이해하고자 하였다. 고대시대의 죽음관을 비롯하여 사후 세계관을 비교하기 위해서 우리는 고대 이집트의 자료인 『이집트의 사자의 서』를 검토하였다. 단순하게 이를 이 저작만을 정리한 것에 있지 않다. 고대 이집트인들의 세계관을 체계적으로 파악하기 위해서 이들의 자료를 피라미드 문서, 관 문서, 『이집트의 사자의 서』 등을 전반적으로 점검하면서도 동시에 체계적으로 점검하였다. 크게 세 가지 각도의 논의를 한 바에 의지하고 있으므로 이에 의존하여 고대시대의 죽음관과 세계관을 면밀하게 알 수가 있었다.

고대시대의 죽음관과 세계관은 명확하다. 삶과 죽음을 가르고, 이승과 저승을 갈라서 이를 정치하게 연결하면서 인간의 윤리적인 것을 판별하는 기준이 작동하고 있음이 드러난다. 인간의 영혼과 육체가 구분되고 영혼과 함께 육체를 부활의 수단으로 삼아서 일정하게 신들에게 판정을 받고 부활할 수 있는 것을 가능성 있게 보여주는 것이 바로 고대 이집트인들의 신화와 문화 속에서 이를 확인할 수가 있었다. 신들이 자연의 요소이면서 힘이므로 이에 의존하는 한편, 이와 달리 인간의 죽음과 부활은 각별한 의미를 가지고 있었음을 볼 수 있다. 매우 복합적이고 정치한 세계관을 구현하는 것이 기본적 특성임을 각별하게 확인할 수가 있다.

중세시대는 크게 중세의 종교가 성립된 것을 기점으로 마련된 죽음관과 세계관에 의존하고 있다. 중세종교는 당시로서는 세계종교의 성격을 가지고 있으며, 고대시대의 기축시대를 겪으면서 등장한 것을 요점으로 하고 있다. 중세시대의 특정한 종교들이 마련되고 수용되면서 이들의 죽음관과 아울러서 세계관이 마련되었음이 확인된다. 중세시대의 종교에서 제시하는 것의 특징은 영혼과 육체를 준별하고, 영혼이 새로운 세계로 여행하면서 심판을 받는다고 하는 관념은 중세시대를 사는 인간들에게 기본적인 선악관을 제공하고 있다. 윤리적 정당성이 있는 삶을 살아야만 사후에 진정한 심판에 응대하고 좋은 곳으로 갈 수 있다는 관념을 분명하게 한다. 그러한 점에서 중세시대의 종교는 각별한 의미를 가지고 있으며, 생전과 사후를 연결하는 묘한 세계관을 만들었다고 할 수가 있다. 『티벳 사자의 서』에서 이러한 점을 확인할 수가 있었다. 이는 불교적인 세계관에 의해서 죽음과 세계관적 전환이 어떻게 이루어졌는지 알 수 있는 소중한 자료라고 할 수 있다.

중세시대에 이어서 근대시대에 채록된 자료인 『죽엄의 말』은 근본적으로 고대의 무속에서 관념하는 것을 근간으로 하고 있으나 이를 불교와 결합하여 새롭게 혼합한 결과물임을 분명하게 알 수 있다. 이와 같은 자료는 일정하게 불교와 무속의 습합을 보여주는 점에서 각별한데, 그러한 것들은 무속에서 일제히 받아들인 결과물임을 여러 가지 기록을 통해서 확인할 수가 있다. 이와 같은 것들은 이른 바 불교와 의례적으로 세계관적으로 결합된 특징을 구현하고 있음이 두드러진다. 무속이 불교의 저승관이나 세계관에 의해서 한층 복합적으로 구성되면서 발달한 것을 보여주는 것을 볼 수 있다. 불교의 근간 요소를 활용하면서 이에 무지한 민중들을 대상으로 하여 이들의 의례를 한층 강화하면서 이들의 문서는 풍부하고 다양한 의미의 저승관이나 죽음관의 변형을 일으킨 것으로 볼 수 있다.

사람이 죽으면 이승이 아닌 다른 생으로 이어질 수 있다는 전제 아래 죽음의 순간과 죽음 이후의 세계, 그리고 특정한 신과의 관계 속에서 새로운 생명으로 부활할 수 있다고 하는 관념을 기록한 문서들을 검토하였다. 각기 상이한 시기의 산물인데도 불구하고, 매우 유사한 생각을 전개하였음이 확인된다. 사람이 영육으로 분리된다는 생각이 근간을 이루고, 영혼을 가진 쪽이 새로운 세상으로 옮겨가고 그 영혼이 신과 관련을 맺으면서 새로운 존재로 부활할 수 있다는 생각을 구체적으로 드러내는 것이 바로 세 가지 텍스트에서 예시하고 있음이 확인된다. 따라서 비교는 죽음의 영혼과 육체, 영혼의 죄과 심판, 영혼의 부활이라고 하는 관점에서 이를 비교하는 일이 바람직할 것이다.

1) 영혼과 육체, 그리고 신

이집트에서는 영혼과 육체는 인간의 구성에서 명확하게 나타난다. 인간의 몸과 영혼은 둘 다 소중하며, 심지어 육체 가운데 매우 중요한 기능을 하는 것이 바로 인간의 심장이다. 인간을 구성하고 있는 심성 전체를 다섯 가지 구성소로 생각하는데, 이 다섯 가지가 중요하다. 그리고 인간의 몸이 미라로 만들어져야 하는 궁극적인 이유가 다섯 가지 요소 때문이라고 보아도 과언이 아니다. 인간심성의 다섯 가지는 신체 (🦅 Ha)/심장(👁 jb), 그림자(👁 Swt), ba(🦅 bA), ka(〓 kA), 이름 (〓 m)이다. 신체 가운데 심장이 가장 중요하고 나중에 이것을 가지고 가서 신들이 있는 곳에서 심판을 받으며 영혼의 무게를 천칭에다 다는 과정이 긴요하다. 심장은 인간의 뇌 기능을 하는 것으로 나타난다.

티벳에서는 인간의 육체와 영혼이 분리되는 것으로 관념한다. 그것을 중유 또는 중음이라고 한다. 인간의 육체와 다른 독특한 면모인데, 생전과 사후의 것이 이처럼 뚜렷하게 일관성을 가지고 연계되는 것은 존재하지 않는다. 식의 전변이 생사의 관계 속에서 서로 연결된다. 육체와 영혼은 서로 깊은 관련이 있으며, 육체는 인간의 영혼인 식을 담는 그릇에 지나지 않는다고 하는 생각을 그대로 가지고 있다. 육체는 멸하지만 영혼인 중음이 지속적인 작용을 하면서 새로운 차원의 전환을 거듭하는 것으로 나타난다. 육체는 멸해도 중음은 지속되며 이 중음의 실체가 궁극적인 깨달음을 가지고 있어서 새로운 해탈에 이를 수 있다고 하는 것이 티벳의 문서텍스트에서 확인된다.

산이의 텍스트에서는 인간의 육체와 영혼에 대한 분리관념이 명확하게 나타나는 것은 아니다. 그렇지만 불교적인 영향 아래 이름이 달라지는 것을 통해서 이 존재의 전환을 차입한 것으로 이해된다. 망자로 새로운 삶을 준비한다. 인간의 넋이 있고, 이것이 몸에서 분리된다고 하는 기본 전제 아래에서 갖가지 의례와 관념이 등장하는 것을 확인할 수 있다. 영육의 이원적 구성에 대한 생각은 다원적인 요소를 지닌 관념이 만들어내는 것인데, 넋, 혼백, 영혼 등이 있다고 하는 생각의 혼합주의적 성격이 바로 이러한 생각을 만들어낸다고 본다. 여기에 귀신이라는 개념 등이 덧보태지면서 더욱 색다른 생각을 만들어내는 것을 볼 수가 있다. 음기와 양기의 상관성 역시 여기에 개입하면서 아주 독자적 영혼관을 만들었으며, 여기에 특정한 인간의 영혼관이 전제되었다. 그러나 민속적인 무속신앙의 차원에서 이 문제가 각별한 의미를 가지는 것은 아니다. 인간의 몸에서 망자는 분리되며, 이 분리된 실체가 몸에서 나와 새로운 곳으로 간다고 생각하였다.

인간에게 영혼과 육체가 분리된다고 하는 생각은 인간의 독특한 관념 속에서 파생된 인간의 내면적 역사의 위대한 산물이다. 영혼이 있으므로 인간의 삶은 단순하지 않고 풍부해졌음이 확인된다. 영혼이 있으므로 인간의 삶은 그 자체로 종결될 수 없었다. 박약한 육체의 삶보다 더욱 소중한 삶이 있다고 확정하고 이 세계를 재구성함으로써 인간의 삶은 비로소 의미를 가지고 건전하고 확실한 이승의 삶을 선과 악으로 구분해서 살아볼 수 있는 가능성을 창출하였다. 죽음이 장애가 아니라 죽음의 의미를 부여하면서 삶의 세계를 더욱 다양하고 다채롭게 구성할 수 있었고, 이것이 사후세계라는 독자적인 창조로 이어졌다. 게다가 이러한 구성 속에서 인간의 영혼이 만들어내는 독특한 관점이 바로 인간과 신의 관계를 더욱 공고하게 하는 것이다. 인간의 영혼을 지배하는 것은 신의 의지이고, 신이 인간을 지배하는 다양한 세계를 구성하는 면모를 발휘하게 되었다. 이승의 영혼에게 이승의 신이 필요하였듯이 저승의 영혼에게도 신이 필요하게 되었다.

인간에게 신이 필요하게 되었던 것은 생사의 과정 속에서 천지만물과의 관련을 좀 더 이치에 닿게 해명하고자 하는 환상의 소산이다.

게다가 특정 세력을 지닌 지배자들의 권위를 확정하기 위해서 이러한 세계관이 필요했던 것으로 보인다. 생사의 문제와 영육의 분리 문제, 신의 창조 등은 결국 같은 문제였을 가능성이 있으며, 인간의 기억 속에서 사상의 창조 속으로 이어지는 것은 한 둘이 나누어지지 않는 긴요한 문제의식이 자리 잡고 있는 것을 볼 수가 있다. 인간이 독특한 전달 수단이 언어를 창조하면서 이와 같은 제반 상상은 더욱 확실한 미래로 이어갈 수 있었을 것으로 보인다.

이집트에서는 인간의 영혼과 육체가 분리되고, 신과 긴요한 관계를 맺는다고 하는 것을 매우 중요하게 인지하고 있었음이 확인된다. 인간의 영혼과 육체가 모두 소중하고, 인간의 육체가 영혼으로 대체된다고 믿었으며, 인간의 부활을 위해서는 인간의 몸이 필요하게 되었으며, 미라가 필요했던 것은 바로 이 때문이다. 그에 견주어서 티벳과 우리에게는 영혼과 육체의 분리 개념은 있지만, 신과 관련된 영혼과 육체의 연결은 보이지 않는다. 육체는 멸하고 영혼만이 새로운 세계로 이동하고 게다가 다른 사람의 몸으로 투생할 수 있다고 하는 것이 불교의 근본적 사고이다. 이에 견주어서 이 투생은 관념은 우리의 무속에서 발견되지 않는다. 육체는 멸하고 영혼은 극락으로 가서 후손들에게 올 수 있다고 하는 독자적인 관념을 창조하였다. 조상신앙의 핵심은 이렇게 해서 변형되었다고 보인다.

2) 심판

신 앞에서 생전의 인간이 저지른 죄과를 심판받는 관념은 이집트와 티벳의 문서에 적절하게 나타난다. 이집트에서는 사자의 영혼이 신들의 심판을 받는 것으로 되어 있다. 신은 여럿이 있지만 오시리스가 주된 존재이고, 이시스와 오시리스 사이에서 태어난 아들들도 또한 이 광경을 지켜보고 있다. 이 가운데 특별한 존재는 바로 아누비스이다. 아누비스는 달리 웁우아트라고 달리 불리기도 한다. 아누비스는 재칼의 머리를 하고 있으면서 사자의 길 안내자 노릇을 하는 길라잡이와 비슷한 구실을 하게 된다. 오시리스 신화에서 세트에 의해서 살해된 오시리스를 찾아내고 이 시신을 방부 처리하여 미라로 만들고 장례를 치르는 핵심적인 구실을 하고 오시리스의 메신저로서 사자를 하계로 안내하는 길라잡이 노릇을 하는 존재이다. 이밖에도 토트, 호루스, 아메미트가 그들이다. 마아트의 법정에서 이들 신에게 인간의 영혼은 자신의 심장을 천칭에다 대고 아누비스의 깃털과 견주어서 자신의 선과 악에 대한 무게를 계측하게 된다. 이 결과를 기록하면서 영혼의 심판을 받는 것이 바로 이집트의 사자와 신이 이룩한 관계를 구성하고 있다.

티벳 텍스트에서는 염라대왕의 업경대에 구체적인 죄과가 나타난다. 시왕에 의해서 다스려지는 저승의 지옥 가운데 염라대왕 업경대 앞에서 심판을 받는데, 죄과를 기록하는 판관이 따로 존재한다. 우리에게는 이것이 최판관으로 되어 있지만, 티벳의 책에서는 이 존재들이 판관으로만 되어 있다. 판관은 둘이어서 흰 돌을 가지고 선행을 헤아리고, 검은 돌을 가지고 악행을 헤아린다. 선악의 판별에 의해서 업경대에 죄과를 심판받고 지옥의 나락이냐 극락이냐의 심판을 받는 것이 제시된다. 이렇게 해서 망자의 넋은 갈 길이 정해진다.

우리 텍스트에서는 이러한 특징이 발견되지 않는다. 대체로 이러한 관념이 있을 수 있는데, 이는 불교를 그대로 전용하고 복합화한 것으로 판단된다. 불교와 도교가 결합된 시왕사사의 차입도 중요하다. 그러나 영혼의 심판 개념은 어찌 보면 존재하지 않는다. 악행을 하였다고 하더라도 망자의 천도의례를 받으면 좋은 곳으로 극락에 이를 수 있다고 하는 관념이 더욱 선행하기 때문이다. 망자가 후손과 조상의 관계로 남을 수 있는 것을 바람직하게 여겼으므로 인간의 선행이나 악행과 관계없이 망자의 넋은 천도되어야 할 대상이 된다. 무속의 굿이 지니는 중요한 관념은 이러한 대목에서 발현된다고 하겠다.

사후의 심판이라는 문제는 종교의 필요성과 삶의 건강한 윤리를 견지하는데 핵심적인 작용을 하였던 것으로 판단된다. 심판의 관념은 동서양의 모든 종교에서 존재한다. 그것은 기독교에서도 문제가 되는 대목이다. 기독교에서 동양의 사상과 오시리스 신화의 얼개를 가져다가 만들었을 개연성에 대해서 이를 지적한 바 있다. 가령 14세기에서 15세기경에 콤퍼에 의해서 편집되고 작성된『죽음을 맞이하는 자의 탄식』과『오롤로기움 사피엔티에(Orologium Sapientiae)』등에서도 유사한 사고가 발견되는 것을 볼 수 있다.[33] 다만 결정적인 차이는 업보의 논리와 죄사함과 대속의 논리가 서로 달리 구성되어 있다고 하는 점을 볼 수가 있다. 그런 점에서 결정적인 차이점이 있음이 확인된다.

3) 부활

부활(rebirth, resurrection)의 관념은 매우 중요한 요소이다. 인간의 영혼이 다시 태어날 수 있다는 사고방식은 진위여부에도 불구하고 우리

---

33) 에반스 웬츠 저, 류시화 역,『티벳 사자의 서』, 정신세계사, 2009, 521~525면.

를 매력적인 요소로 이끄는 구실을 하기 때문이다. 이집트에서 보여주고 있는 것은 부활에 대한 명확한 관념을 지향한다. 인간이면 누구나 오시리스가 되어서 부활할 수 있다고 믿기 때문이다. 여러 관문을 통과하고 마침내 오시리스의 몸처럼 다시 날 수 있다고 하는 관념이 존재한다.

티벳에서는 이 요인을 다시 둘로 갈라서 궁극적 해탈에 이르는 방법과 이와 달리 투생을 새롭게 해서 더 나은 곳으로 가는 것이 긴요하다고 하는 점을 보이고 있는 것이 있다. 티벳에서의 해탈과 투생은 부활 관념과 매우 근접하고 있으며, 이는 윤회라고 하는 새로운 관념과도 연결된다. 윤회와 해탈에서 바람직한 것은 부활이 아니라 영원히 굴레를 벗어나는 것이지만, 이와 달리 굴레에 얽매여 있는 것은 매우 중요하다고 하겠다. 그 점에 자신의 수행 정도나 신앙을 소중하게 여기고 있는 점도 인상적이라고 할 수가 있겠다.

우리에게는 이러한 관념이 존재하지 않는다. 부활이나 재생의 관념은 어떠한 의미에서 너무나 막연하게 나타나고 있으므로 무속의 근본 교리로 확정하기도 어려운 실정이다. 조상이 되어서 영생의 삶을 누릴 수 있다고 가정하지만 이 역시 한정적이고 한시적인 특징을 가질 따름이다. 이러한 비밀을 통해서 얻고자 하는 것은 현실 속에 거처하는 사람의 안녕과 조상으로 예우이지 궁극적으로 사자를 위한 영생의 관념은 존재하는 것으로 보기 어렵가고 하겠다.

부활의 관념은 세상의 종말, 사후의 심판, 삶과 죽음의 관계 속에서 매우 중요한 종교적 설정으로 작동되어 왔다. 그것이 고대 그리스 신화와 종교, 중세의 기독교와 이슬람, 유대교 등의 기본적인 교리가 되어서 작용하고 있는 것으로 우리는 이러한 특징 속에서 이를 다시 성찰

할 필요가 있겠다. 부활이 현혹에 지나지 않는 것인지 의문이 있지만 인간의 사유 속에 내재된 보편적 사고의 결과임은 인정된다.

우리는 짧은 글에서 모든 것을 비교한 것은 아니지만, 적어도 인간의 사유 속에 내재된 근본적 사유, 인간의 내면에서 구성되어 온 생각이 발현된 역사를 더듬어 볼 수 있었다. 죽음에 대한 일정한 자료를 묶고서 사람이 죽은 뒤에 이루어지는 강력한 세계에 대한 열망과 동경을 담은 저작이었음을 절감할 수 있었다.

세 곳의 텍스트는 인간의 삶과 죽음이 서로 연속된다는 전제 아래 성립된 관념을 적은 것이다. 삶이 마무리되면 인간의 영혼은 멸하지 않고 이어진다고 하는 관념에 의해서 이룩된 생각에 기초하고 있다. 이승의 삶만이 아니라 저승 또는 내생의 삶으로 이어진다고 하는 세계관 전거는 신과 인간의 관계 속에 기초하고 있다.

그리고 더욱 중요한 것은 이승의 삶과 함께 이승의 선행과 악행이 더욱 중요한 요소로 작용하고 있다. 이에 대한 타당성 여부를 저승의 신 앞에서 판단을 받는 심판 과정이 매우 중요하다. 이 심판은 곧 사자의 제2죽음과도 깊은 관련이 있다. 죽음이 아니면 신과 더불어서 부활하는 것이 골자이다. 이 부활에 핵심이 있다고 하겠다. 이 부분에 대한 정밀한 생각을 보여주고 있는 곳이 이집트이고, 티벳은 온전하지 않으나 전혀 다른 방식으로 이 문제를 해결하고 있어서 다시 주목된다. 그러나 우리 무속에서는 이러한 관념 자체가 희박하다.

〈죽엄의 말〉 세 편

〈죽엄의 말〉은 경기도 남부 지역의 세습 남무인 '산이'들이 하는 집굿 가운데 재수굿과 새남굿이 있는데 이 가운데 특별하게 새남굿에서 사용하는 문서를 뜻한다. 죽엄의 말은 죽음에 이르러서 망자를 위로하고 망자를 좋은 곳으로 인도하는 굿에서 하는 말이라고 할 수 있다. 그러므로 죽엄의 말이라고 하는 것이 매우 특별한 뜻을 지니고 있다.

〈죽엄의 말〉은 큰굿인 새남굿에서 하는 것으로 주로 산이들의 전통적인 의례 속성상 길게 선굿으로 하는 것을 말하는데 마치 손님노정기, 군웅노정기, 뒷전 등에서 하는 의례의 양태를 그대로 반복하되 새남굿의 형태로 하는 과정에서 활용되는 문서임을 알 수가 있다. 〈죽엄의 말〉은 한양굿이나 경기 이북 지역에서 하는 〈말미〉와 대응하는 것이지만 이러한 굿거리에서 구연하는 〈바리공주〉와 같은 것은 하지 않는다. 대신에 대규모의 초혼제에서 이 〈죽엄의 말〉을 구연하면서 망자의 죽음을 알리고 망자에게 새로운 존재로 전환하였음을 이르고, 내생에 다시 좋은 곳으로 태어날 수 있도록 도모하는 굿에서 이를 구연하는 것을 볼 수 있다.

〈죽엄의 말〉은 쉽사리 이 내용을 이해하자면 철저하게 불교적 세계관에 근거하여 무속의 굿에 불교적인 내용이 윤색되어서 서로 혼합된 혼합주의적 관점의 문서임을 알 수 있다. 혼합주의적인 현상을 달리 이른다면 이것이 바로 무불습합의 전형이라고 할 수 있다. 〈죽엄의 말〉에서 불교적인 의례에서 활용되는 것이 다수 등장하는 것은 이러한 각도에서 이해할 수 있는 것이라고 하지 않을 수 없다. 크게 본다면 이 〈죽엄의 말〉에서 보이는 것이 모두 불교적인 것과 무관하지 않음을 볼 수가 있다. 가령 새남굿에서 이를 활용한다고 하며, 전승과 후승을 핵심적으로 구성하며, 초앞말, 사천왕, 십대왕, 십장엄, 천수경, 만사전, 사십팔원, 도량가, 음중경 및 시왕가 등이 차입된 것은 바로 새남굿에 불교적인 윤색이 극대화된 형태라고 하는 점을 인정할 수 있는 결정적인 증거이다.

그렇지만 〈죽엄의 말〉에서 구연되는 무가와 의례의 연행 절차가 완전하게 불교적인 것이라고 이해하는 것은 온당하지 않다. 오히려 현재 남아 있는 의례적인 구성이나 내용으로 본다면 이를 〈죽엄의 말〉이라고 하여 이들이 하는 행위나 의례를 달리 새남노정기라고 하는 것으로 특별하게 강조하면서 연행하는 것을 볼 수 있다. 그리고 이러한 절차 속에서 보여주는 중심적인 내용은 산이제의 고유한 장단을 활용하고 대목 대목에서 세습남무들의 음악적인 측면이나 예술적인 성격을 강조하는 내용이 매우 특정하게 활용되어 연행을 하는 것을 볼 수 있다.

그렇기 때문에 이들의 〈새남노정기〉는 〈죽엄의 말〉을 근간으로 하여 독자적인 산이들의 어정굿판에서 이루어지는 판예술로서의 성격을 강조하면서 새삼스럽게 연행적인 창조를 가한 점을 볼 수가 있다. 산이제로 하는 연행에서 재수굿이나 마을굿에서 하는 연행에 비견할 만

큰 규모가 크고 긴 시간을 요하는 특별한 절차임을 볼 수 있다. 우리는 비로소 〈죽엄의 말〉이 단순한 창조물이 아니고, 아울러서 이 연행을 통해서 입체적인 예술적 창조의 결과물임을 알게 된다. 〈새남노정기〉와 〈죽엄의 말〉이 불가분의 관계를 맺는 것을 이로써 이해할 수 있다.

〈죽엄의 말〉과 〈새남노정기〉가 깊은 관련성이 있다고 하는 사실을 통해서 우리는 우리의 굿판이나 어정판에서 이룩된 산이들의 특별한 창조력을 재평가하여야 할 것으로 보인다. 종래의 정보가 전혀 없었던 상황 속에서 이들의 노력에 의하여 죽음을 맞이한 망자의 굿판을 차원 높은 예술로 승화하는 비밀을 비로소 인식할 수 있게 되었다고 하는 점을 굳이 강조할 필요가 있을 것이다. 예술적인 창조의 과정이 초혼제의 무당굿에서도 새롭게 제기되었으며, 이들의 창조력은 다른 고장에서 보이는 불교와 무속의 융합이나 무불습합의 전통과 차원이 다른 점을 인식할 수 있게 하는 증거가 된다.

다른 고장에서는 무불습합의 경로가 전혀 다른 것은 아니지만 세습남무인 산이들은 문서를 중심으로 문서에 경기도 남부의 독자적인 장단을 입혀서 굿을 한 존재임을 알 수 있다. 이들의 창조력은 동해안 오구굿의 판념불과 같은 것과 비교되는데 좀 더 차별화되는 관점에서 이를 말해야 할 것으로 보인다. 다른 고장에서는 진오기굿의 고유한 형태를 유지하면서 초혼굿을 진행하지만, 경기도 남부의 산이제 굿에서는 〈죽엄의 말〉을 사용하면서 〈새남노정기〉라는 고유한 굿의 형태를 창조한 것으로 이해된다. 그러한 점에서 이들의 노력은 가히 특별한 사정이 있는 것으로 보인다. 이들의 외우고 실연하는 것이 불교 쪽에서 유래되었다고 하더라도 고유한 형태의 무속적 장단이나 선율을 합쳐서 연행한다고 하는 점에서 각별한 의미를 가지고 있다고 하지 않을 수 없을 것이다.

부록에서 제시하는 경기도 남부 산이제의 〈죽엄의 말〉은 모두 세 가지이다. 첫째 시흥 무부인 하영운의 문서를 소개한다. 이미 학계에 널리 알려져 있었으나 이 번에 함께 제시하고 이들의 존재를 전체적으로 환기하는데 주목하기 위해서 함께 제시한다.

둘째 이용우의 부친인 이종하의 〈죽엄의 말〉을 함께 소개한다. 이미 이에 대해서 글을 쓴 바 있으나 이번에 전모를 예시하고자 한다. 이 자료를 통해서 우리는 경기도 오산의 부산리 출신의 이용우 산이의 중요성을 다시 강조할 수 있을 것으로 보인다. 특히 이용우의 문서가 모두 전통적이고 내력이 있는 것임을 볼 때에 이 자료는 매우 각별한 것이라고 하지 않을 수 없다. 자료를 보면 장단이 예시되어 있고, 무엇을 해야 한다는 것을 지시하는 문면도 있어서 적어도 〈새남노정기〉의 흔적을 알 수 있을 것으로 보인다.

셋째 자료는 다른 자료에 들어가 있는 것인데 그 말의 정체를 쫓아서 이해하니 이 역시 〈새남노정기〉와 〈죽엄의 말〉을 알 수가 있는 소중한 자료인 점에서 각별한 의미를 가지고 있다고 하지 않을 수 없을 것으로 보인다. 원문 그대로 보이면서 다음 연구와 주해 작업을 위해서 일단 학계에 소개한다. 겨를을 갖지 못하고 이 자료를 내놓는 것을 부끄럽게 생각한다. 그렇지만 우리는 이용우 가계에서 이를 중시하고 소장하고 있었던 것을 자료 작업으로 제시하는 것만으로도 소중한 점을 환기하게 된다. 〈죽엄의 말〉을 우리가 만나지 못했다면 아마도 우리는 〈새남노정기〉를 통해서 긴 굿을 하던 산이들의 세계에 대해서는 전혀 이해할 수 없었을 것으로 보인다.

경기도 남부 산이들은 위대한 지혜의 전승자이자 많은 것들을 기억

하고 있었던 훌륭한 재인의 후예였음을 절감하게 된다. 이들의 전통
속에서 많은 예술이 탄생하고 동시에 숱한 의례들이 속출했음을 환기
한다면 이들의 작업의 의의가 무엇인지 단숨에 알 수 있다. 이들을
잃으니 이들이 하는 작업의 의의도 사라지고 이제 문서 몇 건으로 처리
되어 이들을 기억해야 하는 아쉬움을 갖지 않을 수 없다. 이들이 소중
한데 이들의 전통을 어떻게 이어야 할지 깊은 고민이 생기는 것은 당연
하다. 아름다움을 기억하고 말 수 없다. 이들의 자취가 한데 모여 작업
이 이어졌으면 하는 마음만이 간절하다.

1. 경기도 시흥 하영운 〈죽엄의 말〉, 『朝鮮巫俗研究』 上卷, 屋號 書店, 1937.

1) 죽엄의 말 — 전승(前生)[1]

천금새남(千金散陰)[2], 만금수륙재(萬金水陸齊)[3]를 바더 잡수러 들
어오실제
　아모고을 아모동리 아모성망재씨(亡者氏)는
　사텬문(四千門)[4]을 열어들어 오소사

---

1) 죽엄의 말 — 전승 : 오귀굿에서 말하는 전승에 대한 서술인 듯한데, 이러한 구분이
　과연 타당한지 아직 확인하지 못했다.
2) 천금새남 : 천금 같은 새남인 듯. 많은 돈을 들여야 한다는 것의 상징적 표현.
3) 만금수륙재 : 만금수륙재. 만금을 들이는 수륙재. 수륙재는 불가에서 수륙의 잡귀를
　위해 재를 올리는 법회.
4) 사텬문 : 사천왕문의 줄임말. 절을 지키기 위해서 동·서·남·북의 사천왕을 만들어

동문(東門)을 잡으시니 동(東)은 삼팔목(三八木)[5]이라

풀은 주산(主山)이 둘너잇고 청화문(靑華門)[6]을 세윗는데

청류리(靑琉璃) 화장세게(華藏世界)[7] 팔천보살(八千菩薩)을 거느리
시고

청화문을 열어 잠장간[8] 들어오소사

남문(南門)을 잡으시니 남은 병정이칠화(丙丁二七火)라

적화문(赤華門)을 시엿는데[9]

적류리 화장세게 칠천보살(七千菩薩)을 거나리시고

적화문을 열어 들어오소사

서문(西門)을 잡으시니 서는 경신사구금(庚辛四九金)이니

백화문(白華門)을 세윗는데

백류리 화장세게 륙천보살(六千菩薩)님을 거느리시고

백화문(白華門)을 열어 들어오소사

북문(北門)을 잡으시니 북은 님게일륙수(壬癸一六水)라

흑화문(黑華門)을 세윗스니

좌우에 세운 문.

5) 동은 삼팔목이라 : 주역이나 음양술수에서 십간과 오행을 상응해서 나온 숫자와 갑자
를 뜻한다. 그래서 본디는 '동은 갑을삼팔목(甲乙三八木)'이라 했어야 옳은데, 갑을이
빠진듯하다. 3과 8의 내외수가 목으로 되고, 동쪽을 상징하게 된다. 같은 원리에 입각
해서 남은 '병정이칠화(丙丁二七火)'이고, 서는 '경신사구금(庚辛四九金)', 북은 '임계일
육수(壬癸一六水)', 중앙은 '무기오십토(戊己五十土)'로 등장하는데, 여기서는 방위와
갑자 및 숫자가 이치하지 않는다. 또한 이자료에서는 색깔까지 배분했다. 본디에는
동은 '일유수', 남은 '이칠와', 서는 '삼팔목', 북은 '사구금', 중앙은 '오십토'로 되었다.

6) 청화문 : 푸른빛이 나는 문. 청화는 중국에서 나는 푸른 물감의 한 가지.

7) 화장세계 : 화장제계. 본디는 연화장세계(蓮華藏世界). 불교에서 말하는 극락세계.

8) 잠장간 : 잠시잠간.

9) 시엿는데 : 세웠는데.

혹류리(黑琉璃) 화장세게(華藏世界) 구천보살(九千菩薩)님 거나리
시고

북문으로 들어오소사

아모성 망재씨 중앙에 좌정(座定)하실때

위패(位牌)에 좌정하시고 넉을 바드시고

천금새남(千金散陰) 만금수룩재(萬金水陸齊)를 바더 잡수시고

시왕세게(十王世界)로 득텬당(天堂) 하옵소샤

만사전(輓詞傳)[10]을 오여가소사[11]

청송백운(靑松白雲)의 조대당혜요[12] 청산(靑山)은 비운(飛雲)이라

사람이 죽어지면, 청소백운 벗을 삼고

문허진[13] 청산은 백골(白骨)만더저두고[14]

날좃 연산(靈山)의 요조(窈窕)요[15]

사고무용수화승(四顧無容水火昇)[16]이요, 건곤회답지칠년(乾坤廻踏
之七年)을[17]

남방쌍 돌아드러

이바[18] 망재(亡者)야 세번을 불으니

넉시라 다든 문을 손수 열고 대답할가

---

10) 만사전 : 죽은 사람을 위해 지은 글.

11) 오여가소사 : 외워가소서.

12) 조대당혜요 : 미상.

13) 문허진 : 무너진.

14) 더저두고 : 던져두고.

15) 날좃연산의 요조요 : 미상.

16) 사고무용수화승 : 사방을 돌아봐도 용납할 곳이 없고, 물과 불은 상승한다는 뜻. 그러
   나 의미가 정확하지 않다.

17) 건곤~칠년을 : 하늘과 땅을 두루 돌아다닌 지가 무려 칠년이나 되었다는 뜻인 듯.

18) 이바 : 이봐.

유제씨 신공씨 회답씨[19]

여동빈(呂洞賓)[20] 날 잡을 채사(差使)[21]로다

청사실 홍사실 엽헤 차고 두문 지방 가로막고

우뢰갓치 큰소래로 텬둥갓치 뒤질으며[22]

한번잡어 낙궈치니[23] 열손 열발 맥(脈)이 업시

저승으로 잡혀갈제

사람이 죽어지면, 집이한댓[24] 안이두고

강산월래[25]로 짐내여[26] 모실제

전나무 장강틀[27] 참나무 연추편[28]

숭마[29] 닷줄 열두우물[30] 골나메고

북망산(北邙山) 도라가시 사토(砂土)[31]로 집을 짓고

송죽(松竹)으로 울[32]을 삼어 백운(白雲)이 어린 곳에

한 문(門)이 잡겻스니 백옥(白骨)[33]이 진토(塵土)[34]로다

---

19) 유제씨~회답씨 : 유소씨, 신농씨, 회답씨의 와음이라고 하지만 정확한 의미는 모르겠다.

20) 여동빈 : 당대의 인물. 세상의 팔선 가운데 한 사람이다.

21) 차사 : 원이 죄인을 잡으러 보내는 하인이나, 여기서는 저승차사를 의미한다.

22) 뒤질으며 : 되지르며.

23) 낙궈치니 : 낚어채니.

24) 집이한댓 : 집의 한적한 곳.

25) 강산월래 : 강산의 먼곳인 듯.

26) 짐내여 : 집을 내여. 곧 산소자리를 마련하여라는 뜻.

27) 장강틀 : 상여를 메는 멜대.

28) 연추편 : 상여의 끌채에 부착시킨 가로대를 지칭한다.

29) 숭마 : 숙마의 와음. 죽마는 누인 삼껍질.

30) 열두우물 : 열두 명.

31) 사토 : 모래흙.

32) 울 : 울타리.

황천(黃泉)이 적막헌데 어느 벗이 차저올가

동풍백운절(東風白雲節)에 자손(子孫)이 저러한들

신령이 자취업서 오는 줄을 몰으거든

가는 줄을 뉘 알소냐, 아마도 허사(虛事)로다

수덕성[35] 정[36] 유련(劉伶)[37]이도 살어서는 취홍(醉興)이요

음중선(飮中仙)[38] 리태백(李太白)도 죽어지면 허사로다

외동의 자룡금[39]은 노상(路上)의 진퇴(塵土)로다

노상오사(路上誤死)[40] 예붓터 일넛스되

운산에 지는 꼿은 텬제경공[41]의 눈물이요

옥문관(玉門關)[42] 일곡조(一曲調)는 맹상군(孟嘗君)[43]이 우단말가

북사약(不死藥)을 구하시면 건게(仙界)로 가련만은

댱군편(莊君平)[44] 적송자(赤松子)[45]는 어느 곳에 머무는고

안기생(安期生)[46] 여동빈(呂洞賓)은 날더러 물을소냐

---

33) 백옥 : 백골의 와음인 듯.

34) 진토 : 티끌과 흙.

35) 수덕성 : 주덕송의 와음인 듯. 주덕송은 술의 덕을 찬양한 글.

36) 정 : 지은.

37) 유련 : 유련은 진나라 사람으로, 죽림칠현 가운데 하나이다. 술을 무척 즐겨서 주덕송을 썼다.

38) 음중선 : 술 마시는 신선.

39) 외동의 자룔금 : 미상.

40) 노상오사 : 길 위에서 그릇되이 죽는 것.

41) 텬제경공 : 천제경공(天祭景公).

42) 옥문관 : 중국 감숙성 안서주에 있는 관.

43) 맹상군 : 중국 전국시대 제나라의 공족.

44) 댱군평 : 장군평. 한나라 사람으로 늙은이에게 도를 전수받고, 스스로 복유도인(福有道人)이라 불렀다.

45) 적송자 : 신종씨 때의 우사(雨師). 나중에 곤륜산에 들어가 신선이 되었다고 함.

불사약 못구하면 만승텬자(萬乘天子)[47]라도

여산(驪山) 모룽이 황뎨(皇帝) 무덤 되엿스니

함을며[48] 소장부(小丈夫)야 일너 무엇할이

천금새남 만금수룩재 바더 잡숫고

시왕(十王)으로 가시옵소서

【초압말(初前語)[49]】

어야 영가(靈駕)[50]시요

사람이 죽어지면, 일홈[51] 달너지고[52] 성(姓)도 달너지네

일홈은 역시요 성은 그부(鬼簿)[53]더라

상유변부능기(上有冥 府陰界)[54] 팔만사천문(八萬四千門)열어

잠장간[55] 들어오소사

에야 영가시요

아모생 망재씨(亡者氏)는 철나지액연(天羅至厄年)[56]

---

46) 안기생 : 진대의 장수자.

47) 만승텬자 : 만승천자. 천자나 황제를 높이어 일컫는 말.

48) 함을며 : 하물며.

49) 초압말 : 초압은 초앞인 듯. 판소리에서 맨 처음에 나오는 대목을 초앞이라 한다.

50) 영가 : 영혼.

51) 일홈 : 이름.

52) 달너지고 : 달라지고.

53) 그부 : 귀부의 와음인 듯. 불교에서 말하는 과거를 기록한 책. 이른바 과거장.

54) 상유변부능기 : 상유명부음계의 와음인 듯.

55) 잠장간 : 잠시잠간.

56) 철나지액연 : 천라지망지액연(天羅地網之厄年)의 준말. 피하기 어려운 재액을 일컫는 말.

원진이별연(寃嗔離別年)[57] 살포(殺捕)갈인연[58] 사노망신연(死盧亡身年)[59]을 당하야

한명(限命)이 그뿐인지 시대(時代)가 되엇는지

저승 지부왕전(地府王殿)[60]에서 팔배특배자(八牌特牌子)[61] 노와

성화갓치 재촉하니 엇쩐 사자 나오든고

일직사자(日直使者) 월직사자(月直使者)

조리씨저반[62]의 강림도령[63]

팔배자 독배자 내여주며

아모도 아모골 아모동 아모성 망재씨

성화착래(星火捉來)[64]로 잡어오랴 분부가 지엄하니

저 사자 거동보소

지부왕의 명을 밧고

망년 그물 손에 들고 쇠사실 빗겨차고

활등갓치 구분 길로 살갓치[65] 쌜니 나와

압산에 외막치고 뒷산에 장막치고

마당 한가운데는 명패(命牌) 긔(旗)씆혜 꼬자 놋코

일직사자 월직사자 강림도령

---

57) 원진이별연 : 원진은 원진살(元嗔煞). 원진살은 부부사이에 까닭없이 서로 한때 미워
    하게 만든 살. 이별연은 이별년이다.

58) 살포갈인연 : 미상.

59) 사노망신연 : 미상.

60) 지부왕정 : 저승왕전.

61) 팔배특배자 : 사령의 일종인 듯.

62) 조리씨저반 : 미상.

63) 강림도령 : 무속에서 섬기는 신.

64) 성화착래 : 재빠르게 잡아로라는 뜻.

65) 살갓치 : 화살같이.

봉(鳳)의 눈 불읍쓰고[66] 삼각수(三角鬚) 거슬으고

문지방 가루 집고

이바 망재야 어서 밧비 나스거라

천동갓치 뒤질으니

가택(家宅)이 문허지고 우주(宇宙)가 밧귀는듯

아모생 망재씨 일신수족(一身手足)이 벌벌 썰니고

진퇴유곡(進退維谷) 되엿슬제

사랑동 아들아기 진지동 쌀아기 애중헌 며눌아기

자문지(咨文紙)[67] 잔상[68] 별머리위성[69]

면전(命錢) 나전[70] 식상거완(食床巨碗)[71] 찰여놋코

입담 조흔 만신(萬神)불러 적적이 풀어내니[72]

그도 잠시 인정이라 못잡어가요

두번재 일직사자 밧게서 들어오며

어서 나오너라 밧비 나스거라

시리갓치[73] 재촉하니

조부조상(祖父祖上)과 성조지신(成造地神)이 조만이 애걸하니

그도 인정이라 못잡어 내더귀요

삼세번재 강림도령이 와락 쒸여 달여들어

---

66) 불읍쓰고 : 부릅뜨고.

67) 자문지 : 공탁을 덮는 유지.

68) 잔상 : 잔을 놓는 상.

69) 별머리위성 : 사자의 베갯머리에 바치는 공물인 듯.

70) 나전 : 나이수대로 놓는 돈.

71) 식상거완 : 밥상.

72) 풀어내니 : 무당의 말로 풀어낸다는 뜻인 듯.

73) 시리갓치 : 추상같이.

텬동갓치 소래하며 우뢰갓튼 큰소래로

벽녁갓치[74] 호통하니

망제씨 일신수족을 벌벌 쩔고

진퇴유곡 되엿실제

강림도령 달여들어

한번잡어 낙구워치니, 열손에 맥이 업고

두번잡어 낙궈치니, 열발에 맥이 업고

삼세번 낙구워치니

폇든 손 째든[75] 다리 감출 길이 전혀 업네

삼만 육천 일신수족을 감출 길이 전혀 업네

살어서 하든 말삼 한마듸 할길 업네

아모리 정신찰여 부모동생 처자권속

다시 보고 죽자한들 한명이 돌아오고

시대가 되엿스니 살어날 길 전혀 업네

그압헤 안진사람 사랑동 아들 진진동 쌀

애중헌 며누리, 백년처권 일가친척

좌우로 늘어안저 수족을 주물으며

대성통곡 우룸우니 대신(代身)갈이 뉘 잇슬가

재물(財物)로 살니랴 헌들 석숭(石崇)이 부자(富者)라도

재물업서 죽엇스며

외견으로 살니랴 한들

한신(韓信)이 장자방(張子方)과 제갈공명 갓흔 성현(聖賢)들도[76]

할수업시 죽엇스며

긔운(氣運)으로 살니랴 한들

관우(關羽) 장비(蔣備) 조운(曹雲) 항우(項羽) 갓흔 장수[77)]

긔운 업서 죽엇슬야

할일업고 속절업다 이럿틋 탄식할제

삼갑사자(三甲使者)[78)] 달녀들어

머리에 텬상옥(天上玉) 이마에 벼락옥(霹靂玉)

눈에 안경옥 쇠밋테 바눌을 단단이 걸어놋코

입에 하무물녀 귀에 쇠 채여노니[79)]

망재씨 명(命)쓴는 소리 대텬바다 한가운데

일천석(一千石) 실은 중선(重船)[80)] 닷줄 쓴는 소래갓다

아모생 망재씨 족절업고 할일업다

문박글 내다보니 밥 세 그릇 신 세 켤네[81)]

돈석냥과 젯상에 밧쳐놋코

초성조혼[82)] 구낭[83)]이 초혼(招魂)불너 외난소래[84)]

나 죽을시 분명하다

망재씨 할일업서 세상을 리별하고

---

76) 한신이~성현들도 : 한신, 장자방, 제갈공명은 모두 모사. 지혜를 가진 사람.

77) 관우~장수 : 관우, 장비, 조자룡은 모두 장수.

78) 삼갑사자 : 생갑, 병갑, 사갑의 사자인 듯.

79) 머리에~쇠 채여노니 : 사자들이 달려들어 갖가지 기구를 채워 죽이는 모습을 묘사한 대목이다.

80) 중선 : 큰 고기잡이 배이나, 여기서는 큰 배의 뜻.

81) 문박글~신세켤네 : 사람이 죽으면 내놓는 사자밥과 사자신을 의미한다.

82) 초성조혼 : 초성좋은. 곧 목소리가 좋은.

83) 구낭 : 미상.

84) 외난소래 : 외치는 소리.

탄식하고 돌아스며

혼백혼신이 방안을 살펴보니

신체육신 방안에 쥐여두고

자손들이 늘어안저

나무아미타불 관세음보살 염불하며

앙텬탄식(仰天歎息) 설니 울며

하날을 울어러 탄식한들, 하날이 한말 대답하며

쌍을 두다려 탄식한들 쌍이 한말 대답헐가

한숨 모와 구룸되고, 눈물 모와 비가 되야

운운청텬[85] 몰아다가 뉘게다 정장(呈狀)할가[86]

사람한번 죽어지면 집안에 두지안코

강산월내로 짐내여 모실야 할제

천금(天衾) 디금(地衾) 원삼(元衫) 라삼(羅衫) 면모(面冒) 악수(握手)[87]

안싸님 일곱매 밧싸님 일곱매[88]

소렴(小殮) 대렴(大殮) 고히 묵거 칠성판(七星板)[89]에 밧처놋코

오일입관(五日入棺) 칠일성복(七日成服)[90] 지내올제

초단지로귀(初段指路歸)[91] 할야 할제

---

85) 운운청텬 : 운운청천. 미상.

86) 정장할가 : 정장할까. 정장은 관에다 하소연하는 것.

87) 천금~악수 : 시신을 갖가지 베로 장속하는 것을 의미함..

88) 안싸님~일곱매 : 시체를 일곱 부분 묶는 것.

89) 칠성판 : 관속 바닥에 까는 얇은 널조각. 북두칠성을 본떠 일곱 개의 구멍을 뚫음.

90) 칠일성복 : 칠일간 상복을 입는 것을 말함.

91) 초단지로귀 : 진지노귀굿을 뜻하는 듯. 묘지에 매장하기 앞서서 관을 두고 하는 지노 귀굿.

상반(上盤)에서 말서되 자문지 잔상 영실위패(靈室位牌)

식상거완(食上巨碗) 촛불영등(映)燈 극진정성(極盡精誠) 밧처 놋코

일직사자 월직사자

강림도령의 채전(賽錢)⁹²⁾을 찰여놋코

자리거듬⁹³⁾ 초단지로귀 정성으로 지내오니

저승사자들이

망재씨 자손들이 정성이 지극허다고

대공(大攻)을 충찬⁹⁴⁾ 인정을 바드신 후

혼백혼신(魂魄魂身) 고히 모시고 저승전 들어가실 제

동내첨존⁹⁵⁾ 로소인(老少人)이 일시에 모혀 들어

상구(喪具)를 태출(擇出)하야 전나무장강(長江)⁹⁶⁾ 편수마줄⁹⁷⁾

남대단 휘장(揮帳) 흑운단(黑雲緞) 쑥썽

백비단앙장(白緋緞仰帳)⁹⁸⁾ 금전지(金錢紙) 물녀 좌우로 늘이우고

오색들임⁹⁹⁾ 붉은 씌를 나는 듯이 찰여놋코

열두명 밧침군¹⁰⁰⁾이 전전지¹⁰¹⁾ 지내인후

간간이 골나메고

요령 쟁쟁 치는 소래 구천령혼(九天靈魂) 슬푸도다

---

92) 채전 : 새전의 와음.
93) 자리거듬 : 자리걸이. 관이 집 밖으로 나간 뒤에 집 가시는 일의 한 가지.
94) 충찬 : 칭찬.
95) 동내첨존 : 동내첨존(洞內僉尊).
96) 전나무장강 : 전나무로 만든 장강. 길고 굵은 멜대.
97) 편수마줄 : 숙마지망(熟麻之網).
98) 백비단앙장 : 백비단으로 된 앙장. 앙장은 천장이나 상여 위에 치는 휘장.
99) 오색들임 : 오색드림.
100) 열두명 밧침군 : 12명의 상두꾼.
101) 전전지 : 전별제의 와음인 듯.

강산월내로 밧비 모서들어갈제

망재씨 속절업다고 사당(祀堂)에 하직하고

마당에 수결(手決)두고[102] 개더러 젼(傳)게하고

잇든 동리 하직하고 잇든 집 하직하고

좌우산쳔 하직하고 혼백혼신이 탄식하고

좌우전면 선후고개

압뒷길이 나단이든 길이연만

어느째나 다시와서 생시갓치 단여볼가

동리남녀 로인들을 어늬날 만나볼가

오매불망(寤寐不忘)하든 친구 생전갓치 사쟀드니

한명이 이뿐인가 황천(黃天)으로 만나보세

손헷처 하직한들

사후(死後)길이 달너쓰니 뉘가 알고 대답헐가

애고애고 설운지고 탄식하고 들어갈제

뒤를 자세 살혀보니 넘노는이 사재(使者)요

피우는이 연긔로다

백수아쥬앙장(白水羅紬仰帳)빗은 일광(日光)을 가리우고

일대(一代) 부용(芙蓉)은 한단(邯鄲)의 선몽(仙夢)이라[103]

풍랑(風浪)이 노호하야 방향이 조비헌데[104]

춘긔옥단옥분화(春開玉丹玉粉花)라 꼿일은 나븨로다

사람 한번 죽어지면 영결종천(永訣終天) 더욱 설다

---

102) 수결두고 : 서판두고. 글로 증명한다는 뜻.

103) 한단의 선몽이라 : 한단지몽이라. 일장춘몽이라는 뜻.

104) 조비헌데 : 미상.

맹춘(孟春)에 지는 꼿은 명년(明年) 봄에 다시 피고

초목(草木)이 승님하야 해해마다 푸르럿고

영역(逆旅)갓흔[105] 건곤[106]이 부유(부유)[107]갓치 살아지면

어느 째나 돌아올가

황천이 적막헌데

어느 벗이 차저와서 날과갓치 정담(情談)헐가

춘풍은 요란헌데 오작(烏鵲) 지저귄다

하운(霞雲)은 모춘(暮春)이라 단풍(丹楓)은 여삼추(如三秋)라

새명절 기제사(忌祭祀)에 자손이 제를 촬여

만반진수 촬여놋코 부행(俯仰)하고 곡배(哭拜)한들

령혼좃차 자최업서 오시는 줄 몰으거든

잡숫는 줄 어이 알고 속절업슨 길이로다

강산에 터를 닥고 열손을 배에 연고[108]

백양(白楊)으로 정자(亭子)삼고 두견 접동 벗을 삼고

독수공방(獨守空房) 누엇스니 엇지 안이 처량헐가

신체육신은 짱속에 누어잇고

혼신은 저승으로 잡혀 들어가니

지부왕이 허는말이

초단짐 두어라 하고 신채로 조주어라[109]

새채로 조주어라

---

105) 영역갓흔 : 역려같은. 역려는 여관. 이태백의 '춘야도리원서'에 나오는 용어.
106) 영역갓흔 건곤 : 마치 여관과도 같은 이 세상.
107) 부유 : 하루살이.
108) 강산에~연고 : 무덤에 누워 있는 모습을 비유한 말.
109) 초단집~조주어라 : 사정없이 혼령을 다루는 대목. 조주어라는 조지라는 뜻.

망재씨 정신이 혼미하야 백옥갓흔 뒤귀밋혜

흘느난이 눈물이요

철석(鐵石)갓흔 무정갱이 흘느난이 유혈(流血)이라

지부왕이 일은 말이

사랑동 아들 진지동쌀 애중헌 며누리

백년처권 다잇는가

망재씨 엿자오되 아모도 업삽내다

그러면 네몸 감장[110] 뉘가 하야 보내드냐

열두명 발인군(發靷軍)[111]이 곱도록 하야 보냅듸다

간릉(幹能)헌 망재로다

작은 매 물니치고 큰 매로 조주어라

형벌이 무수할제

이승이나 저승이나 형벌을 당허지 말고

바른대로 다집두라[112]

망재씨 할일업시 발은대로 엿줄 째에

사랑동아들 진진동쌀아기

애중헌며눌아기 백년처권 다 잇습니다

서낭자(善往齋)[113] 하엿는가 그도 햇습니다

어느 절에 가서 하엿느야

저승 절은 금태자(金太子) 태운 절이 크고

이승은 문수백운절이 크다 하옵듸다

---

110) 감장 : 장례를 치루어 끝냄.

111) 발인군 : 발인꾼은 상두군.

112) 다집두라 : 다짐두라인 듯.

113) 서낭자 : 선왕재의 와음. 선왕재는 극락왕생을 비는 재.

그런데 철이업사와 조고마헌 초막 절에

상반에 서말서되 불긔(佛器)를 올녓슴니다[114]

그러하면 바다 잡숫기는 뉘라 바다 잡수엇스며

총집(總執)[115]은 뉘라 하시드냐

바다 잡숫기는 우운텬왕(右雲天王) 좌운텬왕(左雲天王)

관세음텬왕(觀世音天王) 여러 왕이 바더 잡수시고

총집은 김씨량주(金氏兩主) 리씨량주(李氏兩主) 허씨량주(許氏兩主)

육육이 여섯분이 하옵듸다

그러면 식칼말미[116] 사흘을 줄것이니

천금새남 만금수룩재 바더 먹고 들어오면

세왕(十王)을 보내주마

망재씨 굿바더 잡수러 나오실제

잡신(雜神)이 뒤를 딸어올 것이니

진언(眞言)이나 오여가소사

애단진언(開壇眞言) 지단진언(指壇眞言) 정구업진언(淨口業眞言)

정삼업진언(淨三業眞言)[117]

옴수리수리마하수리

수수리사바하 진언을 오여가면

잡신이 굴복사례(屈服謝禮)를 하난이

산의 산신이 머믈거든 썼든 능엄버서

대수대명(代數代命)[118] 밧치고 나오소사

---

114) 올넛슴니다 : 올렸습니다.

115) 총집 : 총괄하여 맡은 것을 뜻함.

116) 식칼말미 : 식칼로 자른 듯한이 정확한 말미인 듯.

117) 애단진언~정삼업진언 : 진언은 주문. 천수경에 나오는 진언의 종류.

길의 길신이 머물거든 팔백지 한장째여
대수대명 원정써서 밧치고 나오소서
망재씨 굿바더 잡수시러 나오실제
천리강남은 상대선(上大船)하시고
만리건곤은 죄기축허더귀(諸鬼畜許多鬼)요
신당하니 제불당하니 유씨의 시운당이요
석벽에 장반목하니 춘일원의 반긔도화
쌍나뷔 몸이되여 잠의 잠장간 나오소사
청산의 청나뷔는 입해 걸녀 못오시고
홍산의 홍나뷔는 꼿에 걸녀 못오시고
월화동산 왕거미는 줄에 걸녀 못오시고
아모성 망재씨는 팔에 걸녀 못오시더라
장챤종이 질챤가새
첫번 접으니 대신전 두번 지부니 배암전[119]
룡전 구수전 싸전, 넉의넉전 말너내여
어제 저녁 거리활 맞고 지석지팔 여위여
안당의 군운[120] 사살지게 안쌍에 걸어두고
밤새도록 모든 신을
낫 저무도록 놀야하고
치여다 보니 청하눌이요
날여다 보니 만구룸 재일(遮日) 속에 장화맷고

---

118) 대수대명 : 운수연명을 하기 위해서 바치는 것.
119) 배암전 : 지전의 종류.
120) 군운 : 군웅의 와음.

구수덩 싸덩 연주당 골맥이[121] 수팔연거완

세왕당 도령당 잔쌍맥이[122]

봉각씨 좌우로 늘어놋코

장반법[123]을 오야가소사[124]

장반폭포(錚盤瀑布)는 인난봉(人難逢)이요 월양선파(月影船破)의 인산호(人散呼)요

국리봉님(窮裡逢任)은 누만건(淚滿巾)이요 원아망영(願我亡靈)은 득텬당(得天堂)이라[125]

아모성 망재씨 본은 가서 게 어데가 본일는고

학계령산본(下界靈山本)이로다

학계령산본 안이라 여심니산(此須彌山)이 본이로다

어여쑨 망재씨 어제 살어 집줄너니[126]

언의듯[127] 세솔알의[128] 송풍(松風) 틔끌 입되여

저승전 명우 걸고 이승전 하직하고

불상헌 혼신되여 철양하신[129] 넉시로다

동방색(東方朔)은 삼천년(三千年)이요 팽길(彭吉)[130]은 오백년이요

---

121) 골맥이 : 마을을 지키는 신격.

122) 잔쌍맥이 : 마을의 장승을 세워 액막이 하는 것.

123) 장반법 : 게송이나 염불의 일종인 듯한데, 그 의미는 미상이다.

124) 오야가소사 : 외워가소서.

125) 장반폭포는~득텬당이라 : '장반폭포는 사람을 만나기 어렵고, 달 그림자는 배를 깨트려 사람은 흩어져 부르네. 궁벽한 속에서 님을 만나니 눈물이 수건에 가득하고 원컨대 내 넋은 천당에 가기를 바라네.'라는 뜻이다.

126) 집줄너니 : 집주인일러니.

127) 언의듯 : 어느덧.

128) 세솔알의 : 작은 소나무 아래.

129) 철양하신 : 처량하신.

이길은 가증수(加增壽)[131]요 삼길은 인간부(人間富)라

금일동참(今日同參)이란 말삼은 엇지 두고 내신 말삼인고

옛사람 동방삭은 세게 닥그시고

후세에 일홈을 전코자 삼천갑자(三千甲子) 살어잇고

그체 중간사람들은 삼사백(三四百)을 살으시고

황천객(黃泉客)이 되여잇고

그후 인간사람들 한백년도 살으시고

한팔십도 살으시고 황천객이 되엿스나

아모성 망재씨는 단백년을 못살으시고

세상을 리별하니 엇지 안이 슬풀소냐

애단금월(愛斷金鐵)은 중생전(衆生前)이요, 법게동참(法界同參)은
미심(未審)하도다[132]

옥출곤강(玉出崑岡) 금생려수(金生麗水)[133]는 엇지 두고 내신 말삼
이요

물이 만은들 물마다 금이나며

산이 만은들 산마다 옥이날가

사람한번 죽어지면 누만년이 돌아가도

살어올 길 전혀업고 다시한번 못오는 이

서가세존임이 인간제도(人間濟度) 하옵실제

삼년효도 대소상(大小祥)과 백일종제거상법(百日終除去喪法)과

새명일 기제사에 정초 한식 단오 추석

---

130) 팽길 : 미상.

131) 가증수 : 나이를 더하는 것.

132) 애단금월~미심하도다 : 의미 미상.

133) 옥출곤강 금생려수 : 옥은 곤강에서 나고 금은 여수에서 나온다는 뜻.

천금새남 만금수룩법을 말연하야씨로

망재씨 자손들이

천금새남 정성으로 잘하오면

어듭든 눈도 밝아오고 압푸든 다리도 가비여지고

팔만사천지옥을 면하시고

세옹세게로 등텬당 하신다 하오니

어엽쁜 망재씨 굿바더 잡수시고

세왕으로 들어가실제 섭채근치사텬왕(釋堤謹侍四天王)[134]을

외여가소사[135]

동방초조(東方初祖)는 채호복히씨(太昊伏義氏)요

문(門)은 원도문(願道門)이요 갑은삼팔목(甲乙三八木)이요

텬왕(天王)님[136]이 삼만약사열애(三万藥師如來)님[137]이

팔천보살(八千普薩)을 거날이시고

청긔(靑旗)를 정중(庭中)에 립표(立標)하시고

대왕님전 정진보살(精進普薩) 정진설법(精進說法) 하시는데

청류리 화장세게 보감철죽상중설법

도제중생 일심봉참이미타불(一心奉讚阿彌陀佛)이요

그왕의 차지는 춘삼삭(春三朔)을 차지하시고

목생(木生) 잡수신 망재씨는 동문(東門)으로 드섯는가

---

134) 섭채근치사텬왕 : 석제근시사천왕의 와음. 염불이나 게송의 일종인 듯한데, 자세히
    알수 없다.

135) 이상 초앞의 말은 끝이다.

136) 텬왕님 : 천왕님.

137) 삼만약사열애님 : 약사여래는 의약·병 등을 관장하는 여래.

문을 열어노와 보내소서[138]

남방토조(南方初祖)는 염제신통씨(炎帝神農氏)요

문은 지예문(智慧門)이요 갑(甲)은 병정이칠화(丙丁二七火)이매

지장텬왕(地藏天王)님이 일만문수보살(一萬文殊普薩)

전단양(旃壇香)의 칠천보살(七千普薩)님을 거나리시고

적긔(赤旗)를 정중에 립표하시고

대왕정절불보살(大王淨刹佛普薩)님이 증진증법(精進證法)하시는데

적류리화장세게(赤琉璃華藏世界) 모감철죽상중설법(妙觀察智常住說法)

도제중생(度濟衆生) 일심봉참아미타불(一心奉讚阿彌陀佛)이요

그왕의 차지는 하삼삭(夏三朔)을 차지하시고

화생(火生) 잡수신 망재씨는 남문으로 드섯는가

문을 열어 보내소사

서방초조(西方初祖)는 소호금천씨(少昊金天氏)요

문은 여별문(涅槃門)이요 갑(甲)은 경신사구금(庚辛四九金)이니

비삼목텬왕(毗沙門天王)님이 백긔(白旗)를 정중에 립표하시고

대왕정절불보살님이 증진증법 하옵시고

백류리화장쎄 모감철죽상중설법(妙觀察智常住說法)

도제중생아미타불 일광월광량이광(日光月光兩日光)

편조보살(遍照普薩)님 구천백만권속(九千百萬眷屬) 거나리시고

그대왕의 차지는 추삼삭(秋三朔)을 차지하시고

금생(金生)먹으신 망재씨는 서문으로 드섯는가

138) 동방초조는~보내소서 : 동쪽방위, 신격, 천왕의 종류, 깃발, 보살, 보살의 설법, 설법에서 구현된 세계, 왕의 차지, 망자의 태생, 문안에 드는 것 등이 긴밀하게 맞물리면서 의미를 구현한다. 이하에 남쪽, 서쪽, 북쪽, 중앙이 동일한 원리에 의해서 구현된다.

문을 열어 나오소사

북방초조(北方初祖)는 전후고양씨(顓頊高陽氏)요

문은 법성문(法性門)이요 갑(甲)은 임계일륙수(壬癸一六水)라

광목텬왕(廣目天王)님이 흑긔(黑旗)를 정중에 립표하시고

대왕정절불보살님

상텬관음보살(上天觀音菩薩)님을 거나리시고

흑류리화장세게로 왕생왕생(往生往生) 하시고

그왕의 차지는 동삼삭(冬三朔)을 차지하시고

수생(水生) 잡수신 망재씨는 북문으로 드섯는가

문을 열어 보내소사

중앙초조(中央初祖)는 황뎨헌원씨(黃帝軒轅氏)요

문은 정절문(淨刹門)이요 갑(甲)은 오십토(五十土)[139]인데

중궁텬왕(中宮天王)님이 중앙을 차지하시고

청장법신비노자불(淸淨法身毗盧舍佛) 원만무심노사나불(圓滿無盡盧舍那佛)

당내화산미력준불(堂內華散彌勒尊佛) 구품조흔아니타불(九品莊嚴阿彌陀佛)

승사리보살(僧舍利菩薩)미네 주줄이 늘어안자

황긔(黃旗)를 정중에 립표하시고

오행(五行) 꼿을 썩쩌쥐고 황류리화장세게

모감철죽상중설법 도제중생아미타불

우도라찰(右道羅刹) 좌도하찰(左道羅刹) 조리씨제제반에 강림도령

일직사자 월직사자 삼사자 거느리시고

---

139) 오십토 : 무기오십토(戊己五十土)의 탈락.

차지는 윤삭(閏朔)을 차지하시고

토생(土生) 잡수신 망재씨는 중앙에 게신가

문을 열어 보내소사[140]

아모성 망재씨 세왕으로 가실 적에

적귀적살직게(赤鬼赤殺逐偈) 외여가소사

아모성 망재씨 열세왕(十王)이나 알고가소사

제일진광대왕님 탄일(誕日)은 이월초하룻날

원불은 증광여래불(奏廣如來佛) 지옥은 도산지옥(刀山地獄)

경오갑(庚午甲)이 상갑(上甲)이요

경오(庚午) 신미(辛未) 임신(壬申) 기유(己酉) 갑술(甲戌) 을해(乙
亥) 가진 이

여기 매여 게시오니 그왕에 매인 망재씨

문을 열어 쇠를 노와 보내소사[141]

제이초관대왕님 탄일은 삼월초하룻날

원불은 약사여래(藥師如來) 지옥은 하탕지옥(鑊湯地獄)

갑은 무자갑(戊子甲)이 상갑(上甲)이라

무자(戊子) 기축(己丑) 경인(庚寅) 신묘(辛卯)

임신개사생(壬申癸巳生) 갓치 매엿스니

그왕에 매인 망재씨 념불 공부 힘을 어더

세왕으로 가옵소사

---

140) 이상은 사천왕에 대한 기원이다.

141) 제일진광대왕~보내소사 : 열시왕의 명칭, 탄생일, 원불, 맡은 지옥, 여기에 속하는
생년 갑자등이 순차적으로 얽혀 소개된다. 이하 동일하다.

제삼송게대왕님 탄일은 이월 스무 여들헷 날

원불은 선검여래(善賢如來) 지옥은 한빙지옥(寒氷地獄)

임오갑(壬午甲)이 상갑이라

임오(壬午) 긔미(己未) 갑신(甲申) 을유(乙酉) 병술(丙戌) 정해생(丁亥生)이

갓치 매엇스니 그왕에 매인 망재씨

문을 열어 나오소사

제사오관대왕님 탄일은 정월초여들헷날

원불은 아미타불(阿彌陀佛) 지옥은 구해지옥(鉅火地獄)

갑자갑(甲子甲)이 상갑이라[142]

그왕에 매인 망재씨

넘불 공부 하시면 세왕으로 가시옵소서

제오넘나대왕님 탄일은 삼월초어들헷날

원불은 지장보살(地藏菩薩) 지옥은 바러지옥(拔舌地獄)

경자갑(更子甲)이 상갑이라

경자(庚子) 신축(辛丑) 임인(壬寅) 게묘(癸卯) 갑진(甲辰) 을사생(乙巳生)은

갓치 매엿스니 그왕에 매인 망재씨

넘불공부 심을 써서 세왕으로 가소사

제육에 편성대왕님 탄일은 이월스무일헷날

원불은 대세지보살(大勢至菩薩) 지옥은 독사지옥(毒蛇地獄)

병자갑(丙子甲)이 상갑이라

병자(丙子) 정축(丁丑) 무인(戊寅) 긔묘(己卯) 경진(庚辰) 신사생(辛

---

142) 이하에 제4오관대왕에게 매인 갑자는 결락되어 있다.

巳生)이

갓치 매엿스니 그왕에 매인 망재씨

넘불공부 하시면 세왕으로 가시나이다

제칠태산대왕님 탄일은 삼월초일헷날

원불은 관세음보살(觀世音菩薩)이 원불이요

지옥은 양설지옥(兩舌地獄)[143] 갑오갑(甲午甲)이 상갑이라

갑오(甲午) 을미(乙未) 병신(丙辛) 정유(丁酉) 무술(戊戌)

긔해생(己亥生)이 갓치 매엿스니

그왕에 매인 망재씨

넘불 공부 하시면 세왕으로 가나이다

제팔평등대왕님 탄일은 사월 초하룻날

원불은 노사나불(盧舍那佛)이 원불이요

지옥은 탐신지옥(貪心地獄) 병오갑(丙午甲)이 상갑이라

병오(丙午) 졍미(丁未) 무신(戊申) 긔유(己酉) 경술(庚戌)

신해생(辛亥生)이 갓치 매엿스니

넘불공부 힘을 쓰면 세왕으로 가시난이다

제구도시대왕 탄일은 사월초칠일

원불은 구왕보살(久遠菩薩)님이 원불이요

지옥은 철산지옥(鐵床地獄) 임자갑(壬子甲)이 상갑이라

임자(壬子) 긔축(己丑) 갑인(甲寅) 을모(乙卯) 병진(丙辰)

정사생(丁巳生)이 갓치 메엿스니

그왕에 메인 망재씨

넘불공부 하시면 세왕으로 가시난이다

---

143) 양설지옥 : 발설지옥(拔舌地獄)의 와음인 듯.

제십전륜대왕님 탄일은 사월이십일

원불은 석가여래(釋迦如來) 지옥은 흑암지옥(黑暗地獄)

무오갑(戊午甲)이 상갑이라 무오긔미경신신유(戊午己未庚申辛酉)

임술게해생(壬戌癸亥生)이 갓치 매엇스니

그왕에 매인 망재씨

넘불 공부하시면 세왕으로 가시난이다

망재씨열시왕은 알엇거니와

십장엄(十莊嚴)[144]을 알고가소사

극락세게십종장엄(極樂世界十種莊嚴) 나무아미타불

법정성의수인장엄(法藏誓願修因莊嚴) 나무아미타불

사십팔원원역장엄(四十八願願力莊嚴) 나무아미타불

미타병호수광정엄(彌陀名號壽光莊嚴) 나무아미타불

삼태상관보성장엄(三大士觀寶像莊嚴) 나무아미타불

미라금토극락장엄(彌陀國土極樂莊嚴) 나무아미타불

보화청정덕수장엄(寶河淸淨德水莊嚴) 나무아미타불

보전여의누각장엄(寶殿如意樓閣莊嚴) 나무아미타불

주야장엄십분장엄(晝夜長遠時分莊嚴) 나무아미타불

니십사락정토장엄(二十四樂淨土莊嚴) 나무아미타불

삼십종의공덕장엄(三十種益功德莊嚴) 나무아미타불

아모성 망재씨 십장엄을 오야가시면

세왕으로 득텬당 한다 하오니

자자(字字)이 오여 가시옵소사[145]

---

144) 십장엄 : 장엄염불 가운데 한 부분.

145) 이상 열시왕에 대한 기원이다.

세왕으로 가실제, 잡신(雜神)이 뒤를 쌀것이니[146]

천수(千手)[147] 일편을 오여가소사

천수를 오여가시면 잡귀잡신이 굴복하야

세왕으로 가신다 하오니

천수(千手) 일편을 오여가소사

정구업진언(淨口業眞言) 수리수리마하수리(修利修利摩詞修利) 수수리사바하(修修利娑婆詞)

오방내외진언(五方內外眞言) 진언나무사만다못다남(眞言南無三滿多母多喃)

옴도로도로짐니사바하(唵度魯度魯地尾娑婆詞)

무상심심미요법(無上甚深微妙法) 백천만겁내조우(百千萬劫難遭遇)

아금문전득수치(我今聞見得受持) 원내여래실애개(願解如來眞實義)

법장진언(法場眞言) 오마라나마라다(唵啊囉喃啊囉嗲)

천수천아과자재보살(千手千眼觀自在菩薩) 광대원만비하리비심(廣大圓滿無碍大悲心)

대다한게청(大陀羅尼啓請) 기수관응대비수(稽首觀音大悲主)

원역호심상호심(願力洪深相好身) 천비상업보호지(千臂莊嚴普護持)

천안광명번관조(千眼光明遍觀照) 진실허중선미허(眞實語中宣密語)

무의심내기비심(無爲心內起悲心) 송영만족제회구(速令滿足諸希求)

영산밀체제죄업(永使滅除諸罪業) 천용중생도제호(天龍重星同慈護)

백천삼매도훈수(百千三昧頓熏修) 수지신지신통장(受持心是神通藏)

146) 쌀것이니 : 따를 것이니.

147) 천수 : 천수경. 천수경은 천수보살의 유래, 발원, 공덕을 설한 내용이다. 밀교나 선불교에서 주로 외는 경전이다.

광명탕수지신지(光明幢受持身是) 셰척질로원체회(洗滌塵勞願濟海)

총중부리방평문(超證菩提方便門) 악음친송서구회(我今稱誦誓歸依)

소원종심일원만(所願從心悉圓漫)

나무관세음(南無觀世音) 원아속지일체법(願我速知一切法)

나무대비관세음(南無大悲觀世音) 원아조득지혜안(願我早得智慧眼)

나무대비관세음(南無大悲觀世音) 원아속승반야선(願我速乘般若船)

나무대비관세음(南無大悲觀世音) 원아조득월괴의(願我早得越苦海)

나무대비관세음(南無大悲觀世音) 원아속도제속도(願我速得戒足度)

나무대비관세음(南無大悲觀世音) 원아조득원직산(願我早得圓寂山)

나무대비관세음(南無大悲觀世音) 원아속회무회사(願我速會無爲舍)

나무대비관세음(南無大悲觀世音) 원아조동법성신(願我早同法性身)

안약향도산(我若向刀山) 도산자죄절(刀山自摧折) 안악향화탕(我若向火湯) 화탕자소멸(火湯自消滅)

안약향도산(我若向刀山) 디옥자고결(地獄自枯竭) 안악향악귀(我若向餓鬼) 악귀자포벌(餓鬼自飽滿)

안악향축생(我若向畜生) 자두대지혜(自得大智慧)

나무대비관세음보살마하살(南無大悲觀世音菩薩摩訶薩)

나무대세지보살마하살(南無大勢至菩薩摩訶薩)

나무천수보살마하살(南無天手菩薩摩訶薩)

나무여일륜보살마하살(南無如意輪若菩薩摩訶薩)

나무대으신보살마하살(南無大輪菩薩摩訶薩)

나무관자재보살마하살(南無觀自在菩薩摩訶薩)

나무정취보살마하살(南無正趣菩薩摩訶薩)

나무만월보살마하살(南無滿月菩薩摩訶薩)

나무수월보살마하살(南無水月菩薩摩訶薩)

나무제대보살마하살(南無諸大菩薩摩訶薩)
나무본사아미타불(南無本師阿彌陀佛)

신묘장군대다란이(神妙章句大陀羅尼)[148]

나무나단한할라 야야 나막알약 바로기제 사바라야 못짓사다 바야마
하사다 바야 마하사다바야 마하가른니가야 옴살바바예수 다라나 가라
야 다사명 남악갈리다바 이맘알약바루기제 사바아야 다바 리하간타야
나막 할인내야 마발타 미삼니 살발타 사다남 수반 아예염 사도바 보다
남 바바마아 미수타간 단야타 옴 알로게 아로가마지로가 지가란제 해
해할레 마하 못짓 사다바 사마라 사마라 하린나레 구로 구로 갈마 사다
야 사다야 도로 도로 미연데 마하 미연데 다라 다라 다린 나례 새바라
자라 자라 마라 미마라 아마라 몰데 예혜혜로계새바라 라아 미삼이
나사야 나미 삼이 삼이 나사야 모하자라 미삼이 나사야 호로 호로 마라
호로 할레 바나마 나바사라사라 시리시리 소로소로 못쟈못쟈매달리아

---

148) 신묘장군대다란이 : 신묘장구대다라니. 천수경을 이루는 주요 대다라니. 원래의 내
용을 원문대로 제시하면 다음과 같다. 廣大圓滿無礙大悲心大陀羅尼神妙章句陀羅
尼曰 南無喝囉怛那哆囉夜耶 南無阿唎耶 婆盧羯帝爍鉢囉耶 菩提薩跢婆耶 摩訶薩
跢婆耶 摩訶迦盧尼迦耶 唵 薩皤囉罰曳 數怛那怛寫 南無悉吉利埵伊蒙阿唎耶 婆
盧吉帝室佛囉㸍婆 南無那囉謹墀 醯唎摩訶皤哆沙咩 薩婆阿他豆輸朋 阿逝孕 薩婆
薩哆那摩婆薩哆那摩婆伽 摩罰特豆 怛姪他 唵阿婆盧醯 盧迦帝 迦羅帝 夷醯唎 摩
訶菩提薩埵 薩婆薩婆 摩羅摩羅 摩醯摩醯唎馱孕 俱盧俱盧羯懞 度盧度盧罰闍耶帝
摩訶罰闍耶帝 陀羅陀羅 地利尼 室佛囉耶 遮羅遮羅 摩麼罰摩囉 穆帝囇 伊醯移醯
室那室那 阿囉嗲佛囉舍利 罰沙罰嗲 佛羅舍耶 呼嚧呼嚧摩囉 呼嚧呼嚧醯利 娑囉
娑囉 悉利悉利 蘇嚧蘇嚧 菩提夜菩提夜 菩馱夜菩馱夜 彌帝利夜 那囉謹墀 地唎瑟
尼那 波夜摩那 娑婆訶 悉陀夜 娑婆訶 摩訶悉陀夜 娑婆訶 悉陀喻藝 室皤囉耶 娑
婆訶 那囉謹墀 娑婆訶 摩囉那囉 娑婆訶 悉囉僧阿穆佉耶 娑婆訶 娑婆摩訶阿悉陀
夜 娑婆訶 者吉囉阿悉陀夜 娑婆訶 波陀摩羯悉哆夜 娑婆訶 那囉謹墀皤伽囉耶 娑
婆訶 摩婆利勝羯囉夜 娑婆訶 南無喝囉怛那哆囉夜耶 南無阿唎耶 婆嚧吉帝 爍皤
囉夜 娑婆訶 唵悉殿都 曼哆囉 鉢馱耶 娑婆訶

이라간타 감야사라사남 바라 하린나야 마늑사바하 시대야 사바하마하
시대야 사바하 시대류예 사바하야 사바하 이라간타야 사바하 바라하
목하 슨아 목하야 사바하 바느마 하타야 사바하 자가라 욕태야 사바하
향개 성난에 못다나야 사바하 마흐리 굿타 단야 사바하 밤아 사간타
니사짓체학 가린나 이나야사바하 나무나다라야야 나악 알약 바로 긔제
사바라야 사바하(와음이 심해서 이를 한자말로 전환한 것을 중심으로
하여 제시한다.(南無 喝囉怛那 哆囉夜耶 南無 阿唎耶 婆盧羯帝 爍舷囉耶
菩提薩埵婆耶 摩訶薩埵婆耶 摩訶迦盧尼迦耶 唵 薩皤囉罰曳 數怛那怛寫
南無悉吉利埵 伊蒙阿唎耶 婆盧吉帝 室佛囉㨫馱婆 南無 那囉謹墀 醯唎摩
訶皤哆沙咩 薩婆阿他 豆輸朋 阿逝孕 薩婆薩哆 那摩婆薩多 那摩婆伽 摩罰
特豆 怛侄他 唵 阿婆盧醯 盧迦帝 迦羅帝 夷醯唎 摩訶菩提薩埵 薩婆薩婆
摩囉摩囉 摩醯摩醯 唎馱孕 俱盧俱盧 羯蒙 度盧度盧 罰闍耶帝 摩訶罰闍
耶帝 陀囉陀囉 地唎尼 室佛囉耶 遮囉遮囉 麼麼 罰摩囉 穆帝隷 伊醯伊醯
室那室那 阿囉嗲 · 佛囉舍利 罰沙罰嗲 佛囉舍耶 呼盧呼盧摩囉 呼盧呼盧
醯利 娑囉娑囉 悉唎悉唎 蘇嚧蘇嚧 菩提夜 菩提夜 菩馱夜 菩馱夜 彌帝利夜
那囉謹墀 地利瑟尼那 婆夜摩那 娑婆訶 悉陀夜 娑婆訶 摩訶悉陀夜 娑婆訶
悉陀喻藝 室皤囉夜 娑婆訶 那囉謹墀 娑婆訶 摩囉那囉 娑婆訶 悉囉僧 阿穆
佉耶 娑婆訶 娑婆摩訶 阿悉陀夜 娑婆訶 者吉囉 阿悉陀夜 娑婆訶 波陀摩
羯悉陀夜 娑婆訶 那囉謹墀 皤伽囉耶 娑婆訶 摩婆利 勝羯囉夜 娑婆訶 南無
喝囉怛那 哆囉夜耶 南無阿利耶 婆嚧吉帝 爍皤囉夜 娑婆訶 唵 悉殿都 漫多
囉 跋陀耶 娑婆訶)[149]

---

149) 이상은 천수경 가운데 신묘장구대다리니를 말하는 것인데 와음이나 오자 탈자가
보인다. 이를 바로 잡아서 제시한다.

【2】【죽엄의 말 – 후승(後生)】

일셰동방결도령(一灑東方潔道場),

이셰남방득텬당(二灑南方得清凉)

삼셰서방구졍토(三灑西方俱淨土),

사셰북방영안간(四灑北方永安康)

오셰중앙약소졔(五灑中央厄消除)[150]

도령쳥졍무하례(道場清淨無瑕穢),

삼보쳥룡강챠지(三寶天龍降此地)

아금지송모진언(我今持誦妙眞言),

원수쟈비밀강회(願賜慈悲密加護)[151]

아석조수지하검(我昔所造諸惡業),

괴유무시탕진위(皆由無始貪嗔痴)

종신군의진소생(從身口意之所生),

일쳬아금괴참의(一切我今皆懺悔)[152]

진언(眞言), 옴(唵), 살바못지못다사다바사다바(薩婆菩陀菩提薩埵耶
娑婆訶)

준졔공덕취(準提功德聚), 식장심장졔(寂靜心常誦)

일채제대난(一切諸大難), 무릉침실혼(無能侵是人)

쳔상금내간(天上及人間), 수복예불등(受福與佛等)

유차여의중(遇此如意珠), 경획문등등(正獲無等等)

---

150) 천수경 가운데 도량찬(道場讚)이다.

151) 천수경 가운데 도량찬(道場讚)이다.

152) 천수경 가운데 참회게 참회게(懺悔偈)이다.

나무(南無), 칠구지(七俱祗), 불모(佛母), 대준졔보살선송(大準提菩薩三誦)[153]

경벽대진언(淨法界眞言), 옴남(唵喃) 옴(唵) 칠리훔칠리훔(齒臨 齒臨 齒臨의 와음)

관세음보살(觀世音菩薩), 육자대명왕진언(六字大明王眞言), 옴안이발미훔(唵麼抳鉢訥銘吽의 와음)

준졔진언(準提眞言), 나무(娜摩), 삼약사물타(三藐三勃駄), 구지남(俱祗喃), 부리(部林)

옴(唵), 좌례(折隷), 사바하(薩婆詞)[154]

만사젼(輓詞傳)을 오야가소사
청룡백운(靑龍白雲)은 의조대당화요 청산(靑山)은 백운긔(白雲起)라
사람이 죽어지면, 청송백운 벗을 삼고
문허진 청산은 백골만 더저두고
일토영산(一土靈山)의 요조(窈窕)요 사고무용수하승(四顧無容水火昇)이요
건곤회답지칠년(乾坤廻踏之七年)을 남방짱 돌아 들어
벽돗 산신이 감돌아들어
이바 망재야 세번을 불으니
넉시라 다든 문을 손수 열고 대답헐가
유졔씨(有巢氏) 반고(船古氏) 회답씨(回踏氏) 여등비(呂洞賓)
날잡을 채사로다

---

153) 천수경 가운데 참회진언이다.
154) 천수경의 일부분이다.

쳥사실 홍사실 엽헤 차고 쳘채를 손에 들고
두문지방 가로집고 우뢰갓흔 소래
텬동갓치 뒤질으며
이바 망재야 세번을 뒤질으니
넉시라 다든 문을 손수 열고 대답헐가
할이업시 저승으로 잡혀갈제
사랑동 아들아긔 진지동 쌀악이
애중헌 며누리 백년쳐권 좌우로 늘어안져
하날을 우러러 탄식헌들
대신갈 이 뉘 잇슬야
사람이 죽어지면 집에 한데 안이 두고
강산원레로 짐내여 모실졔
젼나무 쟝강틀 참나무 연춧대
편승마댯줄 열두우물 골나메고
요령쟁쟁 치는 소래 구쳔명월 슬푸도다
공산에 터를 닥고 사토로집을 짓고
송죽으로 울을 삼고 백운이 어린 곳에
한문이 쟘겻스니 백골이 진토로다
황쳔이 격막헌데 어느 벗이 차져오리
동퐁백운절에 자손이 절을 한들
신령이 자최업시 오는 줄을 몰으거든
가는 줄을 어이 알이 아마도 허사로다
쥬덕 셩경 유련이도 살어서는 취홍이요
음즁산 리태백도 죽어지니 허사라
로상오사는 예붓터 잇것만은

춘산에 지는 꼿은 제경공의 눈물이요

옥문관 일곡조는 맹상군이 우단말가

불사약을 구하려면 선계로 갈엿만은

단군평 젹송쟈는 어느 곳에 머무는고

안기생 여동빈은 날더러 물을소냐

불사약을 못구하면 만승의 텬쟈라도

여산 모롱이 황뎨무덤 되엿스니

함을며 소장부야 일너 무엇할이

천금새남 만금수륙재를 바더 잡수시고

구품여뇌대로 부쳐님졔쟈 되여 들어가소사

만사젼(輓詞傳)은 자자히 오여 가섯거니와

사십팔원(四十八願)을 자자이 오여가시면

시왕으로 가신다 하오니

사십팔원을 쟈쟈이 오여가소사

악취무명원나무아미타불(惡趣無名願南無阿彌陀佛)[155]

무타악도원나무아미타불(無墮惡道願南無阿彌陀佛)

동진금생원나무아미타불(同眞金色願南無阿彌陀佛)

선무무챠원나무아미타불(形貌無差願南無阿彌陀佛)

셩취수명원나무아미타불(成就宿命願南無阿彌陀佛)

상혹쳔만원나무아미타불(生獲天眼願南無阿彌陀佛)

상혹쳔이원나무아미타불(生獲天耳願南無阿彌陀佛)

연지심행원나무아미타불(普知心行願南無阿彌陀佛)

---

155) 사십팔원 : 아미타불이 버버장비구라 불리었던 옛날에, 일체의 중생을 구제하기 위하여 마음먹었던 마흔 여덟 가지 큰 서원.

심촉초월원나무아미타불(神足超越願南無阿彌陀佛)

셩무안생원나무아미타불(淨無我想願南無阿彌陀佛)

졀졍졍개원나무아미타불(決定正覺願南無阿彌陀佛)

광명보소원나무아미타불(光明普照願南無阿彌陀佛)

수량무궁원나무아미타불(壽量無窮願南無阿彌陀佛)

셩무쟝수원나무아미타불(聲聞無數願南無阿彌陀佛)

즁생쟝수원나무아미타불(衆生長壽願南無阿彌陀佛)

괴혹션명원나무아미타불(皆獲善名願南無阿彌陀佛)

졔불증챰원나무아미타불(諸佛稱讚願南無阿彌陀佛)

심염왕생원나무아미타불(十念往生願南無阿彌陀佛)

임죵현셩원나무아미타불(臨終現前願南無阿彌陀佛)

회양긔생원나무아미타불(回向皆生願南無阿彌陀佛)

구조묘생원나무아미타불(具足妙相願南無阿彌陀佛)

함긔보쳬원나무아미타불(咸皆補處願南無阿彌陀佛)

션짐본진원나무아미타불(善入本智願南無阿彌陀佛)

나라연지원나무아미타불(那羅延力願南無阿彌陀佛)

쟝엄무량원나무아미타불(莊嚴無量願南無阿彌陀佛)

보쥬실지원나무아미타불(寶樹悉知願南無阿彌陀佛)

국졍보지원나무아미타불(圓淨普照願南無阿彌陀佛)

무량승무원나무아미타불(無量勝音願南無阿彌陀佛)

목강안락원나무아미타불(蒙光安樂願南無阿彌陀佛)

셩취총지원나무아미타불(成就摠持願南無阿彌陀佛)

영이여시원나무아미타불(永離女身願南無阿彌陀佛)

무명지광원나무아미타불(聞名至果願南無阿彌陀佛)

쳔인경예원나무아미타불(天人敬禮願南無阿彌陀佛)

수의수명원나무아미타불(須衣隨念願南無阿彌陀佛)

자생심졀원나무아미타불(纔生心淨願南無阿彌陀佛)

수연불찰원나무아미타불(樹現佛刹願南無阿彌陀佛)

무졔금일원나무아미타불(無諸根缺願南無阿彌陀佛)

선진등진원나무아미타불(現證等持願南無阿彌陀佛)

문생혹긔원나무아미타불(聞生豪貴願南無阿彌陀佛)

구족선그원나무아미타불(俱足善根願南無阿彌陀佛)

공불견고원나무아미타불(供佛堅固願南無阿彌陀佛)

용문재문원나무아미타불(欲聞自聞願南無阿彌陀佛)

보리믓회원나무아미타불(菩提無退願南無阿彌陀佛)

현획인진원나무아미타불(現獲忍地願南無阿彌陀佛)[156]

사십팔원을 외오시며

아모생 망재씨 세왕으로 들어가실졔

배 곱푸고 다리 압푸고 목 말으고 해지거든

완완(緩緩)이 들어가 진지잡수시고

다리 쉬여 가소사

완완이 지쳬하시고 세왕으로 가실 적에

산은 멧산 넘으시고 물은 멧번 건느시고

들은 멧번 지나섯나

다리는 멧치나 건느시고

고개는 멧고개나 넘으신고

---

156) 사십팔원 가운데 신공타방원(晨供他方願), 소수만족원(所須滿足願), 외승변재원(獲勝辯才願), 재변무변원(大辯無邊願)의 네 가지 서원이 결락되어 있다.

소불옥산(小佛玉山) 대불옥산(大佛玉山)

우러넘든 쳥산 시러넘든 쳥산

셩임들 광임들을 건느시고

석교다리 삼쳔 삼백 쉬인 여덜간

목다리 삼쳔 삼백 쉬인 여덜간

그다리 건너가니

예 못보든 기이 삼발네로 버렷스니

세왕길을 알수업서 우닐고 단이노라니

길우에 즁하나이 서잇스되

그즁 셩명는 숭아바라미(僧阿婆羅密)라 하는 즁일너라

그즁치례 살펴보니[157]

관곡쌀에 팔대쟝삼에

심씌 눌너씌고 백팔념쥬 목에 걸고

금쟈쥬령을 집고 망재씨 불너 일은말이

예붓터 일으기를

아는 길도 물어서 가라 하얏스니

이길도 안이 뭇고 우는 일이 윈일이요

망재씨 엿자오대

나도 이승사람으로 공을 만이 닥근고로

세왕을 가라하시기로 세왕을 가려허니

길을 몰나 우닐고 단이옵나이다

그즁이 하는 말이 무슨 공덕 하엿슴나

망재씨 엿자오되 아모공덕 헌배업고

---

157) 이하는 판소리나 무가에 등장하는 즁타령과 흡사하다.

배 곱흔 사람 밥을 주고 옷 버슨 사람 옷을 주고

어머님 음중경(恩重經) 아버님 법화경(法華經)

천금새남 만금수룩재 바더먹고 왔나이다

그중이 하는 말이 공만코 신만은 망재로다

우편 대롯길은 지옥길이요

좌편 길은 지옥길이요

좌편 길은 세왕길이오니

좌편 길로 가시옵소사

망재씨 엿자오되 지옥길은 대롯길이요

세왕길은 소롯길이오니가

중이 대답하되

옛날 시절에는 악인이 젹고 성현이 만흔고로

하로 세왕을 쳔인이 들어가기로

대로가 되엿지만은 시속 인심이 강악(强惡)하야

지옥을 하로에 쳔인 들어가기로 대로가 되고

세왕은 쳔에 하나가 되거나 말거나 하기로

소로가 되는이다 소로로 가옵소사

망재씨 만일 지옥길로 가시면은

쳘퇴로 박셕을 쌀고 철망으로 다리노와

그다리를 건너가면 다리가 문허저서

다리아래 떨어지면 악귀가 달녀들어 물어다가

구천지옥 들이치면 배곱푸면 모동쳘을 먹이고

목말으면 쇠물녹여 먹이나니

그길로 가지말고 소로로 가옵소사

망재씨 소로길로 가노라니

서가세주님이 망재씨쩨 념불로 강을 바드실졔

법셩긔(法性偈)[158]를 잘외오면 세왕으로 가시나니

자서히 알고가소

법셩원유무인셩(法性圓融無人相) 졔법불통졍법젼(諸法不動本來寂)

무명무생졔일쳬(無名無相絶一切) 진지소지비여경(證智所知非餘境)

증졍신심극미묘(眞性甚深極微妙) 부쥬쟈생수연셩(不守自性隨緣成)

일중일쳬다증일(一中一切多中一) 일미진중합세방(一微塵中含十方)

일쳬진중역여시(一切塵中亦如是) 무량원겁죽일염(無量遠劫卽一念)

일엽집지무량겁(一念卽是無量劫) 구세집심호졍직(九世十世互相卽)

잉불잡난격별셩(仍不雜亂隔別成) 초발심시변졍각(初發心時便正覺)

생세열반상공하(生死涅槃常共和) 니사명연무불변(理事冥然無分別)

십불보젼대인경(十佛普賢大人境) 능니행인삼매중(能仁海印三昧中)

변칠어줌불사히(繁出如意不思議) 우부릭사만하궁(雨寶益生滿虛空)

파식망살필부득(叵息妄想必不得) 무연선고촉여이(無緣善巧促如意)

중생득인한보졍(衆生得因還本際) 파실망필부득우(繁出妄必不得有)

챠쟉의흑특쟈령(歸家隨分得資糧) 니다란무재복(以陀羅尼無盡寶)

상안벽계실보진(莊嚴法界實寶殿) 궁쟈슬쟈중도생(窮坐實際中道床)

구래부득명의불(舊來不動名爲不) 구래부득명의불(舊來不動名爲不)

구래부득명의법(舊來不動名爲法) 구래부득명의승(舊來不動名爲僧)

아미타불진금생(阿彌陀佛眞金色) 구품연화연지화(九品蓮華如車輪)

나무아미타불(南無阿彌陀佛)

상색진언(上色眞言)

나무비노사나불(南無毘盧遮那佛) 원만보서노사나불(圓滿報身盧舍

---

158) 법셩긔 : 법셩게의 와음. 법셩게는 의상조사가 지은 '화엄일승법계도'이다.

那佛)

　구품도사이미타불(九品導師阿彌陀佛) 당내화성대셩문수보살(當來下
生大聖文殊菩薩)

　대쟈대비관세음보살(大慈大悲觀世音菩薩) 졔대보살마하살(諸大菩薩
摩詞薩)[159]

　서가졔주(釋迦世尊)님이 망졔씨께 념불을 바드신 후
　구품연화대(九品蓮華臺)로 인도환생(引導還生) 식히시니
　망재씨 극락으로 들어가실졔
　가시는 길 젼면(前面) 남기 하나 서잇스되
　천장 만장 놉은 남기 가지가지 입이 피여
　새새 틈틈이 여러 부쳐님이
　팔만졔자 중생을 거나리고 열좌하야 안지실졔
　망재씨 부쳐님더러 물으시되
　이남기 저다지 웅장하고 놉사오니
　그나무 일홈이 무엇임니가
　부쳐님 하시는 말삼
　엇쩌헌 망재이신데 가는 길이나 가지
　나무 일홈은 무슨 일로 뭇나이가
　망재씨 허는 말이 나도 이승사람으로
　세상을 리별하고 세왕으로 가옵드니
　그 남기 하도 웅장하옵기로
　알고 가려고 뭇나이다 부쳐님 하시는 말삼이

---

159) 이상이 '법셩계'이나 오자, 탈자 등이 보인다.

들어오는 망재들이 말못는 배업드니

망재씨는 알녀하니 지극헌 망재로다

나무근본 자서히 알고 사라

이나무 일홈은 저승 일천성현목(一千聖賢木)이라

쑤리는 열둘이니 일년 열두 달을 일운 말이요

가지는 설흔가지 한달 설흔 날을 일운 말이요

닙은 삼백 육십이니

일년 삼백 육십 일을 일운 말이요

망재씨 엿쟈오대 동서남북 가지마다

열좌하야 안지신 부쳐님은 뉘시라 하나이가

동은 금광여래(金光如來)시고 남은 문수보살(文殊菩薩)이시고

서는 백운여래(白雲如來)시고 북은 정광여래(正光如來)

한가운데는 대쳔관음(大天觀音) 지장보살(地藏菩薩) 문수여래(文殊如來)시라

그 여러 부쳐님이 일년 나무아미타불을

오이시며 념불 하나이다

망재씨 생각허니 그저 갈길 전혀업서

하롯 고양(供養)을 올니실제

금광채 만물채 서말 서됫 불긔(佛器)

두말 서됫 불긔 올니시니

부쳐님이 하시는 말삼이

그망재 정성이 지극하니

세왕으로 인도할제

극락지(極樂紙) 내여놋코 구쳔필(九天筆)로 적어주며

이곳을 차저가라 이곳은 서쳔서역국(西天西域國)이요

극락초문(極樂初門)이라 하는데요

하날 이홈은 상게조앙(上界竈王)이요

쌍 일홈은 로사나불(盧舍那佛)이라

쳔관만지쟝(千官萬地藏) 오만문수여래씨(五萬文殊如來氏)를

다 적어주시며

차지하신 사뎐왕(四天王)이 문을 열어주실 것이니

닛지 말고 차저가라 이럿틋 적어주니

망재씨 그를 바더 품에 품고

나무밋을 바라보니 삼색(三色)꽂이 피엿는데

홍모란(紅牡丹) 홍실화(紅實花) 백모란 백실화

웃는듯키 피엿스니

초등에 피는 꽂은 로동화(老憧花)라 늙은이 죽은 꽂이요

이등에 피는 꽂은 설부화(雪膚花)라 젊은이 죽은 꽂이요

삼등에 피는 꽂은 소동화(小童花)라 아해 죽은 꽂칠너라

망재씨 그 꽂구경하고 쏘 한곳 다다르니

세왕으로 들어갈제 강(江) 하나 잇스되

그강 일홈은 유사강(流沙江)이라 하더라

그강가에 다다르니 백선주(白船主)라 하는 사공이

게수나무로 배를 모와 삼승돗을 치켜 달고

청포장막(淸布帳幕) 둘너치고 화초병풍(花草屏風) 널게 치고

망재씨 모실야 강가에 서잇슬제

그사공 허는 말이

망재씨 이배를 타시면은 세왕으로 가난이다

망재씨 그말 듯고 힌하야 배를 타니

일엽선(一葉船) 흘니저어 세왕으로 들어갈제

가세 세왕 가세 가세 가세 세왕가세

잘간다 가지 말고 못산다 섯지 말고

흘너가는 물결갓치 차례차례 가신이다

그 강을 건너갈 제 칠비[160] 공중기슭으로

올으시며 내리시며 덩신(淨身)[161] 수히시는데[162]

난데업는 배 삼척이 써잇거늘

망재씨 일은 말이 그배 말 좀 물어보세

압헤는 무슨 배며, 뒤에는 무슨 배요

달은 배가 안이오라

아버님씌 법화경(法華經) 어머님쎄 음중경(恩重經)

처자권족(妻子眷屬) 사랑경 동생에게 애중경(愛重經)

한배 가득 시어내다 아미로 무상삼고

오백라한(五百羅漢) 건곤(乾坤)삼어 일성돗 치켜달고

에야 데야 소리할제 한심하고 처량허다

해왕선업는 길에 인제가면 언제올가

그 배를 흘니저어 강변에 다달으니

강변에 배를 매녀놋코 옥경대(玉景臺) 올나가니

방방이 넘불이요 구비구비 송사로다

세왕문압 당도허니

그문 별호는 다정문(多情門)이라 하더라

아모생 망재씨 그문안으로 들어갈제

---

160) 칠비 : 미상.

161) 덩신 : 정신(?). 확실하지 않다.

162) 수히시는데 : 쉬는데.

그문 차지헌 선관(仙官)관이 주줄이 늘어안저

망재씨더러 일으는 말이

세왕문을 열어줄 것이니 전곡(錢穀)으로 인정쓰라

망재씨 초문을 들어가니

초문(初門) 잡은 판관은 백의를 입고

남순인(藍純鱗)¹⁶³⁾씌를 눌너매고 흰책을 들고

검은 글씨를 쓰고 죄목(罪目)을 다슬이더라

그는 뉘신고 허니 아미타물(阿彌陀佛)님이요

삼천제불을 거나리시더라

이문잡은 관인(官人) 임은 붉은 관에 홍관복(紅官服)을 입으시고

금자씌를 눌너씌고 붉은 책을 들고

흔글씨¹⁶⁴⁾를 쓰며 죄목을 다슬이니

그는 뉘신고 하니 관세음보살이라

삼문(三門) 잡은 관인은 화게백운탕건(華蓋白雲中宕巾)

갈산포(葛山布)¹⁶⁵⁾의 눌은 관을 쓰고 흰씌를 씌고

회고 눌은 책을 들고 붉은 글씨를 쓰고 안저서

죄목을 다스리더라 망재씨 그문안 들어가니

억만미력(億萬彌勒) 만지장보살(萬地藏菩薩)님이

형제처럼 안젓스니 그안이 세왕인가

그압흘 살펴보니

금지(金池) 연못가에 홍연(紅蓮)씨 심어두고

---

163) 남순인 : 남색으로 된 깁, 순린은 비늘과 흡사한 깁이다.

164) 흔글씨 : 흰 글씨.

165) 갈산포 : 갈포. 칡으로 짠 베.

못가운데 석가산을 대대층층 모와놋코

게수나무 난간치고

연개고성(蓮開高城) 화초(花草) 속에 일엽선(一葉船) 씌여두고

제대보살님이 경진수(競進水) 하시는데

그구경도 질겁삽고 팔수식(八水式) 예약하니[166]

천게수(千桂水) 만게수(萬桂水) 감예수(甘醴水) 옥녀수(玉女水) 여
덜가지 보배물이

한골스로 소사 올나갈제 정절억궁[167]

나무아미타불 놀으시니

그도 구경 질겁삽고 삼연화 향락(享樂)허니

오색연화 꼿이 되여 웃는듯키 섯는 모양

그도 구경 질겁삽고 술통공락(順通共樂)허니

칠천란간 루각집을 지동업시[168] 만하궁에

덩그럿케 지엿스니 그도 구경 질겁삽고

법하(法花)나 공락(共樂)허니 준조[169]로 그물 맷고

닙쌀로 버리달어 만하궁에 걸엇스니

그도 구경 질겁삽고

살연금생(砂蓮金生)허니 극락가는 널은 길이

금모래 시모래를 좌우로 쌀엇스니

그도 구경 질겁삽고 아모생 망재씨는

재상각[170] 품에 품고 석성(石城) 대성(臺城)을 넘고

---

166) 팔수식 예약하니 : 극락세계의 여덟 가지 보배물에 대한 의식인 듯(?).

167) 정절억궁 : 염불소리 하면서 내는 악기소리인 듯. "덩더럭쿵"이다.

168) 지동업시 : 기둥없이.

169) 준조 : 진주.

외성대문을 열어 금지연못 목욕하고

원왕생(願往生) 원왕생 원왕생 세 번을 불은 연후

서턴명월(西天明月)님내 타시든 칼갓혼 배를 타고

명월강산으로 흘니저어 들어가니

약사(藥師)바다 갈니 쌍에

약사홍사(藥師弘師) 세왕집을 덩그릿케 지여놋코

황금(黃金)기와 백옥문(白玉門) 호박주초(琥珀柱礎) 밀화(蜜花)기동

산호로 보를 언고 오색단청 가진 집에

수정혐을 듸렷는데

동편을 바라보니 삼백척 부상(扶桑)171)갓치

불갓치 돗는 양은 일출경개 여기로다

남편을 바라보니 대봉(大鵬)이 비진헌데

수여로 풀은 물결 오색으로 둘너잇고

서편을 바라보니 약수삼천리에

해당화(海棠花) 불것느데 청조일쌍(靑鳥一雙) 날아들고

북편을 바라보니 진국명산만장봉(鎭國名山萬丈峰)

텽천삭출금부용(靑天朔出金芙蓉)172)이라

그안을 살펴보니 우둥화(優曇花)173) 창생화(長生花)

명살이꼿 숨살이꼿이 웃는듯키 피엿스니

망재씨 그꼿 썩꺼

이승자손들이 가지게 전장하고

---

170) 재상각 : 미상.
171) 부상 : 전설상에 전하는 해 뜨는 곳.
172) 텽천삭출금부용 : 푸른 하늘에 금부용이 깎은 듯이 꽂혀 있다는 뜻.
173) 우둥화 : 우담바라꽃.

동자함쌍 청학함쌍 백학함쌍 앵모 공작이

쌍이 날어들고

수청허는 팔선녀는 읍양진배하는데

불로초 불사약과 장생화 백도화

홍류리 백포 겻들이고 긔린진[174] 안주를

가지가지 등대하고 음향진배 하옵시며

향긔로운 풍악소래 극락을 희롱하니

그 안이 세왕인가

아모성 망재씨 백운탑(白雲塔)에 올나안저

확관(鶴冠)을 쓰옵시고 청룡장(靑龍丈) 손에들고

금단(金丹)선수보살님내와 바둑 장긔 두옵시니

그안이 세왕인가

나의 자손들이 정성으로 재산을 만이 딀여

초단진오귀 이단진오귀 천금새남 만금수륙재

지방너미 전네미 오귀사살지게[175] 적적이 하야

저승길을 닥거주기로

사텬왕니 어시왕님 지장보살 문수보살

억만미력 아미타불 열위왕 열위부쳐님이

옥황전에 말삼하시고

아모생 망재씨는 세상으로 인도하야

---

174) 긔린진 : 기름진.

175) 초단진오귀~오귀사살지게 : 사령의례이나, 그 의미는 분명하지 않다. 초단 진오귀
   는 처음에 하는 지노귀이고, 이단진오귀는 두 번째 하는 지노귀이고, 천금새남은 씻김
   굿의 통칭이고, 만금수륙재는 불교적 의례이고, 지방너미는 지방을 넘는 의례이고, 전
   네미는 잔을 넘기는 의례이고, 오귀사살은 잡귀를 물리치는 의례인 듯하다.

인간에 힌도환생 식히는 것이 좃사오니

인도환생 식히자 하고 말삼하니

옥황이 오르히 역이사 인도환생 식히실제

옥황상제쎄옵서 아모성 망재 불너올녀

네의 자손이 재물을 앗끼지 안이하고

정성이 지극함으로 세상으로 인도환생 식히니

세상에 나가 인도환생하라

세상에 나가 인도환생하되

남자는 왕이 되고 녀자는 옹주(翁主)되여

천만세 유전하야 한백년 한천년을 살 것이니

그리 알고 세상에 나아가라 하옵시니

역조창생 만민들아 재산을 앗기지 말고

부목 사후(死後)가 되거든 정성을 다하야

천금새남 만금수룩재를 극진이 하야

저승길을 닥거주라

2. 이종하 필사 이용우 소장 〈죽엄의 말〉

죽엄의 말 일펴이라

억만은○라

(1)

천근시남(千金散陰) 만근수룩지(萬金水陸齋) 바더 잡수러 드러오

실 제

　아무 싱(生) 망제씨(亡者氏)

　ᄉ천문(四千門)을 여러 드러 오시소ᄉ

　동문(東門)을 자부신니 동(東)은 삼팔묵(三八木)니라

　푸룬 주ᄉ(主山)니 둘너씬니 청화문(靑華門)를 시윗는데

　청류리(靑琉璃) 화장시계(華藏世界) 판천보살(八千菩薩)르 거나리
시고

　청화문(靑華門) 들여러 잠잔간 드러오소ᄉ 〈귀신칼 들고 풍류 춤추
고〉

　남문(南門)을 자부신 니 남(南)은 병정니칠화(丙丁二七火)라

　적화문(赤華門)을 시여난 제

　적류리(赤琉璃) 화장식예(華藏世界) 칠천보살(七千菩薩) 거나리시고

　적화문(赤華門)을 여러 들러오소ᄉ 〈풍류 춤 추고〉

　서문(西門)을 자부신니 서(西)는 정신ᄉ구금(庚辛四九金)이니

　빅화문(白華門)을 시여는데

　빅유리(白琉璃) 화장세계(華藏世界) 육천보ᄉ(六千菩薩)님을 거나
리시고

　빅화문(白華門)을 여러 드러오소ᄉ 〈풍류 춤〉

　북문(北門)을 자부신니 북(北)는 님계일육수(壬癸一六水)라

　흑화문(黑華門)을 시외씨니

　흑류리(흑유리) 화장식예(華藏世界) 구천보ᄉ임(九千菩薩) 거나리
시고

　북문(北門)으로 드러오소ᄉ 〈풍유춤〉

　아무 싱(生) 멍재씨(亡者氏) 중황(中央)의 좌정(坐定)하실

　우패(位牌)의 좌정(坐定)하시고 넉을 바드시고

천근시남 받고 수륙지 바다 잡수시고
세왕세기(十王世界)로 득천당(得天堂) 하옵소스

(2)
만스전(輓詞傳)을 오여가소스
청용(송)빅운(靑松白雲)의 조디당화요 청숀(靑山)은 비운(飛雲)이라
스람이 죽어지면 청송빅운 버설 삼고 문어진 청숀은 빅골(白骨)만
더저두고
날좃 연숀(靈山)의 요조(窈窕)요
스고무용수화승(四顧無容水火昇)이요
건곤회답지칠연(乾坤廻踏之七年)을
남방당 도라드러 벅촛스니 감도라 드러
이바 망제야 세 번을 부룬 이
넉시라 다든 문 들고 손수 열고 디답할가
유제씨 신공씨 회답씨
여동비 날 자불 치스(差使)로다
청스실 홍스실 엽헤 차고 두문 지방 가로막곳
우레갓치 큰소리로 천둥가치 뒤질르며
한번 잡바나 외친니
열손 열빨 연숀 믹(脈)니 읍서
저싱으로 잡펴갈 제
사람이 죽어지면 집이 한 딧 안니두고
강숀 월니로 짐니여 모실 제
즌나무 장강틀 참나무 연추편
슝마 닷줄 열듯우물 골나 메고

북망산 도라가 스토로 집을 삼곳

송죽으로 우울 삼아 빅운이 어린 곳세

한 문(門)이 잠겨씬니 빅곳(白骨)리 진퇴(塵土)로다

황천(黃泉)니 정막혼데 인의 버시 차서올가

동풍빅운절(東風白雲節)의 자손니 저르한들

실영(神靈)이 자취읍서 오는 주르 모르거든

가는 주르 뉘 알손야 아모 허스(虛事)로다

수덕성 류현(劉伶)이도 스라서는 취흥(醉興)이요

음중선(飮中仙) 이틱빅(李太白)도 죽어진니 허스로다

의동의 자룡금은 노상의 진퇴로다

노상오스(路上誤死)는 예보터 닐너씨되

운순의 지는 곳 천제경공의 눈무리요

운문관 일곡죳(一曲調)는 밍상군지 우단말라

불스약을 구하시면 선기(仙界)로 가란마는

단군편(莊君平) 적송자(赤松子)는 언의 곳 제 머무는고

안기상 여릉비난 날더러 무르손야

불스약 못구하시면 만싱천자(萬乘天子)라도

여순 모롱이 황제 무덤 도야씬니

하물며 소장부야 닐너 무엇하리로라

천근시남 만근수륙지 바다 잡수시고 세왕으로 가시옵소소스

넉만은

(3)

초압말

〈시번 치고 드러가 안쌍 모서 노코 안굿하라〉

어야 영가시오

스람이 죽어지면 일홈(名) 달너지고 승(姓)도 달너지네

일홈은 영가시오 승은 그부(鬼簿)더라

상유변부능기(上有冥府陰界) 팔만스천문(八萬四千門) 열어

잠중간 들려오소서

에야 영가시오

아모성 망제씨난 철나지잉연(天羅至厄年) 원진이별연(冤嗔離別年)

살포갈인연 스오망신연을 당ᄒᆡ여

한명이 그 쑨인지 시ᄃᆡ(時代)가 되야난지

겨승 지부왕전(地府王殿)의서 활비특비자(牌子) 노와

성화가치 지축한니 엇던 스ᄌᆞ 나오든고

일직스ᄌᆞ 월직스자 조리씨저반의 강임도령

팔비자 독비자 니여주며

아모도 아모골 아모면 아모동 이 아모 망제씨

승화창니(星火搬來)로 자바오라

분부가치 엄한니

저 스자 거동 보소

지부왕의 명을 밧곳 만영 그물

손의 들고 쇠스실 빗겨차고 활쏭가치 구분 질노 살가치 발니 나와

압손의 외막치고 뒤손의 장막치고

마당 한가온디 명픠(命牌) 긔곳테 곳저 노코

월직스자 일직스자 강임도령 봉의 눈 부릅듯고

(4)

삼각수(三角鬚) 거실르고

이 문지망 가루 집고
입아 망제야 어서 밧빗 나서거라
천동가치 뒤질른니
갓퇵(家宅)니 문너지고 우주(宇宙)가 박귀는 듯
아모싱 망제씨 일신수족니 벌벌 쓸고
진퇴유곡(進退維谷) 되여씰제
ㅅ랑동 아들악이 진지동 달악이 이중한 메눌악이
빅연체권과 자문지 잔쌍 별머리위숭
명전 나천 식쌍거완(式床巨碗) 차라노코
입담 조혼 만신 듸려 적적니 퓨러닌니
그도 잠시 인정니라 서리갓치 ㅈ촉한니
조부조상(祖父祖上)과 성주지신(成造地神)이 조만니 이갈한니
그도 인정이라 못자베니더지요
숨시번지 강임도령 와락 뒤여 달여드러
천둥가치 소릭하며 우레갓튼 큰소릭 병역가치 호통ᄒ니
망제씨 일신수족 벌벌 쓸고 진퇴유곡(進退維谷)되야시 졔
강님도령 달려들러
ᄒ 번 ㅈ바 나위친니 열손 미업고
두 번 자바 나위친니 열발의 미니 업고
삼셰번 ㅈ바나뉘친니

三 (5)
펴든 손 뻣든 다리 감츌 길니 젼니 업너
삼만 육쳔 일신 수족을 감츌 길니 젼여 업네
살어셔 ᄒ듯 말삼 ᄒ마듸 할 길 업네

아모리 경신 차러

부모 동성 쳐즈 권속 다시 보고 죽즈한들

혼 명이 도라오그

시디가 되야시니 살려날 길 전여 업네

그 앞희 안진 사람

사랑동 아들 긴기동 쌀 아즁혼 머누리

빅연체권 일가친척 좌우로 느러 안혀

수쪽을 쥬무르며 디셩통곡 우름 우니

디신가 리 뉘 닛씰가

지물노 살이야 혼들 셕슝(石崇)의 부즈라도 지물 업셔 쥬어시며

의견으로 살니야혼들 혼신(韓信)니 장즈방(長子方)과 공명 갓턴 승현덜도

할슈 업시 고츤 되고

긔운을오 살니야혼들 관운 장비 조우 황우 긔운 읍셔 죽어실야

할리 업고 속졀 읍다 일러툿 탄식할 졔

삼갑사지(三甲使者) 달여들러

머리의 쳔상옥(天上玉)의 니마의 벼락옥의

눈의 안경옥의 셰밋디 바늘 닷닷 결어녹코

닙의 흥무물여

四 (6)

귀예 쇠 치여 논니

망졔씨 명(命) 끈넌 소래

디쳔 바다 흔 가온디 일천 셕 실은 즁션 닷쥴 끈난 소리 갓다

아무싱 망졔씨 속졀읍고 할리 읍다

문 박굴 니다 보니

밥 셰 글읏 신 셰 켤리 돈 셕 냥과 졔상의 밧쳐녹코

초셩조혼 구낭니 초혼 불너

외난소리 나 죽을 시 분명ᄒ다

망겨씨 할리 업셔

셰상을 니별ᄒ고 탄식하고 돌라셔며

혼빅 혼신니 방안을 살펴보니

시쳬 육신 방안의 뉘여두고

ᄌ손덜니 느러 안ᄌ 나무아미타물 관셰얌보살 염불ᄒ며

앙쳔 탄식(仰天歎息) 셜니 울며

하나(天)을 우러 탄식 ᄒ들 하눌의 ᄒ 말 디답ᄒ며

쌍(地)을 두달여 탄식ᄒ들 쌍니 ᄒ 말 디답할가

ᄒ슘 모와 구룸되고 눈물 모와 비가 되야

우는 창쳔 모라다가 뉘게다 졍장(呈狀)할가

사람 ᄒ번 쥬여지면 집안의 두지 안코

강손월닉로 짐늬여 모시야 할 제

五 (7)

천금(天衾) 지금(地衾) 원삼(元衫) 나삼(羅衫) 면모(面冒) 악수(握手)

안쌍님 일굽 미 밧단님 일굽 미

소렴 디렴 고니 문거 시상판(七星版)의 바쳐노코

오리(五日) 입관 치리(七日) 성복 지너올제

초단진너귀하랴 하고

상반(上盤)의 스 말 스 되 자문지 잔상 영실 우픠(靈室位牌)

식장거원 초불 영등 극진 정셩 바쳐노코

닐직스자 강림도령예 치전(賽錢)을 츠려노코 자리거듬
초단지너귀 정성은 드리니오니
저싱 스지드리 망제씨 자손더러 정성니 지극하다고 티공을 칭찬하며
인정을 바즈신 휴 혼빅 혼신 고니 모시고
저싱전 드러가실 제 동니 첨존 노소닌니 닐씨늬(一時) 모아 드러
상부(喪具)르 티출(擇出)하여 존남무 장강 편숭마줄
남디단 휘장 혹운단 쑥겅
빅비단 앙장(仰帳) 금전지 물여 좌유로 느러치고
오싴드림 불근 씌술 난난드시 차라노코
열두 명 밧친군니 전전지 지닌 후
간간니 골나 메고 요링 징징 지는 소리 구천 영혼 실푸도다
강순월너로 밧비 모서 드러갈 제
망제씨 속절 읍닷고 스당(祠堂)의 하직하고
마당의 수

六 (8)

결(手決) 두고 기더러 전(傳)게하고
닛던 동니 하직하고 닛헌 집 하직하고
좌우순천 하직하고 혼빅 혼신이 하직하고
좌우전면 전후고긔 압뒤 길리 나단니든 길연만
언의 탓나 다시 와서 싱시가치 단여볼가
동니 남여노닌들 언의 탓나 만나 볼가
오미불망(寤寐不忘)하든 친구 싱전가치 스지든니
한 명니 니분인가 황천 들고 만나보세
손혜처 하직한들

스후(死後)가치 달녀씬니

뉘가 알고 딕답할가

익고 익고 서른지고 탄식하고 드러갈 제

뒤를 자세 살펴본니 넘우눈니 스자요 피우는니 연기로다

빅수아쥬앙장(白水禾紬仰帳) 비슨 일광(日光)을 가리오고

일딕(一代) 부용(芙蓉)은 한단(邯鄲)의 슨몽(仙夢)니라

풍낭니 노호하여 반양니 조비한디

춘긔옥단옥쑨화(春開玉丹玉粉花)라 쏘 이른 나비로다

스람 한번 죽어지면 영결종천(永訣終天) 더욱 슬닷

밍춘(孟春)의 지는 곳쳔 명연(明年) 봄의 다시 피고

초묵(草木)니 손님하여 힛힛마다 푸루러고

영역(逆旅) 가튼 건곤니 부유(蜉蝣)가치 시러지면

언의 덧나 도라올가

황쳔니 정막한데

언의 버시

七 (9)

차저 와서 날과 가치 정담(情談)함가

춘풍은 요란한데 오작(烏鵲)니 지져귀다

흐우(霞雲)은 모츈(暮春)니라 단풍은 여삼취(如三秋)라

셔명일 기제사(忌祭祀)의 자손니 제을 차려

만만진슈 차러 녹코 분힝(俯仰)하고 곡비(哭拜)흔들

영혼 조쳐 자최업셔 오시는쥴 모로거든

잡순넌쥴 어이 알고

속졀 읍는 길니로다

강순의 터을 닥고

열손을 비의 언고 빅양으로 졍즈 삼고 두

가신쳬 육신은 짯츨의 누어 잇고

혼신은 져승으로 집혀드러가니 지부이 이은 말니 도다짐 두어라 ᄒ고

신치로 조쥬워라 쇠치로 조쥬어듸

망졔씨 졍신니 혼미ᄒ여

빅옥갓튼 뒤귀밋틔 흘르느니 눈물니요

철셕갓튼 두 졍강니 흘으난니 슈혈니라

지부왕니 릐론 말리

ᄉ랑동 아들 친지지동 짤 이중한 메누락니

빅연체괸 다 닛는가

망졔씨 여잣오듸

八 (10)

아모도 읍삽ᄂᆡ더

그리면 네 몸감장 뉘가 하여 보니든야

열두명 바리군(發靷軍)니 곱둣록 하여 보니옵더다

갈능(幹能)한 망졔로다

작은 믜 물니치고 큰 믜로 조주어라

셩벌(刑罰)리 무수할 졔

니싱이나 져싱이나 칠연지번낫니

니른바라셩 버들 당하지 말고 바른듸로 다 집주라

망졔씨 ᄒ리옵시 빅연체괸 다 이삽니다

ᄉ낭자(善往齋) 하여는가

그도 하슙니다

언의 절의 하여는야

저싱 저른 금자티운 저리 크고

이싱 문수비운저리 크다 하옵되

그런디 철근 조고마한 초막절의

상반의 스말 스되 중반의 두말 스되

하반의 말 스되 불기(佛器) 올여샵니다

그리하면 바다 잡숫기는 뉘라 바다 잡숫시면

총집(總執)은 뉘라 하시든야

바다 잡수기는 운운천왕(右雲天王) 자운천왕(左雲天王)

관세음천왕(觀世音天王) 여러 왕니 바더 잡수시고

총집은 김씨 양쥬(金氏兩主) 리씨(李氏) 양주 허씨 양주 육육이 여섯

분니 하옵되다

그리하면 식칼 사흘 말미 줄 거신니

천근시남 만근수류지 바더 먹고 드러오면 세왕으로 보니주마

망제시가 바더 잡수시러 나오실 제

잡신니 뒤를 닷러 올리신니 진언이나 오여가소사

이단진는 지단진는 중

九 (11)

구업진는 증삼읍진은 옴수수리마하수수리ㅅ바하 진언을 오야가면

잡신이 굴복ㅅ례(屈服謝禮)르 하나니

손나 손신니 머물거든 써든 능엄버서 디수디명 밧치고 오소ㅅ

문아 문칙니 머물거든 팔빅지 한 장 빗여 디수디명 원정섯서 밧치고

나오소ㅅ

기라 길신니 머물거든 신어쓴 집신 버서 디수디명 바치고 나오소ㅅ

마제씨 굿 바더 잡수시러 나오실 제

철이(千里) 강남은 상디선 하시고

말이(萬里) 건곤는 좌기축하더귀지요

신당하나 제불쌍한니 유시의 시운당이요

석벽의 장반묵한니 춘일월의 반기도화

쌍나비 몸이 청손의 청나미난 듯 임해 걸녀 못오시고

혼손의 홍나비 난 곳 체 걸여 못오시고

월아동손 왕거미 난 줄의 걸여 못오시고

아모싱 망제씨는 할의 끌여 못나오시더라

장찬종의 질찬가시

첫 번 집분니 디신전 듀 번 저분니 비암전 용전 구수전 싸전 넛긔 넉전 말어니여

어제 전역 거리활 맛고 지석지팔 여위여

안당의 구눙스살직게 안당의 거러두고

밤시두록 모든 신을

낫 저무도록 놀야하고

치여다 본니

＋ (12)

천하누리요

니려다 본니 만구름 지일(遮日) 속의 장화 밋고

구수덩 싸덩 연지당 골믹니 수팔연 거완

세왕당 도령당 장쌍믹니 봉갓씨 좌우로 드러노코

잔반법을 오야가소스

장반폭포난 닌난봉니요 월양선판의 닌슨호요

국리봉은 누만건니요 원아망영은 득천당이라
아모싱 망제씨 본은 가서 게 어듸 본일는고
학게영손본니로다
학계영손본 안니라 여 심니손이 본니로다
어여분 망제씨 엊그제 스라 집줄는니
언듸덧 세솔아이 송풍 특굴 입도야
저싱젼 명우 굴고 니싱젼 하직하고
불쌍한 혼신로여 철양한신 넉시로다
방식은 삼천연이요 펑길을 오빅연니요
니 길를 가중수요 삭길은 닌간부라
금일동참이란 말문은 듯녹고 너신 말삼닌고
예스람 동방석은 세계 닥그시고
후세의 니롬을 젼코즈 삼천갑잣 스라이고
그체 중간 사람드른 삼스빅을 스르시고
환천긱니 도여니고
그 후 인간사람들도 한 빅연도 스르시고
한팔십도

十一 (13)
슬르시고 황천긱이 되여씨나
아모싱 망제씨 단빅연을 못스르시고
세상을 니별한니 엇이 안실풀손야
인단금월을 중싱젼이요 벽계동참은 근미심ᄒᆞ도다
옥축곤강 금싱여수 은지 두고 너신 말삼니요
무리 만은들 물마다 금이 나며

손의 만은들 손마다 옥이 날가

스람 한번 죽어지면 누만연이도라

가도 스람 올 길 전여 읍고

다시 한번 못오는 이 서가세주님의 인간제도하옵씰 제

삼연효도 소디상과 빅일종제거상법과 시명일과 제스의 정초

한식 단오 추석 천근시남 만근수류법을 마련하여기로

망제씨 자손드리 천근시남 정성으로 잘 하오면

업듚든 눈도 발가오고 앞푸든 다리도 가부여지고

팔만스천지옥을 면하시고 세왕세계로 득천당하신다 하오니

어여분 망제씨 굿 바더 잡수시고

〔세왕으로 드러가실 제는 섭치근치〕

사천왕을 오여가소스

동방초조은 티호복호씨요

문은 원도문이요 갑은 삼팔목이요

직국 천왕님이 삼만약스럴이님이 팔천보살을 거나리시고

청긔을 정중의 입표하시고 디왕님 정절보살 정진정법

十二 (14)

하시는디 청류리 화장시계

모감철죽상중설법 도제중싱 리심봉참이미타불이요

그 왕의 차지는 춘삼식으 차지하시고

목싱 잡순신 망제씨난 동문으로 드선난가

문을 여러 쇠을 노아 보니소스

남방토즈난 염제실농씨요

문은 지여문이요

갑은 병정이칠 화미 지장천왕님이
일만문수보살 전당양의 칠천보살님을 거나리시고
적긔을 정중의 닙표하시고
디왕 정절불보살님이 증진증법하시난디
적류리 화장세계
모감철죽상중설법 도제중싱 닐심봉참이미타불리요
그 왕의 차지는 하삼식을 차지하시고
화싱 잡수신 망제씨는 남문으로 드선는가
문을 여러보니소사
서방토조난 소우금천씨요
문은 여별문이요
갑은 경신ㅅ구금이니
비삼목천왕님이 빅기을 정중의 닙표하시고
디왕 정절불보살님이 정진증법하옵시고
빅유리 화장시계
보감철죽상중설법 도제중싱님 임이타불 일광월광양일광 편주보

十三 (15)
ㅅ님 구천빅마다 권숙 거나리시고
그 왕의 차지는 추삼식을 차지하시(하시)고
금싱 먹그신 망제씨는 서문으로 드선는가
문을 여러나오소ㅅ
북방쵸조난 전후고양씨요
문은 법성문이요
갑은 임계일육수라

왕목천왕님이 흑긔을 정중의 닙표하시고
디왕 정절불보스님 상천관음보살님을 거나리시고
흘규리 왕싱왕싱 하기고
그 왕의 차지는 동삼식을 차지하시고
유싱 잡수신 망제씨나 북문으로 드선는가
문을 여러 보서소소
〔중앙초조〕는 황제현능씨요
문은 정절문이요
갑은 오십토난디 중궁천왕님이 중횡을 차지하시고
천장법진비노자불 원만무심노서나불 당닉화손미럭존불 구품조흔이
미타불
승스리보스님 이 주주리 거느러 안자
황긔을 정중의 닙표하시고
오힝 꽂칠 걱거쥐고
황유리 화장시계
모감철죽상중설법 도제중싱 이미타불
우도낫잘 좌도낫찰 조미씨제반의 강님도령
월직스자 일직스자 죽부 삼스자 거남리시고
차지난 윤식을 차지하시고

十四 (16)
토싱 잡수신 망제씨난 중황의 긔신가
문을 여러 보니소소
아모성 망졔씨 세왕을 가실 제
적의 적살직계 외여가시옵소소

아모셩 망제씨 열세왕이나 알고 가소스 //사천왕을 오여건니와
제일징광디왕님 탄일은 이월 초하른나이요
원불은 즁광열이 원불이요 지옥은 토순지옥이요
경오갑이 상갑이요 경오 신미 임신 기유 갑술 을희싱 가지미 여기시
온니
그 왕의 미인 망제씨 문을 여러 쇠을 노아보니노스
제이초간디왕님 탄일른 〔삼월초〕 하른나리요
원불은 약소열이요 지옥은 하탕지옥이요
갑〔은 무자갑〕이 상갑이라
무자 긔축 경인 신묘 임신 계소싱 갓치 미여소온니
그 왕의 민안 망제씨 염불공부 심을 시면
세왕으로 가옵소사
제삼송제디왕님 탄일른 매월 심무여드리날이요
원불은 선겁열이요 지옥은 한빙지옥이요
임오갑이 상갑이라
임오미미 갑신을 유병술 정희싱 가지미 여기시온니
그 왕의 미인 망제씨 문을 여러나오소스
제 소오간디왕님 탄일른 정월 초여드리 나이요
원불은 이미타불이요 지옥은 구희지옥이요
갑잣갑이 상갑이다

十五 (17)
그 왕의 미인 망제씨 염불은 공부하시면
세왕으로 가시옵소스
제오염니디왕님 탄일른 삼월 초여드린나리요

원불은 지장보살이요 지옥은 바러지옥
갑자갑니 상갑이라 경자 신축 임인 계묘 갑진
을스싱 가지 미여 기신니 그
왕에 미인 망제씨 염불공부 심을 쓰면
세왕으로 가옵소스
제육 편셩디왕님 탄일른 이월 심무니렌나리요
원불은 디서지보살 왼부처요 지옥은 독스지옥이요
병자갑이 상갑인디
병자 정축 무인 긔묘 경진 신스싱갓치 미여기신오니
그 왕의 미인 망제씨
염불공부하시면 세왕으로 가시난이
제칠티손디왕님 탄일른 삼월 초읠렌나리요
원불른 관시음보살리원불리요 지옥은 양설지옥이요
갑오갑이 상갑이라
갑오 을미 병신 정유 무술 긔희싱가지 미여 기신니
그 왕의 무인 망제씨
염불공부하시면 셍왕으로 가난이다
제팔평등디왕님 탄일른 스월 초하루날이요
원불은 노서나불리 원불이요 지옥은 탐심지옥이요
병오갑이 상갑이라
병오 정미 무신 긔유 경술 신희싱갓지 미여기신 니
그 왕의 미인 망제씨는
염불공부 심을 씨면 세왕으로나시난

十六 (18)

난이 제구도시디왕님 탄일은 亽월 초칠일이요

원불른 구왕보亽님이 원불이요 지옥은 철슨지옥이요

임자갑이 상갑이요

임자 기축 갑인 을묘 병진 정亽싱가지 미여 계신니

그 왕의 미인 망제씨

염불공부하시면 세왕으로 가시는니

제십으루글융디왕님 탄일른 亽월 이십이리요

원불른 셔가렬리요 지옥은 흑함지옥이요

무옥갑이 상갑이라

무오 금니 경신 신유 임술 기희싱갓지 미여기시고

그 왕의 미인 망제씨

염불공부하시면 세왕으로 가시난니

망제씨 열시왕 아라 건이라

십장암을 알고 가소亽

극낙시계십종장엄 나무암니타불

범정서의수인장엄 나무암니타불

사십팔원원역장엄 나무암니타불

미타병호수광장엄 나무암니타불

삼티상관보성장엄 나무암니타불

미타금토극낙장엄 나무암니타불

보타청정덕수장엄 나무암니타불

보전여의누각장엄 나무암니타불

불타주야장엄십분장엄 나무암니타불

니십亽락정토장엄 나무암니타불

삼종의공덕장엄 나무암니타불
아모싱 망제씨 십장엄을 외가시면
세왕으로 득천당한다 하는이
자자이 오여가시오소서
세왕으로 가실제
잡신니 뒤을 짜르거신니

十七 (19)
천수 일편을 오여가소스
천수을 자자이 오여 가시면
잡귀잡신이 굴복을 드리고
세왕 들가신다 하오니
천수 일편을 오야 가소스
증구업진언 수리수리마하수리 수수리 사바아
오방니위 안위안위진언 진언 나무스만다못닷남
옴도로짐니스바하
무숭심심미요업 빅천만겁니조우
악금문전득수치 원니여귀실이기 범장진언언 오마라나마라
천수천아관지보살 광디원만무하리비심
디다한계청 기수관음디비수
원역호심상호심 천비상업보호지
천안광명변관조 진시허중선미허
문의심니긔〔비〕심 송영만족제회구
영손말체체죄업 철용중싱도제호
빅천삼미도훈수 수지지신신통장

광명탕수지신지 세척질노원체회
통중부리방평문 악음친송서구회
소원종심일원만
나무디비관세음 원아속지일체법
나무디비관세음 원아조득지혜안
나무디비관세음 원아속도일체중
나무디비관세음 원아속승반야선
나무디비관세음 원아조득월괴회
나무디비관세음 원아속도제속도
나무디비관세음 원아조득원직손
원아숙회무회ㅅ나
원아아조동법성신
안약향도소 손자죄졀안악향화탕 화탕자소멸
안약향 지옥(지옥)자고

十八 (20)

졀 안악향악귀 악귀자포벌
안약향축싱 자두디지혜
나무디비관세음보살마하살
나무디세지보살마하살 나무천수보살마하살
나무여일륜보살마하살 나무디으신보살마하살
나무관직지보살마하살 남무정취보살마하살
나무만월보살마하살 나무수월보살마하살
남무군단니보살마하살 나무십일면보살마하살
나모나난하하라야 야나막알임니타불

신묘장군디다라니

나모나 단한할라 야야 나막알약 바로기제 스바라야 못짓스다 바야 마하스다 바야 마하스다바야 마하가른니가야 옴살바바예수 다라니 가라 다사명 남악 갈리다바 임아알약 바루기제 시바아야 다바리하간타야 나막 할인니야 마발타 미삼니 살발타 스다남 수반 아예염 스도바 보다 남 바바마아 미수타간 단야타 옴 알로게 알로가마지로가 지가란제 혜혜할례 마하 못짓 스다바 스마라 스마라 할례나야나레구로 구로 갈마 스다야 스다야 도로 도로 미련제 다라 다라 다린 나례 시바라 자라 자라 마라 미마라 아마라 몰뎨 예혜혜스바라 나하 미삼이 나사야 나미 삼이 삼이 나사야 모하자라 미삼이 나스야 호로 호로 마라호로 할례 바나마 나바스라스라 시리시리 소로소로 못쟈못쟈미달리

(21)

이라간타야 감야사라사남 바라 하린나야 만득스바하 사댜야 스바하 시다유혜 사바하이하간타야 스바하 이라간타야 스바하바라하 묵하 싱아 목하야 스바하 마느미 하티야 사바하 자가라 욕티야 스바하 향기 혐난에 못닷나야 스바하 마흐리 누티단야 사바하 밤아 사간타 니사짓 체학 가린나 이나야사바하 나무나다라야야남악 알약 바로 기제 스바라야 스바하

후싱
일쇠동방결도령 이세남방득천당
삼서서방구정토 스서북방연안간
오세증황약소제
도령청장무하령 삼부철용강차지

악금친송모진언 원자비밀가회

아석조수제아금 긔유무심탕심위

종신군의진소싱 일체 악금괴참의

진언 옴 살바못지모짜야 스바하

준제공덕취 적장심상중제

일치제다란 무릉침술른

천상금닉간 수복예불등

유차여의중 경획문드

나무 칠십 칠구지 불모십 디준제보살선송

경벽드진언 옴 치리훔칠리훔

관세음보살 육잣티명왕 진에 옴 안니발미훔 옴 안니발미훔

준제진어 나무 사약스물타 구지남 부리

옴 좌렴준제 스바하

아모싱 망제씨 소천수 디천수 천수 디구림 후싱 가시

자자이 외여가면 잡신이 굴복을 듸리고

세왕을 드러가실 제

마지막 자손드르 불너 하직하고서 간다

사랑동 아들 진지동 쌀 이중한 며누리

빅연체관 다 이리 오너라 하직하고서 간다

만스전 들자서니 드러 보아라

청용빅운은 의조디당화라 청순는 비눈긔라

스람이 죽어지면 청송빅운 버설 삼고

청순은빅긔라

스람니 죽시면 청송빅운 버설 삼고

문어진 청순는 빅쓸만 더저두고

일좃영손의 요조요

(22)
스고무용수화싱이요
건곤회답지철연을 남방쌍 도라 드러 벽놋손신이 감도러들러
니바 망제야 세 번을 부른니
넉시라 다든 문을 손수 열고 디답할가
유제씨 모증니반의 강님도령 신공씨 회답씨 여등비가
날 자불 치스로다
청스실 홍스실 엽페 차고
칠치을 손의 들고
이 문지방 가로 집고
이 바 망제야
세 번을 부룬이
넉시라 다든 문을 손수 열고
디답할가
아모싱 망제씨 속절읍고 하리읍다
그 압페 안진 사람
스랑둥 아들 악이 진지동 쌀익이
이중한 며누리
빅연체귄 좌우로 느러 안저
스족을 주무루며
하나를 우러 탄식한들
하나리 한 말 디답하며
쌍을 두다리면 탄식한들

디신 가리 누 이씰가

지물노 살이랴한들 석숭의 부자라도 지물읍서 죽어시며

의젼으로 살이랴한들 한신이 장자방 공명 갓튼 성현들도

의젼읍서 죽어시면

긔운으로 살이자한들 관우 장비 좋운 황우

긔운읍서 죽어시랴

하리읍고 솟절읍다

스람이 죽지면

지반의 두지 안고 강순월니로 짐니여 모실 제

상물식 되염십할 닛

천금 지금 면모 악수

단단님 닐급미 밧단님 닐급미

소렴 디렴 고 묵거

시상판의 밧처 노코

오리 입관 치리 성지 니올제

동니첨조 노소인이 일시의 모아

드러 상구르 디출할제

즌나무 장강틀 편숭마닷줄

남디단 휘장 훅운단 쑥겅

빅비단 앙장 금전지 물여 좌우로

느려노코 오쉭드림 불근티르 나난드시 차라노코

열두 명 바린군이

전전지 지닌 후의

간간이 골나미고

요량 징징 치는 소리

구천 영혼 실푸도다

아모성 망제씨 속 읍고 하리웁다고

ᄉ당의 하직하고

마당의 숙결두고 긔더러 전시하고

이든 동니 하직하고 (이)

(23)

잇든 집 하직하고

좌우 손천 하직하고

탄식하고 도라서면

좌우전면 전후고기 압뒤 기리

나단이든 기리연만 언짓나 다시 와서

숭시가치 단여볼가

오미불망하는 친구 싱전가치 ᄉ지든이

한 명이 그뿐인가 황천을 만나보세

손혜처 탄식한들

ᄉ후 기리 달녀신이

뉘가 알고 디답할가

탄식하고 도라서며

뒤르 자세 살펴본이 넘노는 이

ᄉ자요 피우는 이 연기로다

빅수아주앙장 비선 일광을 가리오고

일뒷 부용은 한단(邯鄲)의 ᄉ몽이라

풍낭이 노호하여

반양니 조비한데

춘기옥단옥분화(春開玉丹玉紛花)라 쏟 이른 나비로다

공순의 터르 닥고 ㅅ초로 집을 삼고

송죽으로 우르 삼아

두견 접동 번절 삼아

독수공 누어신이 언의 버시 차저와서

날과 가치 정담할가

동문비운절의 자손이 제을 차려

맘만진수 차라노코

분양하고 비한들

영혼도 차최읍서 오시는줄 모르거든

잡순는줄 어이 알가

아마도 허스로다

주덕 셩 유련이도 스라서는 취홍이요

음중선 이틱빅도 죽어진이 허스로다

외동의 지룡금은 노상의 진퇴로다

노상오스는 예부터

(24)

일너거든

춘순의 지는 곳선 제경공의 눈무리요

옥문관 일곡좃는 밍상군 지우단말과

안기셩 여등비는 날더러 문루손야

불스약을 구하시면 선기로 가랸마는

단군평 적송자을 날더러

무루손야

불ㅅ약을 못구하면

산싱천자라도 여ㅅ 모롱이

황제무덤 도야신이

하물며 ㅅ람이야 일너 무엇하리로다

천근ㅅ남 만근수룩지 바다 잡수시고

세왕시계로 드러갈제

나의 자손 빅연체긘 다 불너

마지막 하직하고

너가 간다

인저 가면 은제 올가

ㅅ람이 죽어지면 다시 올 일 전이 읍다 하고

죄 읍닷하되

오경전의 이실 오고 강남짱이다 하되

손신 별쌍 왕니하고

딕국미다 하되 ㅅ신힁차 왕하고

*로 다시 돗고 곳도저 닷다시피고 닙돗저닷돗건마는

ㅅ람 한번 죽어지면

언의덧나 도라올가

시명일 기지ㅅ 정조 한식 단오 추석 천근ㅅ남 만근수룩지나

바다 먹그러 오시오

후로 올알바이읍다??

한심하고 처량한 말 으시니도 할 수 읍다

귀변 것시르라 하시른 후의

아무싱 망제씨 세왕으로 드러가실제

ㅅ십팔원을 자자이 외여 가시옵소사

스십팔이라 하는 거
선망제씨 세왕으로 가실덧
비고푸고 다리 압푸시고
목 마르시고 히지거든 원원 차저드러가
진지 잡수시고 히 지거든 지무시고
원원이 지체하여
가시라는 스십파천이올시다
악처무명원나무암이타불
무타악두원나무얌이타불
동진금싱원나무얌이타불
성무무차원나무암이타불
성취수명원나무암이타불
상획천만원나무암이타불
사획천인원나무암이타불
연지심힝원나무암이타불
심촉초월원나무암이타불

二十一 (25)
성무안싱원나무암이타불
졀정정괴원나무이미타불
광명보소원나무임이타불
수량무궁원나무암이타불
성무무수원나무암나타불
중싱장수원나무암이타불
괴혹선선명원나무아미타불

제불정참원나무암이타불
심영왕싱원나무암이타불
임종현권원나무암니타불
회양의싱원나무암이타불
二十
구조묘싱원나무암이타불
함긔보체원나무암이타불
신공하방원나무암이타불
소수만조원나무암이타불
선짐본진원나무암이타불
나라연지원나무암이타불
장엄무량원나무암이타불
보주실지원나무암이타불
회숭변지원나무암이타불
디변무변원나무암이타불
三十
국정보조원남무암이타불
물양승무원남무암이타불
목강알낙원나무암이타불
성취총지원나무암이타불
영이여시원나무암이타불
무명지광원나무암이타불
천인정이원나무암이타불
수의수염원나무암이타불
자싱심절원나무암이타불

수연불찰원나무암이타불
四十
무제금결원남우암이타불
선진등진원남무암이타불
문싱혹기원

二十二 (26)
긔원나무암타불
구족선그원나무암이타불
공불전품나무암이타불
용문지문원나무암이타불
보리믓회원나무암이타불
현획인진원나무암이타불
四十八
사십팔원을 외오시며
아무싱 망제씨
세왕으로 드러가실 제
빅 곱푸고 다리 앞푸시고
목 마르시고 희지거든
원원이 드러가
진지잡수시고 다리 쉬여가소스
원원이 지체하시고 세왕으로 〈섭치처라〉 가실적의
손은 멧손 너무시며
물른 멧물 근느노신가
들른 멧들 근느시고

다리는 멧다리 근느신고

고기는 멧고기 너무신고

우불룩순 저불룩순

우러늠든 청순 시러늠든 청순

성임들쓸 광임쓸 근느시고

다리는 멧다리 근느신고

석고달리 삼쳔삼빅 쉰운 여덜 간

목교 다리 삼쳔삼빅 쉰인여덜 간

그 다리 근어간니

옛 못보든 길이

삼밭너로 낫사온이

언어길 세왕길인지

알 수 읍서 운일고 반이을제

이 길 우의 즁 하나 서 잇스되

그 즁 승명은 숭아비라 하는 즁 일너구요

그 즁 칠레 살펴본이

관곡쌀의 팔째 장삼의

심씌을 눌너 씌고

빅팔염주 목의 글고

금자쥬령 둘너집고

망쳬씨 불너 이른 마리

옛봇트 니르기을

알은 길도 무러가라 하여난

저 길도 안이 뭇고 우는 이리 왼일

二十三 (27)

이요

망제씨 엿자오되

나도 이승사람으로

공을 만니 닥근고로

세왕을 가라 하시기로

이 곳 절 와 본이 길이 나스온되 언의 기리

세왕길이 몰나서 우운일고 이외다

저 중이 하는 말이

시상의서 무신 공덕 하여삼나

망제씨여 가오되

아모 공덕 한 비 읍고 비고푼 사람 부덕공덕하여니고

옷변 더신 주고

어먼님 음중경 아변니 법화경

천근시남 만근수룩지

바다 먹고 왓낫이다

저 중이 하난 마리

공 만코 신 마는 망제로다

우편 더로길른 지옥길리요

좌편 소로길른 세왕길리오니

세왕가랴거든 좌편길로 가옵소스

망제씨 엿잣오되

으지하여서 지옥길을 더로길리요

세왕길른 소로길 일은니가

중싱이 더답하되

연날 시절의는 악인이 죽고 성현 마는고로
하로 세왕을 천인 드러가기로
디로가 되야지만
시속인심 간악하여
지옥을 하로 천인 드러가기로 디로가 되고
세왕은 천의 하나 드러가기나 말거나 하기로 소로가 되여는니라
소로로 가옵소소
망제씨 만일 지옥길노 가시면
철뇌로 박석을 쌀고
철망으로 다리르 노아
그 다리 근너가면 다리가 문어저
다리 이리 덧러지면 악귀가 달려드러 무러다가
무천지옥 드러치면 비 고푸면 몽동철을 먹지고
목 마르면 쇠물 눅겨 먹기난이
그 길노 가지 말고
소로길로 가옵소소
망제씨 소로길노 가노란니
석가시주임이 망제씨게 염불노 강

二十四 (28)
을 바드실제 법성기를 잘 외오시면
세왕으로 가신단이
자서이 알고 가소소
법성원유무인성 제법불통법전
무명무성제일체 진지소지비여정

지정신심구미묘 부주즈싱수연셩

일졍일쳬다즁일 일미진즁합셰방

일엽집지물양원겁 칙길엽일엽직지무량겁

구제집심호셩직 닌물잡능젹벌씰

초발심신변졍각 싱졔력발상공하

니ᄉ명연무불변 십룔보젼듸인겁

능니힝인사미즁 변칠어즁불ᄉ히

두부릭사만하궁 즁싱득닌한비졍

파실망필부득우 차직의흑이자렁

니다란무지북

장안벽긔실보젼 궁자슬잣즁도싱

구리부득명의불 구리부둥명의불

구리부득명의법 구리부득명의승

입이타불진금싱 구품연화연지화

나무암이나타불 상식진언

나무비녀사나불 원만보셔나불

구품도ᄉ임니타불

당니화셩듸셩문수보살 듸비관셰음보살

졔듸보살 마하살

셔가셰주님

이 망졔씨계 염불르 바드시고 구품연화듸로 인도환싱 식이신이

망졔씨 극낙으로 드러가실졔

가실는 길 젼면의 남기 하

二十五 (29)

나 서 잇싯되

천장 만장 노픈 남기 가지가지 닙 피여

시시 틈이 여러 부처임

팔만제자 중싱 거나리고

열좌하여 안지씰제

망제씨 부천임더러 무루시되

이 낭기 저 디지 웅장한고

놉스온이 그 나무 이름이 무신 남기온니가

부천임 하시는 말삼

웃뜬 망제완터 가시는 길이나 가시지 남무 근본 무신일노
문는다

망제씨 하는 마리

나도 이승스람으로 세상으로 니별하고 세왕으로 가옵든니

그 낭기 하도 웅장하기로 알고가랴 물암니다.

부천님 하시는 말삼 드러오난

망제드리 말문 나비듭듯이 망제씨는 알야한니 직국함
망제로다

나무근본 자서이 알고 가라

이 나무 이름은 저싱일천명현목이요

쑤리는 열두색 쑤리 알연열두달노 니른마리

초가지는 서른 가지 한달 서른날노 니른 마리요

닙펌 삼빅육십 닙은 일연 삼빅육십일노 니른 마리요

망제씨 엿잣오되 동서남북 가지가지 마다 열좌하여

안지신 부천님은 넛시라 하난니

동은 금광열니시고 남은 문수보스리시고
서는 빅운열니시고 북은 증광열이

二十六 (30)
시고 한가온 디천과암 〈만〉지장보살 〈오만〉 문수열이씨라 그 여러
부천님이 일연 나무이비타불 외오시며 염불공부 하여구요
　망제씨 싱각한이 그저 갈길 전니 읍서 하롯 고양을 올니실제
　금광치 만물치 스말 스되 불기
　두 말 스되 불기 올이신니
　부천님 하신 말삼
　그 망제 정성이 직국한이
　세왕으로 인도할 제
　극낙지 너여 노코 구천필노 저어주며
　니 곳 절 차저가라
　이 곳 서천세역국이요
　극낙초문이라 하는데요
　하날 이름은 상개조앙이요
　쌍 니롬은 노서나불리라
　천관만지장 오만문수열이씨을 다 적어주시며
　차지하신 스천왕니 문을 여러주실 거신니
　닛지말고 차저가라
　이런틋 적어준이
　망제씨 그를 바다 품의 품고
　나무빗츨 바라본니 삼식곳치 피여난데
　홍모란 홍실화

빅모란 빅실화 운는 듯이

피여신이

초등의 피는 곳는 노등화라 늘 근니 죽군 곳치요

二十七 (31)

니등의 피는 곳 천설부화라

절문니 죽근 곳시요

삼등의 피난 곳천 소동화라

아희 죽군 곳찰이구요

망제씨 그 곳 구경하고

한 곳 다다른이 세왕으로 드러갈 제

강 하나 잇씬리

그 강 니롬은 유서강라 하더귀요

그 강갓의 다다른이 빅선주라 하는 스공이

제수나무로 비을 모아 삼싱돗 축켜달고

청포장막 둘너치고

화초평풍 널게 치고

망제씨 모시랴 강가의 서닛씰제

저 스공 하는

망제씨 〈나가 그러하오

계 읍서 아무도 아무골 아무면 아모동 이 아모싱 먹은 망제은〉

망제씨 니 비을 타오면 세왕으로 가난니라

망제씨 그 말 듯고

닌하여 비을 탄니리

엽선 흘니즈어 세왕으로 드러갈 제 〈섭치 처라〉

세왕 가세 세왕 가세 세왕 가세 잘 간다 가지 말고
못 간다 섯지 말고 흘너가난 물결가치 츳츠례로 가손니다
그 강을 근너갈제 칠비공중기슬그로 오르시며
니리시며 정신 수하시다가
난듸웁는 비 삼 척니 덧닐거날
망제씨 이론 마리
그 비 말 졈 무러보세
압픠난 무신 비며

二十八 (32)
뒤의는 무신 비요
다른 비가 안니 오라
아버님긔 법푀경 어머님긔 음중경
쳐자권속 스랑경 동시의계 이중경
한비 가득 시려니다
이미로 무상삼고 오방나안 건곤 삼아
닐싱돗 축켜달고 에야데야 소리할제
한심하고 철양하다
니 왕선웁 난 길의 닌저 가면 은제 올가
그 비을 흘니즈어
강변의 당도한니
비을 미여 노고
옥경듸 올나간니
방방이 염불리요
구며구며 송자로다

세왕문 앞 당도한니
그 문 별초난다
형문이라 닐우터구요
아모싱 망제씨 그 문 안 드러갈 제
그 문 차지한 신과난 쥬주러 느러안저
망제씨더러 이른 마리
세왕문을 여러 줄 거신이
즌곡으로 인정씨라
인정썼고 망제씨 초문을 드러간이
초문 잡은 관만 임든빅의을 닙고 닙순 터듸을 눌너 되고 흰착을 손어
들고
거문 글씨을 씨고 안저
죄목을 다 사르더귀요
그난 뉘신고한이
임이타불님니요
삼제불을 거나리시더귀요
니 문 자분 광안님은 불근 관의 홍관복을 니부시고
금자작듸을 눌러듸고 불근 칙을 둘

二十九 (33)
고 흔 글씨을 씨디
죄목을 다 사르더지요
그는 뉘신고 한니
관세암보살임 닐너지요
삼문 자분 관안임은 화겨빅운툅의 칼산포의 누흔 관을 씨고

심듸울 눌너 듸고 누른 책을 들고 불근 글씨을
씨고 안저 죄목을 다 시르더지요
망제씨 그 문 안 드러간니
억만미력 만지장보살님이 형세 처름 안저씬니
그 안니 세왕인가
그 압풀 살펴본이
금지연못가의 홍연씨 심어두고 못 가온듸
석화손 듸듸칭칭 모아 니고
제수나무 난간 치고 연기고 성화초 속의 일엽선 씌여 두고
홍연씨 심어두고 제듸보살님 경진수 하시난데
그 구경도 잘겁삽고
팔수식 예략한니
천계수 만계수 감계수 옹여수 여달 갓치 보비무리
한 골수로 올나갈졔 정질력궁
니려올졔
정정지럭쿵 나무암이타불 오르신니
그도 구경 잘 겁삽고 살연화 양낙한니
오싁연화꼿치 피여
운는득기 선는 압도 그 구경 질겁삽고 숨홍공늭
한 이칠천난간 누각집을 지등 읍시
만하궁의 덩그러케 지여

三十 (34)
씬니 그도 구경 잘겁삽고
법하나 공낙한니 준조로 그물 밋고

입쌀노 버리 다라 만하궁의 거러씬니

그도 구경 잘겁삽고

살연금싱한니 극낙가난

너른 길의 금모리 시모리

좌우로 갓라씬니 그도 구경 질겁쌉고

〈섭치처라〉

곤지 아모싱 망제씨난 지상각 품의 품고

석성 디성을 늠고 의성디문을 여러

금지연못 목욕하고

원앙싱 원앙싱 원앙싱 세 번을 부룬 연후

서천명월님니 타시는 칼갓튼 비을 타고서

천 명월강손으로 흩어즈어 드러간니

약근바다 갈닌 쌍의 약수홍수 세왕집는

덩그러케 지여 노코

황금지와 비욱문의 호박주추 밀화지둥

순호 보을 언고 오식단창 가진 집의

수정염을 디련난데

동편을 바라본이

삼빅척 부상갓치

불갓치 돗은 양을 히출경기 여기로다

남편을 바라본니 디봉이 비진한디

수여로 푸룬 물결 오식으로 둘너이곳

서편으로 바라본니 약수삼천니

히당화 불건난데 청조일싱 나라들고

북편을 바라본니 진구명손만손봉서

청천삭출금부용니라

그 안을 살(살)펴본이 우등화 장싱화

명ㅅ리 숨ㅅ리곳치 웃난득기 펴여씬니

三十一 (35)

망제씨 그곳 걱어

이싱 자손실 갓시계 전장하고

동자함쌍 청학함쌍 빅학함쌍

난모공작 쌍쌍이 나라들고

수청하난 팔선여는 음양진비하읍는디

불노초 불ㅅ약과 장싱화 반도화

청유리 빅포 젓듯리고

그림포 제안주르 가지가지 등더하고

음향진빗 하읍시며

향긔로운 풍악소리 극낙을 희롱한이

그 안이 세왕인가

아모싱 망제씨 비운탑의 올나안저

홱안을 씨읍시고 청용장 손의 들고

금단정수보술님와 바둑 장기 두읍신니

그 안니 세왕인가

나의 자손들 가지 정성 들로

짓손울 만니 듸러

초단진너귀 이단진너귀 삼단진너귀

천근싱남 만근수룩지

지방너미 젼너미 오귀ㅅ살직게 적적기 하여

저싱지을 닥거주기로
스천왕님 열세왕님 지장보살 문수보살
억만미럭 문슈보살 천관암암미타불
열위왕 열위부천님니
옥황전의 말삼하시고
아무싱 망제씨는
세상으로 인도하여
인간의 인도환싱 식이는 거시 좃스온니
인도환싱 식이자하고 말삼한이
옥황이 오르히 역기사 인도환싱 식히실 제

三十二 (36)
옥황숭제계옵서
아모싱 망제씨 불너 올여
느의 자손이 지무르 악기지 아니하고
정성이 직국한고로
세숭으로 인도환싱 식니난니
셰상의 나가 인도환싱 식니노라
세상의 나가 인도환싱하되
남자는 왕 되고
여자는 옹주 도여 천만세 유전하여
한 빅연 한 철연을 살리신니
그리 알고
세상의 나가라 하옵신니
억좃청상 만민드리 지손을 악기지 말고

부모가 스후가 되거든 정성으로
천근시남 만근수룩지을 극진니 하여
저승지을 닥거주라
조왕동토경니라
지나부 지나무 병부왕의 부난 디디장군이요
병부왕의 모난 음양부인이라
흘고롬 돌고롬 나무장목 장목 다른 타스로
동토법이라
동방토신동토경 남방토신동토경
서방토신동토경 북방토신동토경
중황토신동토경 동방목신동토경
남방목신동토경 서방목신동토경
북방목신동토경 중황목신동토경
동방디세동토경 남방디세동토경
서방디세동토경 북방디세동토경
중황디세동토경 상계조왕동토경
중계조왕동토경 하계조왕동토경
갑오싱임동토경 을희싱임동토경
능

(37)
흠싱닌동토경 구흠싱닌동토경
희음싱닌동토경 디세왕의부선군
수엄황의구닌왕구천부닌
병부닌동토지신 명부닌동토지신

명월묵동오작조서
부지동서남북외려굴지
부지동서남북어명
급여일영스파하
환손경 다싱 부모심봉디는
회답수로는 님손수고는 싱자마위은
연감통감은 회간취섭은
유표앙육은 세탁부정은
원힝억엽은 국격연미은
오종디은 명심불망은
각간기송국왕지은
싱구로부모지은
유토증법스장지은
스스공양단월지은
함마손성봉우지은
탕각위복유차염불
공성염불십종공덕
일잣공덕 능비수면이추공덕
천만경포삼자공덕
승번시방스자공덕 〈숩도식고오즌공덕〉
염심불손칠잣공덕 〈외성불립육즌공덕〉
용밍증진팔자공덕
제불천회구자공덕
삼미텬전십잣공덕
왕싱정토청손칩졍 미타굴

총히망망전별궁 문물염니
무괴악이 손송정
학두홍 극낙당천만호룡
욱호금싁 소허공
약인일영 청명호
정괵원손 물양공
삼계유여금증유 빅천만금연진미
차신불양금싱도 굉티하싱도차신
천상천하무염불 시방시계연구비
세간소유아진견 일체무유여불ㅅ
찰진심엽거수지 딕희중수가음진
허공가양풍가재 무릉진설

(38)
불공덕
가손증딕경진겁 신위삼좌변삼천
약불전법도중싱 칠경무릉보은자
아차보현수승싱무변
승복괴회향보현 침입제중싱
손왕무량광무불찰
암니타불 치하방차국
심두제하방 염도염궁무량쳐
읍문ㅅ방자 금광보황비진요망연
병신청정광무변 천강유수천강월
말이무유말이천 원공벽계제중싱

동입미타더원히 진민너제도중싱
자탐일심성불 도나무서방정토극낙시계
ᄉ십육만억일십일만
구천오빅동경동호더자더비입이타불
나무서방정토극낙세계
불싱장관손산토무변
금싁광면변조벽계
ᄉ십팔원도할중싱
불가설불가설제불가설향ᄉ하불잘미진수도바죽
뒤무한극수 삼빅육십만억
니십일만구십오빅 동명동호더사더비아등도ᄉ
금싁여러암이타불
나무경정상이미타불 나무겸상유견싱입이타불
나무바감오미리싱암이타불
나무미세수양상이미타불
나무이문새성상임이타불
남비고원지상이미타불
나무설리법안상이미타불
나무문수보살나무보현보살나무관시음보살 나무더세지보살 나무금
광장보살마하살
아모싱 망제씨 천근시남

(39)
만근수룩지 바다잡수시고
구품연화더로 부천임 지자 도여 득천당하실더

우픠 넉전 소하하며 하는 법문니라

원영니 삼악로 원아속당심취원 아상문불법상원 아근수제정회원

아송경인타아분심변진찰원

아라도제중삼종과극낙정계발원

도술니외싱 비남강싱 산상문두견싱 유성출가싱

수화힝 마싱 녹원증법씽쌍님열반싱

극낙광천만호용오호금식초허공약인이럽칭여하정괵원

손무랑곳공동입마타디원희 원잉싱 원잉싱

원자빗테 호중자수십향 획승공양 원잉싱 원잉싱 회공만장

숙긔별 원잉싱 원잉싱 왕싱화장려화기 원잉싱 원잉싱

사탈일심성불도 원잉싱 원잉싱 왕싱 극낙즌비타

원잉싱원잉싱

아모싱 망제씨 구품연화디로 부천임 지자 도여

왕싱극낙하옵소사

으튼 근본 드리보오놉고

노푼 천왕씨는 하눌 우의 으른니요

집고 지푼 지황씨는

짱 속의서 으른이요

반고씨 조공풍은 삼황오제 으른니요

〔뒷면〕

디졍 일연 졍월 초삼일

죽거메 말 일 편

3. 새남굿에서 넋을 맞이하여 드리는 법의 말(넉 마져 듸리은 법 말)

37면

人生別 인간이 세상을 하직하고 세왕을 가는 길 만사전 사쳔왕 열세왕 십장암 사십팔원 법성기 후싱 일편 법

先後片 分路現者 西江主에 白先主에 人道王 敬戌 花西 千歲力國 東西南北方卒로 入

넉 마져 듸리은 법말[176]

◎쳔근시남 만근수룩지 바더 잡수러 더러오실 졔 아무성 망졔씨 사쳔문을 여러 드러오소 서동문을 자부신 이 동은 삼팔목이라 푸른 주산이 둘녀신이 쳥화문을 세워는듸 쳥유리 화장세게 팔쳔보살을 거나리시고 쳥화문을 열러 잠잔간 드러오소사 ◎듸신칼을 들고 풍유춤 춘 후 ◎남문을 자부신이 남은 병졍이칠화라 젹화문을 세워는듸 젹유리 화장세계 칠쳔보살을 거나리시고 젹화문을 열러 드러오소사 ◎또 풍유춤을 추고 다시 세설 ◎서문을 자부신이 서은 경산사구금이라 빅화문을 세워은데 빅유리 화장세계 육쳔보살을 거나시고 빅화문을 열러 더러오소사 ◎또 풍유춤 추고 세설후 북문을 자부신이 북은 임게 일육수라 흑화문을 세워 시도 흑유리 화장세계 구쳔보살임 거나리시고 북문을 열러 드러오셔사 ◎또 풍유춤 추고 ◎시설} 아모 성 망졔 시중황에 좌졍하실 졔 오실에 좌졍하시고 넉을 바드시고 쳔근시남 만근수룩지 바더 잡수시고 세왕세계로 득쳔당하옵소서 ◎우픠에 넉 모시고 시면 치고 안어로 드

---

176) 이 대목은 이른 바 〈죽음의 말〉이라고 할 수 있다.

38면

러가서 안당에 모서녹코 풍유 춤을 춘 후에 안굿히라 ◎부정 물이고
산바린 후에 넉을 마져 더러오라 시남은 ◎그 이턴날 히라◎◎◎◎◎
◎예서버텀은 주엄에 초압 말을 하는 법을 써다

주검의 말 초압 말

죽엄에 말 ◎◎ 어야 영가시요 **** 사람이 죽어거면 일름도 달너
거고 승도 달너건네 일름은 영가시요 승은 기부러라 상유변부능기 팔
만 사천문 열러 잠에잠간 드러오소사 어야 영가시요 아모 싱 망졔씨난
졀나 거망 연원 건이별 연살포가린 연사호망 신연을 당하여는지 한명
이 그쑨인 거시 딕가 되어는지 ◎져승 지부왕 전에서 팔빈자 독빈자
노와 성화갔이 지축한이 었던 사자 나오던고 일직 월직사자 조리씨
졔번에 강임도령 팔빈자 독빈자 니여주며 아무 도 아무 군 아무 면 아무
동이 아모 싱 망졔씨 상화 창닉로 잡어오라 분부가 지엄한이 져 사자
그동 보소 지부왕에 명을 밨고 망영 그물 손에 들고 쇠사실 비켜 차고
활등갓치 구분 길노 살딕갓치 빨이 나와 압산에 에막 치고 뒤산에 장막
치고 마당 한 가온디 명푀기 꼬져녹코 월직사자 일직사자 강임도령
봉에 눈 부릅쓰고 삼각수 거살르고 이 문지방 가루집고 입아 망졔야
어셔 밨비 나서거라 쳔동갓치 뒤거른이 가뜩이 문어거고 우쥬가 박귀
은 듯 아모 싱 망졔씨 일신수족 벌** 썰며 건퇴유곡 되어실 졔 사랑동
아들아 가진 거동 쌀아기 이중한 며누리 빅여쳬권 과자문 거잔 쌍별머
리 위 셩명젼 나쳔식상 거원 차려녹코 입담 조흔 만신 데려 젹**이
푸러닌이 그도 인졍이라 묐잡어니 더귀요 두 번지 일직사자 밨비 쮜여
드러오며 어서 나라 밨비 나라 서리가치

39면

지촉한이 조부조상과 성주지신이 조만이 이결한이 그도 인정이라 못 자바니 더구 요삼 시번지 강임도령 와락 쒸여 달여드러 천동가치 소리 하며 우리갔튼 큰 소리을 병역가치 호통한이 망졔씨 일신수족 벌****
뜰고 건퇴유곡되여실 제 강임도령 달여드러 한번 자버 니여친이 열 손에 믹이 업고 두 번 자버 니여친이 열 발에 믹이 업고 삼세번 자버 니여친이 펴던 손 쩌더던 다리 감출 길이 젼여 업네 삼만 육쳔 일신수족 감출 길이 젼여 업네 살러서 하던 말삼 한 마데 할 길 업고 아모리 졍신 차려 보모 동싱 쳐자권속 다시 보고 죽자 한들 한명이 도라오고 시더가 되어 신이 사라날 길 젼여 업네 그 압허 안진 사람 사랑동 아들이며 진지동 짤아기 이중한 며누리 빅연 체권 일가친척 좌우로 너러 안져 수족을 주무루며 디셩통곡 우름 우이 디신가리 뉘 이스리 직물노 막어 랴 한덜 석숭에 부자라도 지물업서 죽어스며 어(진)어로 살이랴 한덜 한신에 장자방과 공명갔튼 승현덜도 할일업서 고혼되고 기운어로 살이 랴 한덜 관운 장비 조옹 황우 기운업서 죽어실랴 할일업고 속졕업다 이러텃 탄식할 졔 삼갑사졔 달여들러 머리에 쳔상옥기 이마에 별락옥 기 눈에 안경 옥기세 밋테 바눌 닷단 결려 녹코 입에 하무 물여 귀에 쇠 채여논이 망졔씨 명끈은 소리 디쳔바다 일쳔석 실른 중선 닷줄 끈은 솔리 갔다 아무 싱 망졔씨 속졀업다 하고 문박을 니다본이 밥 세 그릇 신 세 켤리 돈 승양과 졔상 우에 밧쳐노코 초셩 조흔 군낭이 초혼 불너 외은 솔리 나 죽을 시 분명하다 망졔씨

40면

할릴업서 세상을 이별하고 탄식하고 돌라서며 혼빅 혼신이 방안을 살펴본이 신체 육신은 방안에 뉘여녹코 자손덜리 느러안져 나무암미타

불 관세암보살하며 앙천 탄식 슬이 울며 하날을 울을너 탄식한들 하날
이 한말 디답하며 쌍을 두다려 탄식한들 쌍이 한말 디답할가 한숨 모와
구름되고 눈문 모와 비가 되야 운운창천 모와다가 뉘게다가 전장할가
사람 한번 죽어거(?)면 집안에 두거안코 당산원니로 (검)니여모시랴
할 제 천금 거금 원산 나삼 면모 악수 안다임 일곱민 밧다임 일곱민
소렴 디렴 고이 묵거 시상판에 밧쳐 녹코 오일 입관 칠일 성복제 지닐졔
초다진 어귀라 상반에 슬말 스되 자문거잔쌍영실우픠식상거원초불영
등극진졍성밧쳐 녹코 일직사지 강임도령 예치젼을 밧쳐 녹코 진너귀을
정성어로 진니온이 져승사자덜이 망졔씨 자손덜이 정성이 지극하다고
디공을 칭찬하며 인정어로 바드신 후에 혼빅 혼신을 고이 모시고 져승
어로 더러갈 졔 동니 남녀노소 신이 일씨에 모여더러 상부을 퇵줄할
졔 젼나무 장강 럴편 숭마 닷줄 남디단 휘장 흑운단 쑥겅 빅비단 앙장금
젼지 물여 좌우로 둘너치고 오식 드림 불근 쎄을 나난다시 차려 녹코
열두명 발린군 이젼**(거) 지닌 후에 간**이골나 미고 요량 징** 치
는 소리 구쳔 영혼 슬푸도다 강산 원니로 모셔 드러갈 제 망졔씨 할
일업서 고사당에 하직하고 마당에 수결 두고 개더러 정세하고 잇던
집 하직하고 좌우젼면 젼후 고기 압뒤 길리 나단이던 질리련만은 언어
써나 다시 와서 싱시갓치 단여볼가 동니남여노

41면

소인을 언어 써나 만나볼가 오미불망하던 친구 싱젼 갓치 사직던이
한명이 나쁜인가 황쳔어로 만나보세 손헛처 하직한들 사후 길이 달너
슨이 뉘가 알고 디답할가 이고**** 슬른지고 탄식하고 드러갈 졔 뒤
을 자세 살펴본이 넘노난이 사자요 피우난이 연기로다 빅수 아주 앙장
빗쳔 일광을 가리오고 일디 부용은 한단에 슨몽이라 풍낭이 노호한여

반양이 소비한디 춘개옥단 옥분화라 꼿일른 나비로다 사람 한번 죽어
진면 영결종천 더욱 슬다 밍춘에 진은 꼿은 명연 봄에 다시 피고 초목이
승입하여 쳘**마다 무루러고 영역 갓턴 건곤이 도부유가치 시러거면
언어 씬나 도라올가 황천이 정막한데 언어 벗이 차져와셔 날과 가치
정담할가 춘풍이 요란란한데 오작은 지젹워라 하우은 모촌이요 단풍은
여삼추라 시명일 기계사에 자손이 졔을 차려 만**진수 차려녹코 분향
하고 곡비할들 영혼조차 자취 읍셔 오신은 줄 모루거던 잡순은 줄 어이
알고 속졀업은 길이로다 강산에 터을 닥고 열손을 비에 언고 빅양어로
정자 삼고 두견 졉동 벗셜 삼아 독수공방 누어신이 엇지 안이 쳘량할가
신체 육신은 쌍 속에 누어이고 혼빅 혼신은 져승어로 잡펴더러 (아이)
갈 졔 지부왕이 니른 말이 초다집 두어라 신체로 젼주어라 쇠체로 젼주
위라 망졔씨 정신이 혼미하여 빅옥 갓튼 두 귀밋헤 허르난이 눈물이요
쳘석갓턴 두졍강이 허르난이 유혈이라 지부왕이 일른 말이 사랑동 아
들아 기진거동 쌀아기 이중한 며누리 빅연쳬권 다인은야 망졔씨 엿자
오되 아무도 업난이다 그러면 네몸 감장 뉘가 하여보

42면

니던야 망졔씨 엿주오되 열두명 발린군이 곱도록 힉셔 본너옵데다
갈능한 망졔로다 자근 미 물이치고 큰 미로 젼주워라 성벌이 무수할
졔 이승이나 져승이나 칠연지 번임니 이른 말이 성벌을 당하지 말고
바른디로 다짐 두라 망졔씨 할릴업셔 바른디로 엿주올터 사랑동 아들
이며 진지동 쌀아기 이중한 며누리 빅연쳬권 다 잇사외다 그러하면
슨낭자하여는 야그도 힉슴이다 언어 졀에 하여는야 망졔씨 엿자오되
져승 졀른 금자 티운 졀이 크고 이승은 문수 빅운졀이 크다 하옵되 그른
디 쳘은 업삽기로 조고마한 초막 졀에 상반에 스말 스되 중반에 두말

두되 하반에 말 스되 불기 올여난이다 그러하며 바다 잡수기은 뉘라
바다 잡수시며 총집은 뉘리 하시던야 바다잡수기은 운운천왕 좌운천왕
관세암 천황 여러 왕이 바다잡수시고 총집은 금씨 양주 리씨 양주 허씨
양주 이류은 여섯 분이 하옵지다 지부왕이 엿자오되 공만 크신 만은
망졔로다 삼일 말미 줄거신이 뒤을 싸라 올거신이 진언을 외여 가읍소
셔 인단거언지단(거언)증구업 거언 증상 업거언옴 — 수**리마하수**
리사바 하외여가이 잡신이 굴복 사리하나이다 산하 산신이 머물거든
가삼에 팔빅지 한 장 쎄여너여 듸수듸명 밧치고 나오소사 길신이 머물
거던 신어던 십신 버서 듸수듸명 밧치고 나오소서 망졔씨 굿 바더잡수
러 나오실졔 철이강낭은 상더선이요 말리건곤은 좌기추하시더 귀요
신당하나 졔불당한이 유씨에 시운당이요 젹벽에 장반목한이 춘일원에
반기도 함쌍 나비 몸 되여 잠잔간 드러오소사

43면

청산에 청비은 입히 걸여 못오시고 홍산에 홍나비은 꼿혜 걸여 못오
시고 월하동산 왕거미은 줄에 걸여 못오시고 암모싱 망졔씨은 탈에
걸여 못오시더라 장찬 가시 질찬 종이 쳐음 집은이더 신젼이요 두 번
지분 이 비암젼 용젼 구수젼 싸젼 넉에 넉젼 말너니여 어졔 져역 거리탈
맛고 지석(거)탈여 위여 안당에 구능 사살거에 안당에 거러녹코 밤식
도록 모든 신 낫 져물도록 놀야하고 치여다본이 청하눌이요 너려다
본 만구름 지알 속에 장화 밋고 구수덩 싸덩 연지당 골믜이 수팔연 지원
에 세왕당 동령당 잔 쌍믜이 봉각씨 좌우로 너러녹코 장반 법을 외여가
소 서장반 폭포은 인안봉이요 월야 선판은 인산 호요국에 봉님은 누만
건이요 월아 망영은 도쳔당이라 ◎섭칙로희라 ◎◎◎ 내가와 다은 말
을 먼져 하고 아모 싱 망졔씨 본은 가서 게 어데 본일는야 하게 영산번

이로다 하게 영산 번안이라 여심이 산번이로 가여분 망졔씨 어그졔 사러 집 줄는이 언의딧 세솔아에 (봉)풍입 졔졀입되여 져승젼명우글 고이 승젼하직하고 불쌍한 몸이 되어 철량한게 넉시로다 방식은 삼쳔 연이요 펑길은 오빅연이요 익길은 가중수요 각일은 인간부라 금일은 동참이란 말삼은 엇지 두고 니신 말삼이요 옛사람 동방석은 세게을 닥어시고 후세에 일름을 젼코져 삼쳔갑자 사러시고 그 후 중간 사람덜 은 삼사빅을 사르시고 황쳔긱이 되어이고 우리 인간 사람들도 한 빅연 도 사르시고 한 팔십도 사르시고 황쳔긱이 되어시나 아모 싱 망졔씨는 단빅연도 못사시고 세상을 이별한이 엇지 한이 슬풀손야 익단금일은 중싱젼이요 벽에동참은 근미심하도다 옥출곤강 금싱여수은 엇

44면

거 두고 니신 말삼이요 물이 만어면 물마다 금이 나며 산이 만어면 사마다 옥이 날가 사람 한번 죽어지면 누만연이 지나가도 사라올 길 젼여 업고 다시 한번 못오는이 서가세주님이 인간 말련 하옵실 졔 삼연 초토 소디상과 빅일종졔거상법과 신명일 기졔사며 증조 한식 단오 추 석 쳔근식남 만근수록법을 마련하여 기로망졔씨 자손덜이 쳔근식남만 근 수록지을 졍셩을 지셩어로 잘하신이 어웁던 눈도 발거지고 무겁던 다리도 갑이여져서 팔만 사쳔 지옥을 면하시고 세왕세게로 가신다 하 온이 아모 싱 망졔씨 굿바다 잡수시고 세왕어로 더러가실 졔 사쳔왕을 외여가소서 ◎셥치은 끗쳐라 ◎동방토주는 티호복히씨요 문은 원도문 이요 갑은삼팔목이요 지극쳔왕임이 삼만약사열위임이 팔쳔보살을 거 나시고 쳥기을 증중에 입표시고 디왕님 증졀불보살님이 증진증법을 차지하시고 목싱잡순 망졔씨난 동문어로 드서거던 쇠을 여러 문을 열 고 열불 공부 극직하여 세왕어로 가옵소서◎◎◎◎◎

남방토주난 염제실농씨요 문은 거여문이요 갑은병정이칠화민 지장
천왕임이 일만 문수보살 전당양에 칠쳔 보살을 거나리시고 젹기을 증
중에 입표하시고 디왕님 증졀 불보살님이 증진 증법하셔난디 젹유리
화장세 이모감쳘쥭상중 설법도졔 중싱 일심봉참아미타불리요 그왕에
차지는 하삼식을 차지하시고 화싱 잡순 망졔씨 남문어로 더서거던 문
을 열고 나오소서

45면

◎서방토주난 소유금쳔씨요 문은 여별문이요 갑은경신사구금인이
비삼목쳔왕임니 빅기을 증중에 입표하시고 디왕임 증졀불보살님이 증
진증법하옵시고 빅유리화장세게 모감쳘사님이 구쳔 빅마나 권속거나
리시고 그왕에 차지는 추삼식을 차지하시고 금싱 먹은 망졔씨은 서문
어로 드섰거든 쇠을 노와 문을 열고 나오소서◎

◎북방토주는 젼후고양씨요 문은 법셩문이요 갑은임게일육수라 왕
목쳔왕임이 흑기을 증중에입(조)하시고 디왕임 증졀불보살임니 상쳔
관암보살임을거나리시고 흑유리 왕싱 왕싱하옵시고 그왕에 차지을 동
삼식을 차지하시고 유싱잡순 망졔씨는 북문어로 드서거던 문을 을고보
니소서◎◎

◎중황토주난 황졔현원씨요 문은 정졀문이요 갑은오십토인데 중궁
천왕임이 중황을 차지하시고 청장법신비노자불 원만무심노서나불 당
니 화산 미력존불 구품조헌 아미타불승사리보살임이 주주리 느러안져
황기을 증중에 입(표)하시고 오힝꼿을 꺽거쥐고 황유리 화상식이 모감
쳘쥭 상중설법도 졔중싱 일심봉참 아미타불 우도나찰 좌도나찰 조리씨
졔번에 강임도령 일직사자 월직사자 즉부삼사자 거나리시고 차지은
윤식을 차지하시고 토성잡순 망졔시은 중황어로 드서거던 문을 열러

죄을 노와보닉소사 ◎◎◎ 아모 싱 망졔씨 세왕어로 가실 졔 젹귀젹살 거에 외여 가옵소서 아모 싱 망졔씨 사쳔왕은

46면

아르서거이와 열세왕을 자서이 알고가서야 세왕세게로 드러가시고 세왕 가시은 길을 자서이 아옵소서

◎졔임증광디왕임 탄일은 二月初一日날이요 원불은 증광열위원불이요 지옥은 토산지옥이요 경오갑이 상갑이라 경오 신미 임신 긔유 갑술 을희싱 가지 미여 게시온이 그왕에 미이신 망졔씨은 염불 공부 심을 쓰면 쇠을 노와 문을 열려줄거신이 세왕어로 가옵소서◎

◎졔이초간디왕임 탄인 三月初一日날이요 원불은 약사열위요 지옥은 하 탕지옥이요 갑은 무자 갑이 산갑이라 무자 긔축 경인 신묘 임진 계사 싱 가지 미여 게시온이 그왕에 미이신 망졔씨 안문을 열고나오소서◎

◎제삼송졔디왕임 탄일은 二月二十八日이요 원불은 선겁열이요 지옥은 한빙지옥이요 임오갑이 상갑이라 임오 기미 갑신 을유 병술 졍희 싱 가지미여 게시온 그왕에 미이신 망졔씨난 문을 열고 나오소서◎

◎졔사오관디왕임 탄일은 정월 초여드린날이요 원불은 아미타불이요 지옥은 그티지옥이요 갑자갑이 상갑이라 갑자 을축 병인 정묘 무진 긔사 싱 가지미여 기시온이 그왕에 미이신 망졔난 염불 공부심을 쓰면쇠을 노와 문을 여러 나오소서◎

◎졔오염닉디왕임 탄일은 三月初八日날이요 원불은 지장보살이요 지옥은 바라지옥이요 경자갑이

47면

상갑이라 경자 신축 임인 계묘 갑진 을사 싱 가지미여 게시온이 그왕

에 미이신 망제씨은 염불 공부 심을 쓰면 세왕을 가신나이다◎

◎졔육편성드왕임 탄일은 二月二十七日 날이요 원불은 디셔거보살이 원불이이요 지옥은 독사지옥이요 병자갑이 상이라 병자 졍축 무인 긔묘 경진 신사 싱 가지미여 기시온니 그왕에 미이신 망졔씨 씨난 염불 공부 심을 쓰면 세왕어로 가실 졔 이 문을 열고 나오소서◎

◎졔칠티산디왕임은 탄일은 삼월 초칠일날이요 원불은 관세암보살이 원불이요 지옥은 양설지옥요 갑오갑이 상갑이라 갑오 을미 병신 졍유 무술 긔히 싱 가지미여 게시온이 그왕에 미이신 망졔씨는 염불 공부 심을쓰면 세왕을 가신난이다 염불하시고서 쇠을 노와 문을 여러 나오쇼서◎

◎졔팔평등디왕임탄일은 四月初一日 날이요 원불은 노서나불이 원불이요 지옥은 탑심지옥이요 병오갑이 상갑이라 병오 졍미 무신 긔유 경술 신히 싱 가지미여 기시온이 그왕에 미이신망졔씨은 염불 공부 심을 쓰면 쇠을노와 문을 열고 세왕어로 가옵소서◎

◎졔구도시디왕임 탄일 은四月初七日 날이요 원불은 구왕보살이요 지옥은 철산지옥이요 임자갑이

48면

상갑이요 임자 긔축 갑인 을묘 병진 졍사 싱 가지미여 계시온이 그왕에 미여신 망졔씨은 문을 열고 나오실 졔 염불공부 심을 쓰면 세왕세게로 인도환싱하오리다◎◎◎◎◎

◎졔십오두즐융디왕임 탄일은 四月二十日이요 원불은 석가럴이요 지옥은 흑한지옥이요 무오갑이 상갑이라 무오 긔미 경신 신유 임술 긔히 싱 가지미여 게시온이 그왕에 미이신 망졔씨은 염불공불 심을 쓰면 세왕을가신난이라◎◎◎◎◎◎ 아모 싱 망졔씨 사쳔왕 열세왕을

아러섯거만 십장암을 알고 가옵소서 ◎ 아무싱 망졔씨 십장암이라 하
는거선 세왕 가신은 길에거리**염불이요 문취마다 염불인니 십장을
자셔이 외여 가실졔 있지 말고 외여가시옵소서◎◎◎◎에서는십장암
이라

　◎극낙세긔십장암◎나무암이타불◎법경서에수인장엄} 나무아니
타불◎사십팔원원덕장엄◎나무암이타불◎이타명호수광장엄◎나무
암이타불◎삼틔상관보성장엄◎나누암이타불◎미타금토극낙장엄◎
나무암이타불◎보하청정덕수장엄◎나무암이타불◎보전여에누각장
엄◎나무암이타불◎삼종에공덕장엄◎나무암이타불◎ 에서는 염불끗
치고 시설노희라

49면

　◎아모 싱 망졔씨 세왕을 가실 졔 잡귀잡신이 압을 막고 뒤을 따을거
신이 천수 일편을 외여가옵소서 ◎예서 천수으 외는 법인딕 후편에다
썼다 천수을 예서 희라 천수을 왼 후에 다시시설노 희라

　◎아모 싱 망졔씨 천수 일편을 외여가신면 잡귀가 굴복 사례를 드리
고 물너가거던 세왕어로 드러가실 졔 마직막 자손덜을 불너 하직하고
닉가 간다 ◎예서는 섭치치고 실러라 ◎남여자손덜 다 이리오너라 사
랑동아 들이며 진지동 딸이며 이중한 며느리 빅연체권 다 이리 오너라
하직하고 닉가 간다 만사젼을 자셔이 드러보와라 청용 빅운은 예조딕
당화요 천산은 빅운기라 사람이 죽어지면 청송 빅운 벗셜 삼고 문어진
청산은 빅골만 더져두고 일좃 영산에 요조요 사고무용은 수화승이라
건곤회답 지철연을 남방땅 도러드러 벽도산신이 모종이 감도라 드러
이바 망졔야 부루은 소리 넉시라 다든 문을 손수 열고 딕답할가 유졔씨
계번에 강임도령 신공씨 회답씨 여등비가 날 잡을 치사로다 청사실

홍사실 엽에 차고 철치을 손에 들고 이 문지방 가루막고 입아 망졔야
부루은 소리 하릴업시 죽엄되여 황쳔객이 되어고나 일가친쳑 우리 지
손 다시 보고 죽자한들 한명이 그 뿐이라 하릴업은 길이로다 고사단에
하직하고 이던집 하직하고 좌우산쳔 하직하고 탄식하고 도라서** 좌
우젼면젼 후고기압뒤길이 나단이던 길이른만은 언어 쩌나 다시 와서
싱젼갓치 단여볼가 오민

50면

불망하던 친구 싱젼가치 사졔든이 한명이 그뿐인가 황쳔어로 만나보
세 손헛츠 하직한들 사후 길이 달너쓴이 뉘가 알고 딥답할가 탄식하고
돌아서** 뒤을 자세 살펴본이 넘누난이 사자요 피우난이 연기로다 빅
수아주 앙 장빗쳔 일광을 가리오고 일디 부용은 한단에 슨몽이라 풍낭
이 노호한이 반양(소)비한디 춘개옥단옥분화라 꼿 이른 나빗로다 공산
에 터을 닥고 사토로 집을 삼고 송죽어로 울을 삼어 둑견 접동 벗절삼아
독공방 누어슨이 언에 벗이 차져와서 날과 가치 정담할가 동풍이요
한이오작이 거격위라 춘하추동 자손딜이 졔을 차려 만**진수 차려녹
코 이통하고 우름운이 온이 온 줄 뉘가 알며 운이 운은 줄 어이 알이
세상사을 싱각하면 모든거이 슬푸고나 사람 한 번 죽어거면 영결죵쳔
하거이(라) 주덕셩유헌이도사러서은 취흥이요 엄중선이 틱빅도 죽어
진이 허사로다 예론에 (시)룡금은 노상에 건퇴로다 노상오사는 옛버터
일너거든 춘산에 건언꼿은 졔경공에 눈물이요 옥문관 일곡조은 밍상군
(지) 우다 말과 안기싱 여등비은 날더러 무를손야 불사약 구하랴시면
선기로 가련만은 단군편적(손)자을 날더러 무를손야 불사약을 못구하
라면 만승쳔자라도 여산모롱이 황졔 무덤되여슨이 하물며 우리 인싱이
야 일너 무어하리로다 아무 싱 망졔씨 쳔근식시남만그수록지 바더

51면

잡수시고 세왕세게로 드러가실 졔 아모 싱 망졔씨 남녀자손 빅연쳬

권 마지막 하직하고 니가 간다 인졔 가면 윈졔 온나 사람 한번 죽어지면

다시올 날 젼여 업네 한심하고 쳘량하다 힁당화야 힁당화야 명사심니

힁당화야 꼿진다고 슬어말아 명연 봄이 도라오면 네가 다시 피련만은

사람 한번 죽어지면 영결종쳔 하직일세 하날리 놉다 힁도 사오경에

이슬이 나이고 강남이 머다 힁도 사신(터)차가 드나들고 힁도 졋다 다

시 돗고 입도 졋다 다시 피고 꼿도 졋다 피건만은 사람 한번 죽어지면

언어 씨나 도라올가 시명일 기지사 증조 한셕 단오 추셕 쳔근신남 만근

수록지 바더 먹어러 나오거 다시 올 날은 젼여업네 셰상사을 싱각하면

한심하고 쳘량한단 말 엇지 이우할수인나 할 일 업는 길이로다 갈 길이

나 차져가세 ◎아무 싱 망졔씨 세왕어로 드러가실 졔 사십팔원을 자셔

이 알고 가시옵소서 사삽팔원이라는 것 선망졔씨게서 세왕을 가실졔

다리 압푸시면 쉬여가시고 비곱푸시면 진지 지여 잡수시고 목마르시거

던 물을 쩌 서잡수시고 힁지거던 주무시고 원** 차져르러가 쉬여가시

라는 사십팔원이 요이 사십팔원을 엇지 말고 차져가서 알고가시옵소서

◎◎◎◎◎

◎악취무명원나무아미타불◎성취수명원나무아미타불◎동진금싱

원나무아미타불◎성무무차원나무아미타불◎성취수명원나무아미타

불◎상획쳔안원나무아미타불◎연지심힁원나무아미타불◎심촉초월

원나무아미타불◎졍무안싱원나무아미타불◎졀졍졍개원나무아미타

불◎광명보조원나무아미타불◎수량무궁원나무아미타불◎성무무수

원나무아미타불◎즁싱장수원나무아미타불◎기획션션명원나무아미

타불◎졔불징참원나무아미타불◎심영왕싱원나무아미타불◎임종현

젼원나무아미타불◎회양기싱원나무아미타불◎구조묘싱원나무아미

타불◎함이보졔원나무아미타불◎신공하방원나무아미타불◎소수만
조원나무아미타불◎선(검)본진원나무아미타불◎나라연지원나무아
미타불◎장엄무량원나무아미타불◎보주살지원나무아미타불◎회승
변지원나무아미타불◎디변무변원나무아미타불◎국셩보조원나무아
미타불◎물만호무원나무아미타불◎목강알낙원나무아미타불◎성취
홍지원나무아미타불◎영니여시원나무아미타불◎무병지광원나무아
미타불◎쳔연경이원나무아미타불◎수원수영원나무아미타불◎자싱
심졀원나무아미타불◎수연불찰원나무아미타불◎무졔금결원나무아
미타불◎선진동진원나무아미타불◎문싱회기원나무아미타불◎구조
선그원나무아미타불◎공불졍푸원나무아미타불◎용무지무원나무아
미타불◎보리무최원나무아미타불◎현획인신원나무아미타불◎

53면

◎아모 싱 망졔씨 세왕어로 드러가실 졔 비 곱푸시고 다리 압푸시고
목마르시거던 원**차져가서 쉬여가시라는 사십팔원니온이 희지거던
주무시고 세왕을가 옵소서 원**이 짓체하여 가옵소서 ◎예서는섭치치
고 ◎아무 싱 망졔씨 세왕을 가실 적에 산는 몃산 너무시며 물은 몃물
근너시며 들른 몃들 근너시며 다리는 몃다리 근너시고 고개는 몃고개
너머선나 우불룩산디불룩산 우러넘른 청산 시러 넘던 청산 능임 쎨
광임쎨을 근너시고 석교다리 삼쳔 삼빅 쉰여덜간 목교다리 삼쳔 삼빅
여덜간 근너시고 그 다이 근너간이 ◎시설로◎옛 못보던길이 삼발니로
낫사온니 언어 길이 세왕길인 거 알수업서 운일고 반일 적에 길 우에
중 하나 서잇스되 그 중 일홈은 승아비라 하는 중일너구요 그 중 칠레살
펴본이 관곡갈에 팔디장삼의 심씌을 눌너쩨고 빅팔 염주 목에 걸고
금자주령 둘너집고 망졔씨 엿자오되 나도 이승 사람어로 공 만이 닥거

다고 세왕을 가라하옵기예 이 곳 절 와본이 길이 낫사이되 언어 길 세왕
길인지 알 수 업서 운일고 반이 난이다 져 중 몃 물는 말이 시상에서
무슨 공덕하여난가 망졔씨 엿자오되 아무 공덕 한비 업고 비곱푼 사람
부엌 공덕하여닛고 옷버신데 딘신 주고 어머임젼 엄중경 아번임젼 법
픾경 쳔근시남만근수록지 바다먹고 완난이다

54면

져중이 하는 말리 공만 크신만은 망졔다 니 이러게 드러(보오)우편
디로 길은 지옥을 가는 길이요 좌편 소로길은 세왕가는 길이온니 세왕
을가라 거던 좌편 소로길노 가옵소서 망졔씨 엿자오되 지옥길은 디로
길이요 세왕길은 소로길이온이가 져 중싱 디답하되 예날 시졀에은 악
인 즉고 승인만은 고로 하루 세왕을 하루의 쳔나나 만나나 더러가셔
디로가 되어거만 시속인심 강악하여 세왕을 하루 한나가거나 말거나
하여 소로가 되어난이다 세왕을 가시랴거던 소로가옵소서 망졔씨 만일
지옥길노 가시면 쳘뇌로 방석을쌀고 쳘망어로 다리노와 그 다리 근너
가면 다리가 문어져서 다리 아리 쩌러지면 여러 악귀 달여들러 물어다
가 구쳔지옥 드러치면 비 곱푸면 몽둥 쳘을 메기고 묵 말러시다면 무쇠
물을 메기난이다 디로 길노 가지말고 소로길노 가옵소서 망졔씨 그
말 듯고 소로길노 가노라 이셕가시주임 염불노 강을바드실 졔 법셩기
을 잘외여 가시면 세왕어로 가신난이다 자서이 외여가소서◎

◎법셩원유무인셩◎졔법불통법선◎무명무싱졔일일쳬◎진지소지
비여경◎지셩심신구미(소)◎부주사싱수연셩◎일졍일쳬다중일◎일
밀건중합세방◎일엽겁시무량원◎겁직길엽일역격◎시무양겁호셩작
◎닌불잡은젹별쌴◎초발심심별셩각◎싱세력발상공하◎니사명연녹
불변◎십불보선딕인겁◎슨니힝닌사비중◎변칠어중불사회◎동부희

사면하궁◎중싱득인

55면

한비졍◎좌실망필부득후◎차지의혹이자령◎(니)다한지복◎장안
벽지실보졍◎궁자술잣중도실◎구리부득명희불◎구리부득명희법◎
구리부득명희승◎아미타불진금셩◎구품연화연지화◎나무아미타불
상식진언나무비너자나불◎원만보서노서나불◎구품도사아미타불◎
당니화셩디셩문수보살◎디비관세암보살◎졔디보살마하살◎석가세
주임이 망졔게 염불노 강을 바드신 후에 구품연화터로 인도환셩 식니
시니 망졔씨 석가세주임게 빈불사리드리시고 극낙어로 드러가실졔 한
곳을 당도한니 가신은 길 젼면에 나무 하나 서있스되 쳔장 만장 놉헌
낭기 서 있스되 가지 가지 입입이요 식시 틈틈 여러 부쳔님이 팔만졔자
중싱 거나리시고 열좌하여 게시온이 망졔씨 싱각한이 그져 갈 수 젼여
업서 부쳐님게 말무룰졔 니 낭기 져다지 웅장하고 놉사온이 그 나무
이름이 무슨 나무온이가 부쳔님 하신는 말삼 엇더한 망졔온디 가신는
길이나 가시지 나무 근번 무슨 일노 문난이가 망졔씨 엿자오되 나도
니승 사람어로 세상을 이별하고 세왕어로 가옵는디 그 낭이 하도 웅장
하기로 알고가랴 문난이다 부쳔님 하신는 말삼 드러오은 망졔딜이 말
문는비 업서던 이 망졔씨은 알고가랴 하옵신이 지극한 망졔로다 나무
근번일을(겨) 이 사서이 알고 가랴 이나 무일름은 져승일쳔

56면

명현목이요 뿌리은 열두뿌리요 일연 열두달노 두고 니신 말이요 가
지은 서른 가지라 한달 서른 날노 니신 말이요 입은 상빅육십입이라
일연 삼빅 육십일노 이른 말이요 망졔씨 엿자오되 동서남북가지마닥

열죄하여 안지신 부처임은 뉘시라 하나이가 부천님 하신는 말 삼동에
은 금광열이시고 남에는 문수보살이시고 서어는 빅운열이시고 북에는
증광열이시고 한가온디 천관암만지장보살 오만문수열이씨라 그 열러
부천이 닐연 열두달 나무아미타불 외여가시며 염불 공부하더구요 망졔
씨 싱각한이 그져 갈 길 젼여업서 하루 고양을 올이실 졔 금광치 만물치
스말 스되 불기루 말스되 불기 올이신니 부천님이 하신는 말삼 그 망졔
졍셩니 지극하이 셰왕어로 인도할 졔 극낙을 진니셔 구품연화디을 젹
어주며 이곳설 차져가라 이곳은 셔천셔역국인니 극낙초문이라 하는디
요 하날놉흔 상졔조왕이요 쌍이름은 노셔나불이라 천관암만지장오만
문수열이씨을 다 젹어주시며 차지하신 사쳔왕이 문을 여러 줄거신이
닛지 말고 차져가라 이러덧 젹어준이 망졔 그 글 바다 품에 품고 나무밋
셜 살펴본이 삼식 ㄴ이피여거날 홍모란 홍실화 빅모란 빅실화 웃는듯
시 피여스니 쵸등 피는 쏫은 노등화라 느근어죽은 쏫시오 이등의 피은
쏫은 셜부화라 졀문이 죽은 쏘시오 삼등에 피은 쏫은 소동화라 아히
죽은 쏫실너구요 망졔씨 그 쏫구경 다하시고 쏘한곳다**른니

57면

셰왕길이 분명한지 인가 업는 소로 상의 졍쳐업시 드러갈 졔 쏘 한곳
다**런이 강 한나 닛스되 그 강 일름은 유유셔강니라 하더구요 그 강가
의 다**른니 빅션주라는 사공니 졔수나무 비을 모와 삼싱독축켜실코
빅포장 조턴비단 보기 죽켜 놉피 치고 화초 평풍 둘녀치고 비단 니불
디단요의 금향수주 찰렵니불 홍담 빅담 보료 총담 안셕 버개을 도**녹
코 가진 픰구을 다 데려셔 션방을 차려녹코 망졔씨을 모시랴고 강가
셔넛슬 졔 망졔씨을 살펴보고 사공니 하는 말니 망졔씨게서 아무 군
아무 면 아무 동니 아무 셩 잡순 망졔씨온니가 망졔 디답하되 나도 니승

사람어로 세상을 니별하고 집부왕의 명을 바다 세왕어로 가라하게 이
곳 가지 와난니다 사공 엿자오되 그러하옵시면 망졔씨 모시런 ㅅ사온니
이 비을 치쳐 타시면 세왕어로 가시난니다 망졔씨 그말 듯고 그비로
오루신니 져 사공 그동보소 일엽션 헐니즈어 세왕어로 드러가실 졔
◎◎◎예서는섭치치고 희라 지비하고

  ◎세왕 가세 **** 가세 ****세왕 가세 잘 간다고 가지 말고 몯간다
고 섯지 말고 흘너가는 물결갓이 차****리로 가사니다 그 강을 근너
갈 졔 칠비동산 기슬어로 오루시며 니니시며 경신수하실 적의 한심하
고 철량하다 사람니 죽어진니 산도 슬고 물도 슨디 누굴 보랴고 니가
가며 뉘을 차져 니가 가나 황능묘 니비(선)늬(송)낭자을 보러가나 낙
양동춘니화즘의(소)중낭을 보러가나 부모 동싱 처자권속 일가친척을
일조의 니별하

58면

고 길도 산도 흠한 곳을 뉘을 보랴고 니가 가며 누굴 차져 간단말니
야 한심하고 철량한 말 뉘한터 한단 말니야 이 길을 니 가면 다시올
길 젼여업네 서산에 희가 진니 언어 곳늬 가서자고 가며 너디 가서 쉬
여갈가 니리 한참 근너갈 졔 한 곳을 바라본니 난디업는 비 삼쳑니 희
상어로 쩌오거날 망졔씨 일른 말니 그 비 말 졈 물러보세 압희는 무슨
비면 뒤에는 무슨 빈가 다른 비가 안니오라 아버님게 법희경니요 어머
님게 음중경 처자권속 사랑경니요 동싱의게 이중경 한 빅 가득 실러니
다이미로 무상삼고 오방 나외 건곤 삼아 일싱 돗 축켜 실코 에야데야
소리할 졔 ◎ 한심하고 쳐량하다 니왕선니 업느 길에 니져 가면 언졔
올가 그 비을 흘니즈어 강변늬 당도한니 ◎시설노희라 ◎비을 미여
녹코 옥영디로 올나가니 방****니염불니요 구며구며 송자로다 세왕

문 압 당도한니 그 문우늬 별초난다형문나라 두렷시 쑀터구요 아모 성 망졔씨 그 문안 드러갈졔 그 문 차지하신 관암주**리 느러안져 망졔씨더러 일른 말니 세왕문을 여러줄거신니 전곡어로 닌졍 써라 ◎닌졍쓰고 ◎망졔씨 초문을 드러가니 초문 잡분 관안님은 빅의을 닙어시고 입순 디써 눌너쩌고 힌 칙을 손의 들고 거문 걸씨을 쓰며셔 죄목을 다사리시더구요 그난 뉘엠시고니아그난 뉘닙니시고 삼졔불을 거나리시더구요 ◎망졔씨 니문을 드러간니 이문 잡은 관안님은 불근관의 홍관복을 이부시고 금자작써 눌너쩌고 불근 칙을 손의 들고 흔 글씨을 쓰시며 죄목을 다사리시더구요 그난 뉘엠시고니 관세암칙을 님니시더구요 ◎ 삼문을 드러가니 삼문 잡은 관안님은 화게니 초탑의 칼산포을 닙어시고 누른 관을 쓰시고 심써을 눌너 쩌고 누른 칙을 손의 들고 불근 글씨을 쓰시며 죄목을 다사리시더요 망졔씨 그 문안 드러간니 억만 미럭쩌고 힌 칙을 넘니 형기쳐럼 안져쓰니 그안니 세왕닌가 ◎그 압헐 살변본니 금지 연몿가의 홍연씨 심어 니 염몿가 순디 석화산을 디**칭**모와싸고 게수나무 난간 치고 연기 고성 화초 속에 일엽 쩟여녹코 홍연외 심어 니염졔 디칙을 님이경진수하시의 칼 그구 경도 잘갑삽고 팔수식 예락고 니쳔긔 수만게수 감긔수옥 여수가여 달갓치 보비 물니 한 골수로 올나갈 졔 정지러쿵 니려올 졔 정지러쿵 나무아미타불 노르신니 그도 구경 잘 갑삽고 살연 화양(낙)한니 오식연화쑀시 피여 운는 듯시 선은 양도 그 구경도 잘갑삽고 숨홍공 낙한니 칠쳔 난간 누각집을 지둥업시 만하궁에다 덩그러케 지여씬니 그도 구경 잘갑삽고 법하나 공낙한니 준조로 그물 미고 입살노 버리 다라 만하궁의 거러슨니 거도 구경 잘갑삽고 살연금셩한니 극낙 가는 너른길의 금모리 시모리 죄우로 까라슨니 그도 구경 잘갑삽고 ◎ 예서는섭치치고희라 ◎ 아모 성 망졔씨는 지상 각품의 품고 석디셩을 넘고 외성디문을 여러 금지연몿

목욕하고 원당

60면

성 원낭성 세 번을 부룬 후의 서쳔 명월임 내 타신 은칼갓튼 비을 타고 서쳔명월강상어로 흘니 드어드러간니 약사바다가 닌쌍의 약사풍사 세왕집을 덩그러케 지여녹코 황금 게와 빅옥문에 호박주추 밀화지둥 산호로 보을 언고 오식 당창 가진 집의 수정염을 데려온디 동편을 바라본니 삼빅쳑 부상가치 불갓치 됴은 양은 히출경개 여기로다 남편을 바라본니 디봉니 비진 한디 수여로 푸룬 물결 오식어로 둘너잇고 서편을 바라본니 약수 삼쳔니 히당화 불거난디 쳥조 함쌍 나러들고 북편을 바라보니 진구명산 만장봉 니섲쳔삭출금불(룡)이라 그 안을 살펴본니 우둥화 장싱화명 살리 숨살리 꼿치운느 듯시 피여슨이 망졔씨 그쏫 썩거니 승손에게 젼하고 동자 함쌍 쳥학 함쌍 빅학 함쌍 난모 공작 쌍****니 나라들고 수쳥하는 팔선여은 음양진비 하옵는디 불노초 불사약과 장싱화 반도화 쳥유리 빅포 졌더리고 그림포 졔안주에 가지 **** 등디하고 음양진비 하옵시고 향기로운 풍악소리 극낙을 히룡룡한니 그안니 세왕닌가 아모 성 망졔씨 빅운탐의 올나안져 학난을 쓰옵시고 쳥용장 손의 들고 금단졍수보살님네와 바둑 장기 두옵신니 그안니 세왕닌가 나의 자손 질가지 졍성어로 초단 진어귀 니단 진어귀 쳔근시남 만근수룩지 지반네미 젼네미 오구 사살직에 젹**니 하여 져승 길을 닥거주기로 사쳔왕님 열세왕님 지장보살 문수보

61면

살 억만미럭 문수보살 쳔관남 암미타불 열위왕 열러 부쳔님이 옥황님게 말삼하시고 아모 성 망졔씨은 세상어로 인도환성식니 자고 말을

데려던니 옥황님니 분부하시길을 공만크 심만은 망졔요 그 열려 남녀 자손들이 정성 직극한니 세상어로 인도환싱 식니은게 죲타 하여 세상 어로 닌도환싱 식니실 졔 천지만물 다시 만나 황싱**** 다시 하여 쳔만연니나 살게 점지하나이라 쳔근시남 만근수룩지을 자손덜 잘하오 면 부모가 사후에 가서도 다시 닌도 환싱을 할 수 잇다는 거셜 알고 쳔근시남을 있지 마시요} 끗

　이죽멀번 근원은 수원 룡자사 승님니 전희준 염불이며 초압말이며 열세왕 사쳔왕말이며 십장암 법성기 사십팔원 후싱을 다 등번한일이요 언어 씨에 등번히나 연은 몃치는가 大正一年正月初二日 登本한 칙을 모도 파지 다 되어서 다시 등번을 히다 누구가 등번을 히나 水原市 梅橋 洞 有李龍雨氏가 戊申年 二月二十二日 登本을하여다 죽엄말 일절 삼편 이라

　孝子말 왕손은 고빙하여 어름궁에 잉어 엇고 ◎ 황능묘 니비원에 송낭자을 보러가나 ◎ 비연에 말 孝女말 밍종은 엄죽하여 눈 가오더 죽순 어더 부 모보양하여는디 ◎ 낙양동춘이화정에 묘중남을 보러가 나 ◎洞말

62면

　부정 치고 산바티고난 후늬 ◎ 넉만 은말 철육입고 히라 디신칼을고 풍유춤을 추며 시설노 히라 ◎

　쳔근시남 만른수룩지 바더드러오실 졔 아무 싱 망졔씨 사쳔문을 여 러 오소 서동문을 잡부신이 동은 삼팔목이라 푸른 주산니 둘너신니 청화문을 세원는 디쳥유리 화장식이 팔쳔보살을 거나리시고 청화문을 여러 잠잔간 드러오소서 ◎디신칼을 들고 풍유춤을 추고 더러 오소서

◎ 남문을 자부신니 남은 병정 니칠화라 적화문을 세워난디 적유리 화장식니 칠쳔보살을 거나리시고 적화문 여러 드러오소서 ◎ 디신칼을 들고 풍유춤을 추고 ◎ 드러오소사

◎서문을 잡부신니 서운 경신사구금이라 빅화문을 세워시되 빅유리 화장식이 육쳔보살을 거나리시고 빅화문을 여러 드러오소사 ◎ 디신칼을 들고 풍유춤을 추고

◎북문을 자부신니 북은 님게 일육수라 흑화문을 세워는니 흑유리 화장식니 구쳔보살님을 거나시고 북문 여러 드러오소사 ◎디시칼을 들고 풍유춤을 추고 ◎ 드러오소사

◎ 아무 싱 망계씨 중황의 좌정하시고 넉을 바드신 후의 쳔근시남 만근수룩지 바더잡수시고 세왕세게로 득쳔당 희옵소서 아무 싱 망계씨 자손들니 졍성이 지극하여 쳔근시남 만근수룩지을 하옵신니 지극히 바다잡수시고 세왕세게로 득척당하옵소사 ◎ 시면치고 드러가 안당의 모서 녹코 풍유춤의로 긋◎◎◎

63면

방물가말

문젼에 벽오동은 말은 이슬리 써러져 학의 꿈을 놀니 깨고 좌편의 반(송)기은 쳥풍이 드러치면 잠든 용이 음즉이다 초벽 쓸난간 압회 학 두루미 당거 위은 난간남 너무랴고 한 다리은 곱숭거리고 쏘 한 다리 버두둥겨 짜른 목 을길게 빼고 쑤루룩 낄녹 울고 너머간이 어니 안니조 헐소야 긋

참고문헌

김덕묵, 「황해도 진오귀굿 연구」, 한국정신문화연구원 대학원 석사학위논문, 1999.

김헌선, 경기도 남부 산이제 굿의 특징과 의미 연구, 미발표 원고.

김헌선, 「경기도 남부 산이제 새남굿의 〈죽엄의 말〉 연구」, 2009. 9. 5.

김헌선, 「경기도 도당굿 화랭이 이용우의 구비적 개인사」, 『구비문학연구』 창간호, 한국구비문학회, 1993.

김헌선, 「서울무속 죽음의례의 유형과 구조적 상관성 연구」, 『한국학연구』 27호, 고려대학교 한국학연구소, 2007.

김헌선, 우리나라 새남굿의 전국적 사례와 의의 연구, 미발표 원고.

김헌선, 「한국의 무속신앙」, 『한국민속의 세계』, 고려대학교 민족문화연구원, 2001.

김헌선, 『경기도 산이제 진오기-새남굿 연구』, 미발표 저작, 2009.

김헌선·시지은, 「경기도 도당굿의 화랭이와 미지 계보」, 『민속학연구』 제27호, 국립민속박물관, 2007.

김헌선 역주, 「죽엄의 말」, 『일반무가』, 고려대학교 민족문화연구원, 1995.

김형근, 『남해안 굿 갈래 연구』, 경기대학교 대학원 박사학위논문, 2009.

에반스 웬츠 저, 류시화 역, 『티벳 사자의 서』, 정신세계사, 2009.

이능화 저·서영대 번역, 『조선무속고』, 창작과 비평사, 2008.

이능화, 『조선무속고』, 계명27호, 1927.

이선주, 『내림굿·고창굿·진오귀굿·병굿』, 미문출판사, 1988.

赤松智城·秋葉隆, 『朝鮮巫俗の研究』 上卷, 屋號書店, 1937.

전경욱, 『함경도민속』, 고려대학교출판부, 1997.

정병욱, 『시조문학사전』, 신구문화사, 1980.

정병호, 『통영오귀새남굿』, 열화당, 1989.

조흥윤, 『한국의 샤마니즘』, 서울대학교출판부, 1997.

조흥윤 감수·서울새남굿보존회, 『서울새남굿신가집』, 문덕사, 1996.

E. A. Wallis Budge, *Amulets and superstitions; The original texts with translations and descriptions of a long series of Egyptian, Sumerian, Assyrian, Hebrew, Christian, ⋯ astrology, etc.*, Oxford University Press, H. Milford, 1930.

E. A. Wallis Budge, *Egyptian Religion*, Book Tree, 2009.

E. A. Wallis Budge, *The Egyptian Book of the Dead*,(The Papyrus of Ani) ― Egyptian Text, Transliteration, and Translation, 1968.

E. A. Wallis Budge, *The Book of the Dead: The Papyrus of Ani, ―Scribe and Treasurer of the Temples of Egypt*, about B.C. 1450. In Two Volumes. A Reproduction in Facsimile Edited, with Hieroglyphic Transcript, Translation and Introduction, Philip Lee Warner; G. P. Putnams Sons; Elibron Classics edition, 1913.

Raymond Faulkner, *The Egyptian Book of the Dead: The Book of Going Forth by Day―The Complete Papyrus of Ani Featuring Integrated Text and Full―Color Images*, Chronicle Books, 2008.

Siegfried Morenz/Ann E. Keep(Translator), *Egyptian Relgion*(Routledge Library Editions: Anthropology & Ethnography), Routledge, 2004.

W. Y. Evans―Wentz, ed. *The Tibetan Book of the Dead*, Oxford University Press, 1957.

김헌선 金憲宣

1961년 전북 남원에서 태어났다. 한국문화의 여러 분야에 관심을 가지고 작업을
진행하고 있다. 한국신화와 한국구전서사시의 세계적 가치를 증명하고, 굿과 농
악을 비롯한 연희 전반에 대한 체계적인 발굴을 통해 한국학 본령으로서 한국예
술사 서술을 완결하고자 한다.

경기도 산이제 진오기 새남굿 연구

2019년 7월 17일 초판 1쇄 펴냄
2020년 8월 3일 초판 2쇄 펴냄

지은이 김헌선
펴낸이 김흥국
펴낸곳 도서출판 보고사

책임편집 황효은
표지디자인 손정자

등록 1990년 12월 13일 제6-0429호
주소 경기도 파주시 회동길 337-15 보고사 2층
전화 031-955-9797(대표), 02-922-5120~1(편집), 02-922-2246(영업)
팩스 02-922-6990
메일 kanapub3@naver.com/bogosabooks@naver.com
http://www.bogosabooks.co.kr

ISBN 979-11-5516-916-2 93380
ⓒ 김헌선, 2019

정가 23,000원